HEINZ DOPSCH

Kleine Geschichte Salzburgs

Stadt und Land

VERLAG ANTON PUSTET

Inhalt

Geschichte für die Zukunft SEITE 5

Geschichte für die Zukunft

Vor zwei Jahrzehnten fiel der „Eiserne Vorhang", der durch fast vier Dezennien Europa in zwei völlig gegensätzliche Hälften schied. Seither hat die politische und wirtschaftliche Einigung Europas enorme Fortschritte gemacht. Jahrhunderte alte Gegensätze zwischen einzelnen Staaten wurden überbrückt und gleichzeitig die internationale Konkurrenzfähigkeit im Bereich von Politik und Wirtschaft gesichert. Für Reisende entfallen im Gebiet der Europäischen Union die einst lästigen Pass- und Grenzkontrollen ebenso wie das Umwechseln von Geld in die nationalen Währungen.

Diese Vorteile müssen jedoch teilweise mit Verlusten erkauft werden. Für das historische Bewusstsein und die kulturelle Tradition kleiner und kleinster Räume, die bisher das Bild Europas prägten, ist in der EU kein Platz mehr. Daran vermag auch das Schlagwort vom EUROPA DER REGIONEN nichts zu ändern. Gezielt gefördert werden nämlich grenzübergreifende Großregionen, die das Zusammenwachsen Europas beschleunigen sollen, und nicht historische Einheiten wie etwa die österreichischen Länder. Schon in den wenigen Jahren der Zugehörigkeit Österreichs zur Europäischen Union haben die Bundesländer im Vergleich zur Wiener Zentrale deutlich an Stellenwert verloren. Damit verbunden sind Befürchtungen vor einem zunehmenden Verlust der historischen und kulturellen Identitäten.

Kein anderer Staat in Europa setzt sich aus Ländern zusammen, die über eine derart lange Geschichte, Tradition und territoriale Integrität verfügen wie in Österreich. Kärnten wurde bereits 976 ein eigenes Herzogtum, Niederösterreich und die Steiermark haben sich im 12. Jahrhundert von ihrem „Mutterland" Bayern gelöst, Tirol wurde im 13. Jahrhundert selbstständig, und Salzburg bildete für ein halbes Jahrtausend einen geistlichen Staat unter der Herrschaft seiner Fürsterzbischöfe. Gleichzeitig darf Salzburg für sich in Anspruch nehmen, das älteste geistliche und kulturelle Zentrum Österreichs und auch das älteste Erzbistum im deutschen Sprachraum zu sein. Eine besondere Tragik besteht darin, dass von den großen Leistungen der Kunst und der Kultur, die seit dem frühen Mittelalter in Salzburg entstanden, nur ein Bruchteil im Land verblieben ist. Vieles wurde durch Kriege zerstört, anderes von Besatzungstruppen verschleppt, von Landesfürsten als Privatbesitz genommen oder während der großen Weltwirtschaftskrise des 20. Jahrhunderts in alle Teile der Welt verkauft. Trotz dieser herben Verluste ist das Interesse der Salzburger Bevölkerung an der eigenen Geschichte und Kultur überdurchschnittlich groß.

Der folgende Überblick über die Geschichte von Stadt und Land Salzburg soll einen Beitrag dazu leisten, dass das Bewusstsein für diese Jahrtausende alte Tradition erhalten bleibt und wir das große kulturelle Erbe unserer Vorfahren auch an künftige Generationen weitergeben. Das Buch wendet sich gleichermaßen an die Bevölkerung in Stadt und Land wie an historisch interessierte Besucher. Das „Weltkulturerbe" der Salzburger Altstadt mit ihren Kirchen, Burgen, Palästen und Bürgerhäusern, die alten Städte und Märkte, Klöster, Wehrbauten und Schlösser des Landes sollen nicht einfach als steinerne Denkmäler früherer Jahrhunderte wahrgenommen, sondern mit Leben erfüllt werden. Das Bild vom Werden und der Bedeutung Salzburgs, das sich daraus ergibt, ist ein Beitrag der Geschichte für die Zukunft.

Jäger - Bauern - Bergleute | 1
Geschichte als dauerndes Werden

Salzburg. Wie ist dieses Land, wie sind die Menschen in diesem Land geworden, was sie heute sind? Was sind die Wurzeln, welches die Entwicklungslinien, die über die Momentaufnahme des „Heute" hinaus in eine uns noch unbekannte Zukunft führen? Ein geraffter Blick zurück macht die Verläufe spannend sichtbar, woraus und warum alles geworden ist, wie es ist.

Die ersten Menschen im Gebiet des heutigen Landes Salzburg sind in der älteren Steinzeit (800.000–18.000 v.Chr.) nachweisbar, als große Teile des Landes durch den Vorstoß der Gletscher mit Eis bedeckt waren. Da sie nicht sesshaft waren, sondern als Jäger dem Wild folgten, stößt man nur selten auf ihre Spuren. In der Durchgangshöhle unter dem Gipfel des Schlenken (östlich von Hallein) und in einer Halbhöhle am Oberrainerkogel bei Unken fand man nicht nur Knochen von Höhlenbären und anderem jagdbaren Wild, sondern auch primitiv gearbeitetes Werkzeug und Waffen in Form von durchbohrten Knochen und Klingen aus Hornstein. Im heutigen Stadtgebiet von Salzburg in Maxglan deutet ein Fund von Geräten aus Feuerstein auf die Anwesenheit von Menschen in der Mittleren Steinzeit (18.000–4500 v. Chr.) hin. Auch ein Kindergrab im Zigeunerloch bei Elsbethen aus dem frühen 6. Jahrtausend v. Chr. gehört dieser Epoche an. Dass Menschen unter den extremen Klimabedingungen der Eiszeit überleben konnten und nicht davor zurückschreckten, selbst die mächtigen Höhlenbären zu jagen, war eine aus der Sicht der modernen Zivilisation fast unvorstellbare Leistung. Nach dem Ende der letzten Eiszeit kam es in der Jungsteinzeit (4500–2000 v. Chr.) zu einer entscheidenden Weichenstellung für die weitere Entwicklung der Menschheit: Aus den unsteten Jägern, Fischern und Sammlern der Alt- und Mittelsteinzeit wurden Ackerbauern und Viehzüchter, die sich an den günstigsten Plätzen niederließen und dort Siedlungen errichteten. Damit lösten die Menschen ihr Leben aus der totalen Abhängigkeit von der Natur, von Landschaft und Klima und nahmen es selbst in die Hand. Die Herstellung von geschliffenen, polierten und mit Schaftbohrung versehenen Steinwerkzeugen, allem voran die Erfindung des Beils, ermöglichte den Bau einfacher rechteckiger Holzhäuser, die von nun an die Menschen vor den Unbilden der Witterung schützten. Die in ihren Häusern sesshaft gewordenen Menschen begannen, Haustiere zu halten: sie züchteten Rinder, Schweine, Schafe und Ziegen; Schafwolle, aber auch Pflanzenfasern wurden gesponnen, geflochten und gewoben. Als Getreidesorten kultivierte man Bergweizen, gemeinen Weizen, Emmer (Zwergweizen), Einkorn und Roggen, aus Ton getöpferte Gefäße wurden mit verschiedenen Mustern verziert. Größere Siedlungen entstanden im heutigen Stadtbereich von Salzburg vor allem auf dem Rainberg, dem Mönchsberg und dem Kapuzinerberg sowie in der Umgebung auf dem Hellbrunnerberg, dem Grillberg bei Elsbethen und dem Schlossberg von Mattsee. Als wichtigste Verkehrswege dienten die Flusstäler von Salzach und Saalach.

Einen großen Schritt in der Entwicklung der menschlichen Kultur brachte die Gewinnung und Verarbeitung von Metall. Am Beginn des 2. Jahrtausends v. Chr. gelang es der bäuerlichen Bevölkerung, zunächst Kupfer zu fördern und daraus (während der Bronzezeit, 1900–1250 v. Chr.) durch die Legierung mit Zinn die härtere Bronze zu erzeugen. Damit konnten wesentlich verbes-

Freilegung von mittelbronzezeitlichen Brandgräbern in Schernberg bei Schwarzach im Pongau im Sommer 1990 durch die Salzburger Landesarchäologie. Die runden Steinsetzungen sind der Unterbau von Steinhügeln, in deren Zentrum die Urne mit dem Leichenbrand gestellt wurde: 14. Jahrhundert v. Chr.

serte Waffen und Geräte, aber auch kunstvoller Schmuck herge-stellt werden. Der Kupferbergbau und das komplizierte, vierstufige Schmelzverfahren erforderten eine ausgeprägte Arbeitsorganisati-on, die ihrerseits eine gesellschaftliche Differenzierung der Bevöl-kerung zur Folge hatte. In der Gestaltung und Ausstattung der Gräber, vor allem aber an manchen auffallend reichen Grabbei-gaben ist dieser Vorgang deutlich zu fassen. Brandopferplätze und Opfergaben, die in Mooren und Gewässern deponiert wur-den, deuten erstmals auf die Ausübung von Kult und Religion hin. Zentrum der Kupfergewinnung war das Bergbaugebiet Mit-terberg bei Mühlbach am Hochkönig, außerdem wurde Kupfer am Einödberg bei St. Johann im Pongau, am Buchberg bei Bischofshofen und im Glemmtal bei Viehhofen abgebaut. Am Mitterberg erreichte der prähistorische Bergbau Abbautiefen bis zu 100 Meter, am Einödberg sogar 180 Meter, die gesamte Abbaumenge war mit über 20.000 Tonnen auch nach heutigen Maßstäben beachtlich. Zur Zeit der Hochblüte des Kupferbergbaus um 1250 v. Chr. standen etwa 500 bis 1000 Bergleute im Einsatz. Auf die Bedeutung der Salzburger Lagerstätten weist die Tatsache hin, dass die 1999 entdeckte Himmelsscheibe von Nebra aus Kupfer vom Mitterberg angefertigt wurde.

Die Höhensiedlungen auf dem Rainberg, dem Hellbrunnerberg und dem Grillberg bei Elsbethen blieben auch in der Bronzezeit bestehen, außerdem ließen sich Menschen auf dem Festungsberg in Salzburg und dem Hügel von Muntigl nieder. Dörfer entstanden aber auch in den Flusstälern von Salzach und Saalach, so in Mülln, Liefering, Maxglan, weiters bei Itzling, in Froschheim, Aigen, Gnigl und Parsch. Der große Friedhof an der Kleßheimer Allee in Maxglan, der 1992/93 aufgedeckt wurde und von der Spätbronzezeit über die nachfolgende Urnenfelderzeit (1250–750 v. Chr.) bis in die ältere Eisenzeit (Hallstattzeit 750–450 v. Chr.) die bedeutendsten Funde erbracht hat, war der zentralen Siedlung auf dem Rainberg zugeordnet. In Verbindung mit der Kupfergewinnung entstanden auch bronzezeitliche Siedlungen im Gebirgsland, am Götschenberg (bei Bischofshofen), am Niederklingberg (bei St. Johann im Pongau) und bei Schwarzach.

Einen weiteren dramatischen Fortschritt brachte die Gewinnung und Verarbeitung von Eisen. Die ältere Eisenzeit wird nach dem bedeutendsten Fundort des Ostalpenraums als Hallstattzeit bezeichnet. Der Reichtum Hallstatts (in Oberösterreich) beruhte aber nicht auf Eisen, sondern auf dem Abbau von Salz, der dort im 12./11. Jahrhundert v. Chr. aufgenommen wurde und in der Zeit von 750 bis 550 v. Chr. eine Hochblüte erlebte. Als gegen Ende des 6. Jahrhunderts Murenabgänge und Grubenkatastrophen in Hallstatt den Niedergang einleiteten, stieg der Dürrnberg bei Hallein, wo Salz ebenfalls in bergmännischer Form gewonnen wurde, zum neuen Zentrum auf. Organisiert und beherrscht wurde die Salzproduktion dort bereits von dem ersten Volk, das uns namentlich bekannt ist, den Kelten.

<table>
<tr><td>**Die Kelten, die Römer und das Salz**</td><td>**2**</td></tr>
<tr><td colspan="2">Als Salzburg noch luvavum hieß</td></tr>
</table>

Der Mensch kann ohne Gold leben, aber nicht ohne Salz!
Sehr lange Zeit hindurch galt dieses Wort des römischen Schrift-
stellers Cassiodor (um 540 n. Chr.) als unumstößliche Tatsache.
Dennoch aber ereignete sich viele Generationen später das Un-
denkbare: Mit der Stilllegung des Salzbergbaus auf dem Dürrnberg ging im Jahre 1989 eine Tradition zu Ende, die 2500 Jahre
zuvor begonnen hatte: Dass jenes Salz, das heute im Winter ton-
nenweise auf die Straßen geschüttet und als billige Grundsub-
stanz für die Herstellung von PVC und anderen Kunststoffen
verwendet wird, einst als *weißes Gold* Macht und Reichtum ver-
schaffen konnte, schien kaum mehr verständlich.
Salz war aber bis ins 20. Jahrhundert das einzige Mittel, um dem
Fleisch *durch Einpökeln* Wasser zu entziehen und es dauerhaft
zu konservieren – buchstäblich ein Lebens-Mittel; denn da nur
ein geringer Teil des Viehbestandes über den Winter durchgefüt-

tert werden konnte, wurde der Großteil im Spätherbst geschlachtet und das Fleisch mit Hilfe von Salz haltbar gemacht; aber auch als Lecksalz für Rinder, zum Gerben von Leder und als Würzmittel für Speisen war Salz unersetzlich, kurz: das Salz gehörte zum Menschen als Überlebensgrundlage und Wohlstandgarant. Die explosionsartige wirtschaftliche Entwicklung des vergangenen Jahrhunderts aber ließ den Dürrnberger Salzbergbau, mitten in seinem dritten Bestandsjahrtausend, von der Goldquelle zum Verlustbringer werden. Schlagartig.

Der unter 30 bis 40 Meter starken Deckschichten ruhende Salzstock des Dürrnbergs besteht aus „Haselgebirge", einem Mischgestein aus Steinsalz, Ton und Anhydrit. Prähistorische Bergleute folgten beim Abbau den salzführenden Schichten, um möglichst reines „Kernsalz" aus dem umgebenden Gestein zu lösen. Dieses wurde samt den Einschlüssen zerkleinert, gemahlen und so in den Handel gebracht. Während die Bergleute am Dürrnberg selbst wohnten, residierten die ersten „Salzherren", die den Bergbau organisierten und kontrollierten, in einiger Entfernung auf dem Hellbrunnerberg im Süden der Stadt Salzburg.

Wie alle historischen Siedlungsstätten gibt auch der Dürrnberg durch die dort gemachten Funde Auskunft über die Menschen jener Zeit und ihre Art zu leben. Um 600 v. Chr. zeichnet sich im Fundmaterial des Dürrnbergs ein deutlicher Wandel ab – ein Hinweis darauf, dass sich Stand und Lebensweise der dort ansässigen Menschen dramatisch veränderten: Aus Oberitalien übernahm man die Mode, das Gewand nicht mehr durch einfache Nadeln, sondern durch Fibeln zu schließen. Neben diesen wertvollen Gewandspangen importierte man auch Schmuck und andere Luxuswaren sowie teure italienische Süßweine. Mit prächtigen Beigaben ausgestattete „Fürstengräber" wurden deutlich distanziert von den Bestattungsplätzen der einfachen Bevölkerung angelegt. Sie weisen auf die Herrschaft mächtiger Adeliger hin, die mit ihrem Gefolge in befestigten Höhensiedlungen lebten und sich gegen andere „Fürsten" verteidigten. Denn auch wertvolle Waffen und Metallhelme zählten zu den Importwaren, ebenso die berühmte keltische Schnabelkanne aus der Zeit um 450 v. Chr. Weitere Standessymbole eines Fürsten waren die Beisetzung auf einem (im Gebirge funktionslosen) Streitwagen, die

Keltische Schnabelkanne vom Dürrnberg (Bronze, Höhe ca. 50 cm). Ein Meisterwerk des „frühkeltischen Stils" um 450 v. Chr., gefunden 1932.

groß dimensionierte Grabkammer und der mächtige Grabhügel. All das dokumentiert einen gewaltigen wirtschaftlichen Aufschwung und damit einen dramatischen Wandel in der sozialen Struktur der Menschen vom Dürrnberg.

Die Machtergreifung der Kelten, der dieser Wandel zugeschrieben wird, vollzog sich nicht als Einmarsch eines Volkes in ein neues Herrschaftsgebiet; als Kelten bezeichnete man vielmehr jene Träger einer neuen Religion und einer spezifischen Kunst, die erstmals an der Wende vom 7. zum 6. vorchristlichen Jahrhundert westlich von Inn, Eisack und Etsch zu fassen sind. Dabei spielte es keine Rolle, ob es Zuwanderer aus anderen Gebieten waren oder Einheimische, welche die Religion und die Kunst ihrer neuen Herren übernahmen. Von diesem Siedlungsgebiet aus haben die Kelten ihre Herrschaft und Kultur über große Teile Europas ausgeweitet.

Macht und Reichtum der keltischen Salzherren auf dem Dürrnberg erreichten im späten 6. und im 5. Jahrhundert v. Chr. ihren Höhepunkt. Auf dem Ramsaukopf, von dem das gesamte Bergbauareal, die weitere Umgebung und auch der Zugang zum Salzachtal gut einzusehen sind, errichteten die Salzherren eine teilweise befestigte Höhensiedlung als Wohn- und Herrschaftssitz. Im Ramsautal wurde eine Gewerbesiedlung in Form von hölzernen Blockwandbauten angelegt, in der man Waren aus Holz, Werkzeuge aller Art und auch Halbfabrikate erzeugte. In der Spätzeit der keltischen Herrschaft entstand vielleicht am selben Ort eine Saline, in der das Steinsalz in Wasser gelöst, dadurch gereinigt und in einem anschließenden Siedeprozess wieder getrocknet wurde. Damit sollte wohl der Qualitätsunterschied zu dem aus den Solequellen von Reichenhall gewonnenen Siedesalz ausgeglichen werden.

Nachdem sich im späten 5. Jahrhundert der wirtschaftliche und politische Schwerpunkt der keltischen Herrschaft ins nördliche Europa verlagert hatte, wo die Champagne, das Mittelrheingebiet, die Oberpfalz und Böhmen durch ihre reichen Eisenvorkommen an Bedeutung gewannen, entlud sich im 4. Jahrhundert der zunehmende Bevölkerungsdruck in großen Wander- und Kriegszügen, die keltische Stämme nach Italien, auf den Balkan und bis nach Griechenland führten. Und wieder sind es Grabbeigaben auf dem Dürrnberg, die uns zeigen, wie die ausgeprägte hierar-

chische Gesellschaftsordnung der „Fürstenzeit" verschwand und
es zu einer Angleichung der verschiedenen Bevölkerungsschich-
ten kam. Als die Kelten schließlich ab dem 3. Jahrhundert militä-
risch immer stärker in die Defensive gerieten, erfasste die Abwanderung größerer Bevölkerungsteile auch den Dürrnberg: Am
Ende jenes Jahrhunderts wurden die Gewerbebauten im Ramsautal eingeäschert und wahrscheinlich auch die befestigte Höhensiedlung auf dem Ramsaukopf aufgegeben. Gründe für den
Niedergang des Salzbergbaus sind im Detail nicht bekannt, jedoch könnte die bedeutende keltische Höhensiedlung von Karlstein (bei Bad Reichenhall), die im 2. Jahrhundert v. Chr. entstand
und bisweilen als Hauptort (*oppidum*) der keltischen Alaunen
gedeutet wurde, ein Hinweis darauf sein, dass bereits damals die
Nutzung der natürlichen Quellsalinen von Reichenhall einsetzte
und dem Dürrnberger Salzbergbau empfindliche Konkurrenz bescherte: Im 1. Jahrhundert v. Chr. wurden in Karlstein sogar Sil-
bermünzen geprägt.

Nachdem die Kelten als Parteigänger Hannibals ihre Position in
Italien eingebüßt hatten, entstand um 200 v. Chr. im Ostalpenraum das Königreich Noricum als loser Verband keltischer Stämme. Der Name wird von der Hauptgottheit Noreia oder von der
gleichnamigen Hauptstadt, deren Lokalisierung im Raum von
Kärnten umstritten ist, abgeleitet. Auch das Gebiet des heutigen
Landes Salzburg und der benachbarte Chiemgau gehörten zu
diesem Königreich, das seit 186 v. Chr. mit der römischen Republik in Verbindung stand und schließlich mit ihr einen Freund-
schaftsvertrag schloss. Wirtschaftliches Zentrum war die „Stadt"
auf dem Magdalensberg in Kärnten (nördlich von Klagenfurt),
die einen internationalen Handelsplatz, speziell für das zur Waf-
fenherstellung begehrte „norische Eisen", bildete.

Über die Spätzeit der Kelten sind wir durch Berichte griechischer
und römischer Schriftsteller informiert, insbesondere durch Julius
Cäsar, der in jahrelangen Kämpfen das keltische Gallien unterwarf. Nach griechischem Vorbild legten die Kelten große befestigte Siedlungen (*oppida*) an, die meist zugleich Mittelpunkt eines Stammesgebietes und der Sitz von Verwaltung und
Rechtsprechung sowie eines Stammesheiligtums waren. Sie bildeten Zentren des Handwerks, dienten zugleich als Zollstationen,

Stätten der Münzprägung, als Fluchtburgen für die Bewohner der umliegenden Dörfer und als Versammlungsplatz für das Heer. Dazu vermittelt uns Cäsar das Bild einer stark hierarchisch gegliederten, militaristischen, männerorientierten Gesellschaft, das eher an mittelalterliche als an römische Verhältnisse erinnert. Neben Fürsten und Adel besaßen die Druiden, die Priester der Kelten, großen Einfluss. An die vielfältige Götterwelt der Kelten mit dem blitzeschleudernden Taranis an der Spitze erinnern zahlreiche kunstvolle Darstellungen.

Die Kelten selbst werden von den Zeitgenossen als groß und stark, blond und blauäugig beschrieben. Ihre Krieger waren mit Langschwert, Lanze und Schild bewaffnet und trugen einen massiven Halsring (Torques). Trotz ihrer Furchtlosigkeit und Kampfeslust, die sich unter dem Einfluss der Druiden zur Raserei steigerte und die keltischen Krieger blindwütig auf ihre Gegner einstürmen ließ, unterlagen sie schließlich der Disziplin und der überlegenen Taktik römischer Truppen. Seit dem Verlust Galliens war ihre Herrschaft auf den Alpenraum beschränkt und wurde nicht nur im Süden von den Römern, sondern auch im Norden von germanischen Stämmen bedroht. Der römische Kaiser Augustus, der einen großen Angriff auf die Germanen nördlich der Donau plante, wollte als Vorbereitung darauf zunächst die alpinen Kelten ausschalten. Seine Stiefsöhne Tiberius und Drusus unternahmen im Jahre 15 v. Chr. ihren großen Alpenfeldzug, der trotz des heldenhaften Widerstandes einzelner Stämme, vor allem der Räter, zur Unterwerfung der Alpenkelten führte. Das große Siegesdenkmal von La Turbie (nahe Monaco) nennt unter den fast 50 besiegten Keltenstämmen auch die im Pinzgau ansässigen Ambisonten, die wohl ihren rätischen Nachbarn Hilfe geleistet hatten. Das übrige Noricum beugte sich dem politischen Druck und akzeptierte offenbar ohne größeren militärischen Widerstand die römische Oberhoheit. Die Kelten verließen aber nicht das Land, sondern übernahmen in den folgenden fünf Jahrhunderten Sprache und Tracht der Römer und wurden deshalb von den germanischen Völkern als „Romanen" oder „Walchen" eingestuft.

In der nun folgenden, sechs Jahrzehnte während „Okkupationszeit" begnügte sich Rom damit, seine Herrschaft durch Sta-

Der Verwaltungsbezirk von Iuvavum

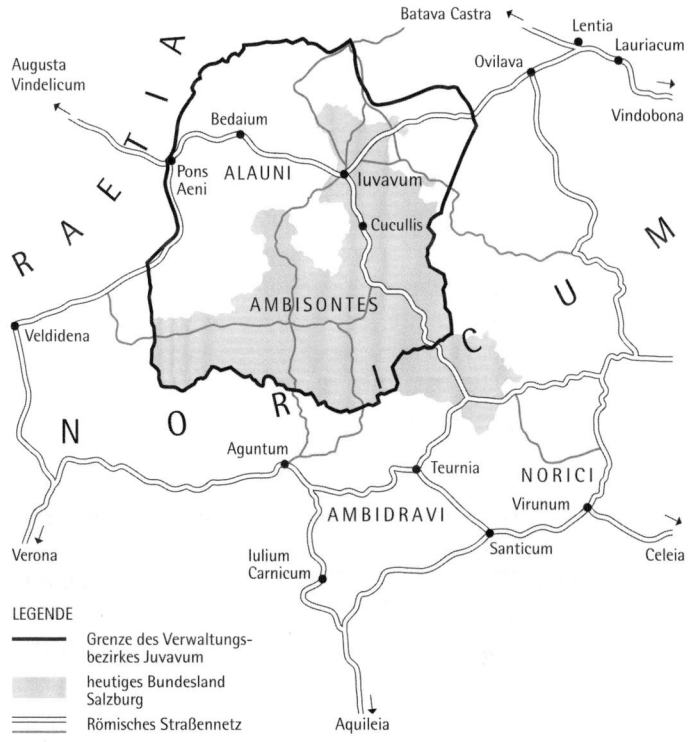

LEGENDE

▬▬▬ Grenze des Verwaltungs-
bezirkes Juvavum

▨ heutiges Bundesland
Salzburg

═══ Römisches Straßennetz

tionierung von Truppen in Noricum zu sichern. Erst Kaiser Clau-
dius (41–54 n.Chr.) machte Noricum zu einer Provinz des
römischen Reiches. Der Siedlung Iuvavum, die an die Stelle der
keltischen Siedlungen auf dem Kapuzinerberg, dem Festungsberg
und dem Rainberg getreten war, verlieh er die Rechte eine Municipalstadt. Die Bedeutung des Namens Iuvavum ist bis heute
nicht geklärt; sicher bestand ein Zusammenhang mit Ivarus, dem
römischen Flussnamen der Salzach. Denn es war der Bereich der
heutigen Salzburger Altstadt am linken Ufer der Salzach, wo
schon bald nach der Besetzung Noricums die großflächige, sorg-
fältig geplante Siedlung angelegt worden war. Dank der günstigen Lage am Schnittpunkt wichtiger römischer Verkehrswege
und eines schiffbaren Flusses erlebte sie einen raschen Auf-

schwung. Als Municipalstadt verfügte Iuvavum über eine Selbstverwaltung, an deren Spitze der aus etwa hundert Mitgliedern
gebildete Gemeinderat stand; als ausführende Organe wurden
zwei Bürgermeister oder Stadtrichter für jeweils ein Jahr vom
Volk gewählt, dazu kamen zwei Aedilen, die für die Markt- und
Bauaufsicht, aber auch für die ausreichende Versorgung der
Stadt mit Lebensmitteln zu sorgen hatten. Rangmäßig unter ih-
nen standen die Quästoren als Verwalter der städtischen Kasse.
Der Iuvavum unterstellte Stadtbezirk war wesentlich größer als
das heutige Land Salzburg; er reichte im Süden zwar nur bis zum
Tauernhauptkamm – der Lungau gehörte zum Stadtbezirk von
Teurnia –, schloss im Norden aber Bayern östlich des Inns, Teile
Tirols, des Innviertels, den Attergau und vielleicht sogar ein Stück
des steirischen Ennstales ein.

Dank der großzügig ausgebauten römischen Reichs- und Neben-
straßen war das Land gut erschlossen. Die wichtigsten Verbindungen führten im Süden über den Radstädter Tauern nach Vi-
runum (nördlich von Klagenfurt), im Westen über Bedaium
(Seebruck am Chiemsee) nach Augusta Vindelicum (Augsburg)
und im Osten über Ovilavis (Wels) nach Lauriacum (bei Enns). Ins
Gebirgsland verliefen Verkehrswege salzachaufwärts sowie durch
das Saalachtal nach Bisoncio (Zell am See) und weiter über das
Hochtor, wo zahlreiche Opfermünzen aus keltischer und römischer Zeit gefunden wurden, nach Kärnten. Entlang der Reichs-
straßen gab es gut ausgebaute Post- und Raststationen, deren
Namen uns aus der Peutingerschen Tafel, der Kopie einer antiken
Straßenkarte, überliefert sind. Bei Moosham im Lungau wurden
die Reste der Straßenstation Immurium freigelegt, zu der auch
eine Kultstätte für den persischen Sonnengott Mithras gehörte,
bei Pfongau (nordöstlich von Salzburg) suchte man die Spuren
der Station Tarnantone.

Im verkehrsfreundlichen Alpenvorland entstanden auch die
meisten römischen Siedlungen, teils als Vororte von Iuvavum wie
etwa Maxglan, teils als Dörfer, auf deren Reste man bei Oberndorf, Hallein und Kuchl sowie inneralpin bei Bischofshofen gestoßen ist. Dazu kam eine Vielzahl römischer Gutshöfe, meist in
etwas erhöhter Lage, an landschaftlich reizvollen Plätzen mit
schöner Aussicht, häufig an Seen. Unter diesen Bauten nahm die

römische Villa in Loig (bei Wals) durch ihre imponierende Größe, aber auch durch ihre luxuriöse Ausstattung mit Steinmetzarbeiten und prachtvollen Mosaiken eine Sonderstellung ein. Ausgrabungen, die dort bereits unter bayerischer Herrschaft 1815 einsetzten, förderten unter anderem das großartige Theseus-Mosaik zutage, das sich heute im Kunsthistorischen Museum in Wien befindet. Während auf den meisten anderen Gutshöfen ein vermögender Herr mit seiner Familie und seinem Gesinde lebte, war die Villa in Loig ein landwirtschaftlicher Großbetrieb, in dem einige hundert Personen lebten und arbeiteten, zu dem aber auch Werkstätten, etwa für die Verarbeitung von Untersberger Marmor, gehörten. Aus dem dünn besiedelten Gebirgsland sind bisher Gutshöfe aus Goldegg, Bischofshofen, Saalfelden, Lenzing-Wieserberg und Bramberg-Weyer bekannt, Spuren von agrarischen Siedlungen oder Einzelgehöften fanden sich bei St. Johann-Urreiting, Uttendorf im Pinzgau und Steindorf im Lungau.

Die *Pax Romana*, der allgemeine Friede, den das römische Reich **19** seinen Bewohnern sicherte, bescherte auch der Stadt Iuvavum mit ihrem Landbezirk während der beiden ersten Jahrhunderte der römischen Herrschaft eine Blüte von Wirtschaft und Kultur. Eine unvorhergesehene Katastrophe bedeutete jedoch der Einbruch der Markomannen und Quaden im Jahre 171 n. Chr., dem auch Iuvavum zum Opfer fiel. Die Stadt wurde vollständig zerstört, ihre Bewohner teils getötet, teils verschleppt. Der Wiederaufbau zog sich Jahrzehnte hin, ohne dass die Stadt ihre frühere Größe und Wirtschaftskraft wieder erreichte. Seit dem 3. Jahrhundert führten die Angriffe der Alamannen zu einer ständigen Bedrohung des offenen Landes. Im 4. Jahrhundert wurden deshalb die meisten Gutshöfe und ungeschützten Dörfer aufgegeben. Auch die Verwaltungsreformen des Kaisers Diokletian (284–305 n. Chr.), der Noricum in zwei Provinzen teilte, konnten den Niedergang der römischen Herrschaft nicht lange hinauszögern. Im 5. Jahrhundert war die Bedrückung Noricums durch plündernde germanische Völker, aber auch durch die ständig wachsende Steuerlast so groß, dass es zu einem Aufstand der Provinzialbevölkerung kam, den der römische Feldherr Aetius 430/31 blutig unterdrückte.

Über die letzte Phase der römischen Herrschaft sind wir durch die Lebensbeschreibung des hl. Severin gut unterrichtet. Severin, der bald nach dem Tod des Hunnenkönigs Attila († 453) in den römischen Provinzen an der Donau erschien, hatte etliche Jahre im Orient verbracht und dort die Askese des östlichen Mönchtums kennengelernt, die ihm Ruhe und innere Sicherheit verlieh. Dazu kam seine große Erfahrung auf politischem Gebiet, die er sich wohl zuvor als hoher römischer Staatsbeamter erworben hatte. Er wirkte nicht nur als christlicher Missionar, sondern konnte durch das hohe Ansehen, das er bei Fürsten und Königen der germanischen Völker genoss, den völligen Zusammenbruch der römischen Verwaltung nochmals verhindern. Um 470 kam er auch nach Iuvavum, wo er nicht nur eine christliche Gemeinde vorfand, sondern auch auf eine Klostergemeinschaft stieß, deren Kirche nahe der Stadt stand. Im römischen Cucullis, dem heutigen Kuchl, das Severin ebenfalls besuchte, hatte sich die Bevölkerung in das befestigte Kastell auf der Höhe des Georgenberges zurückgezogen. Neben dem Christentum, an dem die Mehrheit festhielt, machten sich in diesen unsicheren Zeiten auch heidnische Praktiken wieder bemerkbar.

Nicht der Sturz des letzten weströmischen Kaisers Romulus Augustulus durch den germanischen Heerführer Odovacar im Jahre 476 n. Chr., der von der einfachen Bevölkerung kaum wahrgenommen wurde, sondern der Tod des hl. Severin 482 leitete in Noricum das Ende der römischen Herrschaft ein. Im Schutze römischer Truppen ließ Odovacar die Bevölkerung der Provinz Ufernoricum, die gegen den Druck der germanischen Völker nicht mehr verteidigt werden konnte, im Jahre 488 evakuieren und nach Italien führen. Teile der einfachen Landbevölkerung, die nichts zu verlieren hatten, blieben jedoch als kleinere Gemeinschaften oder auch als Einzelsiedler im Lande zurück; in den schriftlichen Quellen finden sich diese Unbeugsamen noch lange als Romanen oder Walchen (Welsche).

Aus den beiden folgenden „dunklen Jahrhunderten" liegen kaum sichere Nachrichten vor. Die angebliche Zerstörung der Stadt Iuvavum durch den Stamm der Heruler, der in Wahrheit gar nicht in dieses Gebiet kam, beruht auf einer Fehldeutung der Lebensbeschreibung des hl. Severin. Bestattungen, die im Bereich des

Domplatzes und des Kapitelplatzes, im Zentrum von Iuvavum, aufgedeckt wurden, zeigen aber deutlich, dass die Talsiedlung an der Salzach verlassen war. Römische Gesetze untersagten nämlich ausdrücklich Beisetzungen im Stadtgebiet. Die verbliebene Bevölkerung hatte sich auf die geschützten Höhen des Festungsberges und der vorgelagerten Nonnbergterrasse zurückgezogen, wo der hl. Rupert um 700 auf die Reste dieser einstigen Iuvavenser stieß.

Der heilige Rupert tauft Heiden – Der Tod des heiligen Rupert. Kolorierte Federzeichnung aus dem Antiphonar von St. Peter in Salzburg, um 1160.

Die Bayern und das Christentum 3

Rupert und Virgil

Wenn ein so beherrschender Faktor wie die römische Besatzungsmacht aufhört, mächtig zu sein, so bleibt das entstehende Machtvakuum nicht lange ungefüllt. Jenes, das durch den Abzug der römischen Truppen auch im Salzburger Raum entstanden war, konnte ein germanischer Stamm ausnützen, der um 530 erstmals genannt wird: die Bayern (Baiuwaren). Da über die Vorgeschichte dieses Volkes nichts bekannt ist, hat man die Bayern scherzhaft als *Findelkinder der Völkerwanderung* bezeichnet. Heute geht man davon aus, dass die Bayern nicht als geschlossenes Volk in das Gebiet an der Donau eingewandert sind, sondern dass sich erst dort die Bildung des neuen Stammes vollzogen hat. Neben den im Land verbliebenen Romanen war daran eine ganze Reihe von germanischen Volkssplittern beteiligt. Wieder geben uns die getätigten Funde Auskunft darüber, um wen es sich dabei gehandelt haben mag: Waffen, Trachtzubehör und Schmuck, die in großen Gräberfeldern geborgen wurden, weisen vor allem auf Alamannen, Langobarden, Ostgoten und Thüringer hin.

Der Name Bayern aber kommt von *Baioarii* und bedeutet so viel wie *Männer aus Böhmen*. Es war offenbar eine Gruppe von Elbgermanen, die noch in der Spätzeit römischer Herrschaft von Südböhmen über die Chamer Senke an die Donau zogen und dort als Hilfstruppen (Föderaten) in römische Dienste traten. Darauf deuten dunkel gebrannte Tongefäße mit charakteristischen Dellen und Einstichverzierungen in den Schulterzonen hin, die man sowohl im Gebiet der obersten Elbe als auch in den Friedhöfen an der Donau fand und die nur mit den *Männern aus Böhmen* dorthin gekommen sein können. Als Besatzungen der Donaukastelle hatten diese am Ende der römischen Herrschaft die Schlüsselpositionen inne und konnten so trotz ihrer bescheidenen Zahl zum namengebenden Kern eines neuen Volkes, der Bayern, werden.

Ein neues Volk jedoch ist nicht zugleich ein neuer Herrscher: Zunächst dehnte das aufstrebende Reich der Franken seine Oberhoheit über die Bayern aus, was durch den Niedergang der ostgotischen Macht nach dem Tod König Theoderichs des Großen (✝ 526) ermöglicht und beschleunigt wurde. Die fränkischen Könige aus dem Haus der Merowinger setzten in Bayern das Geschlecht der Agilolfinger (deren Herkunft aus Burgund, dem Frankenreich oder Italien nach wie vor umstritten ist) als Herzoge ein. Im bayerischen Stammesrecht, der *Lex Baiuvariorum*, wurde das Recht der Agilolfinger auf die Herrschaft über Bayern schriftlich fixiert.

Die Bayern waren ein bäuerlich geprägter Stamm, der von Ackerbau und Viehzucht lebte. Sie wussten aber auch ihre Waffen, zu denen das Kurzschwert, Schild und Lanze, bisweilen auch das Langschwert zählten, entsprechend zu gebrauchen, um sich gegen kriegerische Nachbarn zu wehren. Der Großteil der Bevölkerung war persönlich frei, daneben gab es die Freigelassenen mit einer ungünstigeren Rechtsstellung und als unterste Schicht die Knechte oder Leibeigenen, die sich kaum von den Sklaven der Antike unterschieden. Die Bayern siedelten in Dörfern und kleineren Weilern, als Wohnhäuser dienten große Ständerbauten aus Holz, deren Länge bisweilen mehr als 20 Meter betrug. Die Wände bestanden aus Flechtwerk, das mit Lehm abgedichtet wurde, oder aus Brettern. Aufgrund der Steilheit der Dächer, die mit Schilf, Stroh oder Rinde gedeckt wurden, erreichten die Häuser Höhen von zehn Metern und mehr. Geräumige Ställe in Ständerbauweise, Kornspeicher, die zum Schutz vor Mäusen hochgestellt sein konnten, und einfache Grubenhäuser, die als Vorratsräume und Webstuben genutzt wurden, vervollständigten den Bauernhof.

Während der Großteil des Bayernvolkes noch im Heidentum verharrte und den alten Naturreligionen anhing, hatten sich die agilolfingischen Herzöge so wie ihre königlichen Herren aus dem Geschlecht der Merowinger bereits dem katholischen Christentum zugewandt.

Von den frühen Zentren an der Donau mit der Herzogsstadt Regensburg, von Straubing und Neuburg aus besiedelten die Bayern in der zweiten Hälfte des 6. Jahrhunderts das südlich gelegene Alpenvorland vom Chiemgau über den Salzburger Flachgau und das heutige Oberösterreich bis in die Gegend von Linz. Die Enns bildete den Grenzfluss zum Reich der Awaren, einem kriegerischen Reitervolk aus den Steppen Innerasiens, mit dem man Auseinandersetzungen bis ins 8. Jahrhundert möglichst vermied. Es war ein weitgehend entvölkertes, aber kein menschenleeres Land, das die Bayern in Besitz nahmen. Die noch im Land verbliebenen Romanen wurden dem Schutz des Herzogs unterstellt und waren ihm zinspflichtig. Jedoch konnten sie von den Agilolfingern samt den Gütern, die sie bewohnten und bebauten, verschenkt, verkauft oder vertauscht werden – so wie die unfreien Knechte und Mägde der Bayern.

Das Vordringen der bayerischen Besiedlung ist an den frühbayerischen Ortsnamen mit den charakteristischen Endsilben -ing und -ham (heim) abzulesen, die sich im Salzburger Alpenvorland, im Flachgau und Rupertiwinkel, im nördlichen Stadtbereich von Salzburg und im fruchtbaren Saalfeldener Becken konzentrieren. So weist der Name Siezenheim auf einen Sizo (eine Kurzform für Sigehard) als Gründer der Siedlung hin, und Itzling (Uzilinga) ist von einem Uzilo (Koseform für Udo) abgeleitet. Im südlichen Stadtbereich von Salzburg und im anschließenden Salzburger

Becken, auch im Pinzgau um Maria Alm, konnten hingegen die Romanen, die dort relativ geschlossen siedelten, ihre Sprache und Kultur noch durch Jahrhunderte bewahren. Mit Ausnahme von Puch gibt es dort keine frühbayerischen Ortsnamen, sondern durchwegs romanische Bezeichnungen. Einzelne Namen wie Torrén (bei Golling) oder Natrúm (bei Maria Alm), die ihren Fremdakzent beibehalten haben, wurden erst nach der Jahrtausendwende in die bayerische Sprache übernommen. Sie weisen auf eine romanische Umgangssprache ähnlich dem Rätoromanischen in der heutigen Schweiz oder dem Ladinischen in Südtirol hin. Auch die Schriftquellen des 8. Jahrhunderts berichten von einer romanischen Adelssippe in Oberalm, die in engen Verbindungen zum Herzogshaus der Agilolfinger stand.

Herzog Theodo von Bayern (ca. 680–718), der in Regensburg residierte, war an einer durchgreifenden Missionierung seines Volkes interessiert. Er wandte sich deshalb an einen Verwandten seiner Frau Folchaid, den fränkischen Adeligen Rupert (Hrodbert), der in Worms als Bischof wirkte. Vielleicht war es der Gegensatz, in dem sich Rupert zu den neuen Machthabern im Frankenreich, den Hausmeiern aus dem Geschlecht der Karolinger, befand, der ihn zum Verlassen seines Bistums bewog; denn ein solcher Schritt stand eigentlich im Widerspruch zu den kanonischen Bestimmungen. Trotzdem stellte der Bischof dem Bayernherzog Bedingungen für sein Kommen und begab sich erst, nachdem er die entsprechenden Zusagen erhalten hatte, nach Regensburg. Dort kam ihm Theodo mit seinen Gefolgsleuten entgegen und geleitete ihn ehrerbietig in die Hauptstadt. Während seines durchaus erfolgreichen missionarischen Wirkens in Regensburg soll Rupert auch den Bayernherzog selbst getauft haben, wohl um damit eine besonders enge Verbindung zu ihm herzustellen. Dieses Motiv ist in zahlreichen Bildern dargestellt worden und hat Rupert zum *Apostel der Bayern* werden lassen.

In Absprache mit Herzog Theodo übernahm Rupert eine besonders heikle missionarische Aufgabe, die auch ein handfestes politisches Ziel verfolgte und großes diplomatisches Geschick erforderte: Es galt, den Ausgriff des bayerischen Herzogtums, das bis dahin auf die einstige Provinz Rätien und Teile Ufernoricums beschränkt war, nach Süden und Osten vorzubereiten. Herzog

Theodo erteilte Rupert dafür eine unumschränkte Vollmacht für die Mission in ganz Bayern. Bischof Rupert begab sich zunächst per Schiff donauabwärts nach Lorch (Lauriacum) an der Enns, die zugleich die bayerische Ostgrenze zum Reich der Awaren bildete. Eine drohende Offensive der Awaren bewog Rupert jedoch zur Umkehr, die ihn entlang der alten Römerstraße ins Salzburger Alpenvorland führte. Dort ließ er sich am Wallersee, wo er noch christliche Romanen antraf, nieder. Die Grundmauern der von ihm errichteten Peterskirche in Seekirchen sind 1977 freigelegt worden. Von hier aus verhandelte der Missionar mit dem Herzogssohn Theodbert, der auf dem Festungsberg in der alten Römerstadt Iuvavum residierte. Wahrscheinlich forderte er die Übertragung Iuvavums und einen Anteil an den wichtigen Quellsalinen von Reichenhall, um seine Missiontätigkeit wirtschaftlich abzusichern. Nach entsprechenden Zusagen begab er sich nach Iuvavum, das in Ruperts Lebensbeschreibung als eine völlig zerstörte, von Bäumen überwucherte Ruinenstadt dargestellt wird. Tatsächlich hatten sich aber bereits bayerische Siedler im Bereich der alten Römerstadt niedergelassen, und auf der hochgelegenen Nonnbergterrasse stand eine dem fränkischen Nationalheiligen Martin von Tours geweihte Kirche.

Rupert, der um 696/700 in Iuvavum eintraf, wurde in den beiden folgenden Jahrzehnten zum Gründer der Salzburger Kirche. Er errichtete, wohl in Anknüpfung an spätantike Traditionen, ein Kloster zu Ehren des Apostelfürsten Petrus – man könnte es im Bereich des heutigen Kapitelplatzes vermuten – und erbaute eine stattliche Kirche an der Stelle der späteren Dome. Im Zusammenwirken mit einer romanischen Adelssippe aus Oberalm (deren Angehörige im Waldgebiet des Pongaus auf eine christliche Kultstätte gestoßen waren) und mit Herzog Theodbert gründete Rupert 711/12 die Maximilianszelle in Pongau, dem heutigen Bischofshofen. Die dorthin entsandten Geistlichen sollten auch die Missionierung der benachbarten Slawen, die an der Lammer und im Gebiet von Golling ansässig waren, in Angriff nehmen. Aber bereits um 720 fiel die Maximilianszelle einem Angriff heidnischer Slawen zum Opfer und blieb durch viele Jahre verödet. Schließlich unterstützte Rupert auch den Plan Herzog Theodberts zur Gründung eines Frauenklosters. Da in Bayern noch kei-

27

ne derartigen Gemeinschaften existierten, begab sich Rupert in seine fränkische Heimat und brachte von dort seine Verwandte Erintrudis sowie Schüler und Gefährten mit. Um 713/15 entstand das adelige Damenstift der hl. Maria als „Hauskloster" der Agilolfinger, das durch seine Lage auf dem Nonnberg auch räumlich an die Herzogsburg auf dem Festungsberg angebunden war. Rupert hat die Stiftskirche geweiht und Erintrudis als erste Äbtissin eingesetzt; die eigentliche Bestimmung Nonnbergs aber war es, als Versorgungsstätte für weibliche Mitglieder des Agilolfingerhauses zu dienen, die dort samt ihrem Gesinde eintraten und weiterhin ihren adeligen Lebensstil pflogen. Deshalb blieb Nonnberg auch durch Jahrhunderte ein adeliges Damenstift, das sich allen Bemühungen um eine Reform im Geist des benediktinischen Mönchtums erfolgreich widersetzte. Königstöchter und Herzoginnen sind in Nonnberg eingetreten; Hiltrud, die Witwe des Bayernherzogs Odilo, hat von dort aus sogar die vormundschaftliche Regierung für ihren minderjährigen Sohn Tassilo geführt.

Rupert begab sich, als er sein Ende nahen fühlte, an seinen angestammten Bischofssitz Worms zurück und ist dort an einem 27. März, wahrscheinlich schon im Jahr 716 oder bald darauf, gestorben. Trotz seiner bedeutenden Leistungen geriet er in Iuvavum/Salzburg rasch in Vergessenheit. Erst als Bischof Virgil anlässlich der Domweihe am 24. September 774 die Gebeine Ruperts von Worms nach Salzburg überführen ließ, setzte eine bis heute dauernde Verehrung ein. Rupert wurde neben dem Apostelfürsten Petrus zum zweiten Schutzheiligen Salzburgs und schließlich zum Salzburger Landesheiligen. Er ist nie formell kanonisiert, sondern – ebenso wie seine Verwandte Erintrudis – durch die formelle Anerkennung seines Kults unter die Heiligen der katholischen Kirche aufgenommen worden. Sein Fest wird am 24. September, dem Tag der Reliquientranslation nach Salzburg, gefeiert und ist zugleich der Salzburger Landesfeiertag. Dargestellt wurde Rupert ursprünglich als Bischof mit Buch und Bischofsstab, erst am Ende des Mittelalters setzte sich das gebauchte Salzfass (Kufe) als Attribut durch, das den Heiligen – allerdings im Gegensatz zu den historischen Fakten! – nicht mit den Quellsalinen von Reichenhall verbindet, die ihm Herzog

Theodo zum Großteil übertragen hatte, sondern mit der viel jüngeren Saline Hallein.

Die Namen von Ruperts Nachfolgern, die dem Kloster St. Peter und damit der Salzburger Kirche teils als Äbte, teils als Bischöfe vorstanden, sind im Verbrüderungsbuch von St. Peter überliefert: Vitalis, der angeblich von Rupert zu seinem Nachfolger eingesetzt wurde und in St. Peter als Heiliger verehrt wird, Anzogolus, Savolus, Izzio und Flobrigis. Zum Bistum wurde Salzburg jedoch erst durch den hl. Bonifatius, der im Auftrag des Papstes 739 in Bayern vier Diözesen errichtete und Johannes als ersten Diözesanbischof in Salzburg einsetzte. Übrigens wird in der um 755 abgefassten Lebensbeschreibung des hl. Bonifatius erstmals für Iuvavum der deutsche Name Salzburg verwendet. Abgeleitet vom Salz aus den Quellsalinen von Reichenhall und der Herzogsburg der Agilolfinger auf dem Festungsberg, weist der Name auf die dominierende Position Salzburgs in der Salzproduktion und im Salzhandel hin. Da sonst die meisten römischen Namen auch unter bayerischer Herrschaft fortbestanden, ist in Salzburg der Bruch mit der römischen Tradition, der auch im Flussnamen Salzach entgegentritt, auffallend.

Obwohl Bonifatius als päpstlicher Legat über eine fast unbeschränkte Macht verfügte, wurde die Leitung der Salzburger Kirche 746/47 an einen Mann übertragen, mit dem Bonifatius zweimal zusammengestoßen und dabei unterlegen war: den gelehrten Iren Virgil. Fergil, wie er in seiner irischen Heimat genannt wurde, entstammte angeblich dem Königsgeschlecht von Loegaire (in der heutigen Grafschaft Meath), war um 705/10 geboren worden und hatte im Inselkloster Iona vor der schottischen Küste seine geistliche Ausbildung erhalten. Nachdem er ein Kloster in Mittelirland als Abt geleitet hatte – die Gleichsetzung mit dem Abt Fergil von Aghaboe ist mehr als umstritten –, folgte Virgil mit einigen Gefährten dem in Irland verbreiteten Ideal der *peregrinatio*, dem Verzicht auf die Heimat zugunsten der Missionsreise in fremde Länder. Er gelangte zunächst nach Quierzy (in Frankreich), an den Hof des karolingischen Hausmeiers Pippin III. Dieser war von der Gelehrsamkeit des irischen Abtes so beeindruckt, dass er Virgil nach zwei Jahren zu seinem Schwager, Herzog Odilo von Bayern, sandte und diesen beauftragte, dem Iren das nächste frei werdende Bistum zu verleihen. So übernahm Virgil 746/47 noch als Abt die Leitung der Salzburger Kirche und ließ nach irischem Vorbild die bischöflichen Funktionen durch seinen Gefährten Dub-dá-Crích, der bereits die Bischofsweihe besaß, ausüben. Erst zwei Jahre später, am 15. Juni 749, wurde Virgil selbst zum Bischof geweiht.

Schon bald nach seiner Ankunft hatte er, noch als Abt, den Kampf um die Rechte der Salzburger Kirche aufgenommen. Er stritt mit dem Kaplan Ursus aus der romanischen Adelssippe von Oberalm, der die zerstörte Maximilianszelle aufgebaut und sich angeeignet hatte, um die Ausstattungsgüter dieses Klosters und scheute auch vor einem Konflikt mit Herzog Odilo nicht zurück. Die Kirche des neu gegründeten Klosters Otting (bei Waging am See) weihte er erst, nachdem sie der Klosterstifter Graf Gunther in aller Form an ihn übertragen hatte. Ganz allgemein pochte Virgil allerdings nicht nur auf die bischöflichen Rechte, sondern setzte sich auch für den Bau zahlreicher Kirchen ein, die eine wirkungsvolle Seelsorge ermöglichten.

Auf Wunsch des Karantanenfürsten Cheitmar entsandte Virgil 757 den Bischof Modestus mit einigen Missionaren nach Karantanien, dem heutigen Kärnten, um die dort ansässige slawische Bevölkerung zum christlichen Glauben zu bekehren. Obwohl es nach dem Tod des Modestus 763 wiederholt zu heidnischen Reaktionen kam, wurde das Missionswerk von Virgil mehrfach erneuert. Der Tod des Fürsten Cheitmar 769 führte allerdings zu einem Aufstand, der erst 772 durch den militärischen Sieg des Bayernherzogs Tassilo III. unterdrückt werden konnte. Damit war der Weg frei für die weitere und schließlich erfolgreiche Bekehrung der karantanischen Slawen. Virgil hatte gemeinsam mit Herzog Tassilo jenen Ausgriff Bayerns nach Süden, in die ehemalige Provinz Binnennoricum, den schon Rupert vorbereiten sollte, erfolgreich durchgeführt. Aus dem slawischen Fürstentum Karantanien wurde in den folgenden Jahrhunderten das Herzogtum Kärnten mit einer überwiegend deutschen Bevölkerung. Zu den großen Leistungen der Karantanenmission, an der auch das Bistum Freising und bayerische Klöster beteiligt waren, zählt die älteste „slawische Schrift", die in den Freisinger Denkmälern überliefert ist. Obwohl Virgil offenbar nie selbst nach Karantanien gekommen ist, hat er der dortigen Mission durch seine organisatorischen Fähigkeiten und die kluge Auswahl der Glaubensboten zum Erfolg verholfen.

Im Jahr 767 begann Virgil an der Stelle der rupertinischen Peterskirche mit dem Bau eines Domes, der durch seine enormen Proportionen und die Schönheit der Architektur allgemeines Erstaunen hervorrief. Der Dom wurde bereits 774 geweiht, ein Jahr vor dem fränkischen Nationalheiligtum St. Denis, das er an Größe deutlich übertraf. Deshalb hat man den Bayernherzog Tassilo III. als den eigentlichen Auftraggeber vermutet, der damals auf dem Höhepunkt seiner Macht stand und in Salzburg eine Krönungskirche für ein künftiges Königtum der Agilolfinger errichten wollte. Salzburg wurde unter Virgil zum bedeutendsten Zentrum von Kunst und Kultur im Ostalpenraum. Hier entstand in den klösterlichen Werkstätten der berühmte Tassilokelch, ein Meisterwerk der Goldschmiedekunst, der bis heute in dem von Tassilo gestifteten Kloster Kremsmünster verwahrt wird. Mit dem prachtvollen Evangeliar, das der Angelsachse Cutbrecht hier anfertigte, begann die führende Rolle Salzburgs in der Buchmalerei, die bis ins Spätmittelalter anhielt.

Virgil selbst galt als einer der bedeutendsten Dichter und Literaten seiner Zeit. So widmete ihm z.B. Bischof Arbeo von Freising die von ihm verfasste Lebensbeschreibung des hl. Korbinian. In seinem Todesjahr 784 ließ Virgil das Verbrüderungsbuch von St. Peter anlegen. Es ist eigentlich ein Buch des Lebens, das mit seinen Eintragungen nicht nur die wichtigste Quelle zur frühen Kirchengeschichte Salzburgs und zum bayerischen Herzogshaus der Agilolfinger darstellt, sondern auch einen tiefen Einblick in Virgils eigene Auffassung von der Ordnung der Welt bietet.

Als Virgil am 27. November 784 starb, hinterließ er Salzburg als das reichste und leistungsfähigste Bistum in Bayern. War Rupert der adelige Gründerbischof, so hatte Virgil den Aufstieg Salzburgs zum Erzbistum eingeleitet. Trotzdem wurde sein Andenken bald unterdrückt, weil die irische Mission mit der karolingischen Kirchenreform des frühen 9. Jahrhunderts zu Ende ging und er selbst zu eng mit dem 788 gestürzten Bayernherzog Tassilo III. zusammengearbeitet hatte. Erst die Auffindung seiner Gebeine beim Neubau des Salzburger Domes 1181 führte zur Verehrung und 1233 zur förmlichen Heiligsprechung. Virgil, die wohl eindrucksvollste Persönlichkeit unter allen Salzburger Bischöfen, wird mit dem Dom als Attribut dargestellt und ist neben Rupert der zweite Schutzheilige Salzburgs.

Mosaikboden des römischen Hauses unter dem Mozartdenkmal in der Stadt Salzburg (2. Jh. n. Chr.). Bildfeld mit dem Kopf des griechischen Flussgottes Achelóos, der im Kampf mit Herakles ein Horn verloren hat.

Der Tassilokelch aus Kremsmünster, geschaffen um 760/80 in Salzburger Werkstätten für den Bayernherzog Tassilo III. Messkelch aus feuervergoldetem Kupfer, in Niellotechnik mit insularen Motiven reich verziert.

Die Geschichte Salzburgs ist – speziell in ihrer kirchen- und damit auch machtpolitischen Dimension – ohne Rupert und Virgil
nicht denkbar. Sie waren es, die Salzburgs Bedeutung als geistliches wie als weltliches Zentrum grundgelegt und vorangetrie-
ben haben. Gemeinsam mit Virgils Nachfolger Arn bilden sie das
große Dreigestirn der Salzburger Frühzeit. Und obwohl Salzburg
seine Position auch unter Arns unmittelbaren Nachfolgern behaupten konnte, sollten doch über zwei Jahrhunderte vergehen,
bis wieder ähnlich bedeutende Persönlichkeiten den Stuhl des
hl. Rupert einnahmen.

Nachfolger Virgils als Bischof von Salzburg wurde Arn(o), der Abt
des Klosters St. Amand an der Scarpe (nahe der französisch-bel-
gischen Grenze). Er entstammte einer bayerischen Hochadelsfa-
milie, hatte im Kloster St. Zeno in Isen und in der Freisinger

Domschule eine profunde Ausbildung erhalten und schließlich als Abt eines fränkischen Klosters internationale Karriere gemacht. Von St. Amand aus ergab sich die Verbindung zu dem gelehrten Angelsachsen Alkuin, dem Leiter der Hofschule Karls des Großen. Alkuin und Arn verband zeitlebens eine tiefe Freundschaft. Arn trat damit auch in Beziehungen zu König Karl dem Großen, dem er seine Einsetzung zum Bischof von Salzburg am 11. Juni 785 verdankte.

Ein Vertrauensverhältnis bestand aber auch zwischen Arn und dem Bayernherzog Tassilo III., der den gewandten Bischof 787 nach Rom entsandte, damit dieser dort für ihn bei Papst Hadrian I. und König Karl interveniere. Die Mission war jedoch erfolglos: Der Frankenherrscher lehnte einen Ausgleich ab, unternahm im Herbst einen Feldzug gegen Bayern und zwang seinen Vetter Tassilo zur bedingungslosen Unterwerfung. Im darauf folgenden Jahr wurde Tassilo von einer Reichsversammlung in der Pfalz Ingelheim am Rhein wegen Hochverrats zum Tod verurteilt – ein Urteilsspruch, der von König Karl wenig später in lebenslange Klosterhaft für Tassilo samt seiner Familie umgewandelt wurde. Mit dem Ausscheiden aus dem weltlichen Leben war auch der im bayerischen Stammesrecht fixierte Anspruch der Agilolfinger auf die Herrschaft hinfällig, und Bayern wurde dem Frankenreich eingegliedert.

Das Bistum Salzburg verdankte aber seinen Reichtum und seine Wirtschaftskraft vor allem den großen Schenkungen der Agilolfinger und ihrer adeligen Gefolgsleute. Da Karl der Große nicht bereit war, die von den Bayernherzogen vorgenommenen Vergabungen an Bistümer und Klöster vorbehaltlos anzuerkennen, ließ Arn 788/790 das älteste Salzburger Güterverzeichnis (*Notitia Arnonis*) anlegen. Gemeinsam mit den „Kurzen Wirtschaftsaufzeichnungen" (*Breves Notitiae*), die anlässlich der Erhebung Salzburgs zum Erzbistum (798) entstanden, vermitteln sie einen sehr genauen Einblick in die Verhältnisse der Salzburger Kirche am Ende des 8. Jahrhunderts. Mehr als 200 größere und kleinere Güter, die namentlich aufgelistet sind, erstreckten sich von den Flusstälern des Inn und der Isen im Westen bis in den Raum von Linz im Osten, sowie von Regensburg und dem Donautal im Norden bis zum Pinzgauer Salzachtal im Süden.

Die Größe der einzelnen Besitzungen, die fast durchwegs mit den darauf ansässigen Eigenleuten an die Kirche geschenkt worden waren, differierte stark. Ansätze zur Ausbildung einer großräumigen bischöflichen Grundherrschaft boten sich aber nur im Waldgebiet des Pongaus, wo der bayerische Herzog den Forst im Umkreis von drei Meilen an die Maximilianszelle geschenkt hatte. Als die Salzburger Erzbischöfe seit dem 9./10. Jahrhundert begannen, die großen Wälder zu roden und mit ihren Eigenleuten zu besiedeln, wurde der Pongau zur „Keimzelle" des Landes Salzburg.

Die Klöster erlangten durch ihren reichen Besitz und die Tatkraft ihrer Mönche nicht nur als geistliche Zentren, sondern auch in organisatorischer Hinsicht wachsende Bedeutung – etwa die bischöflichen Eigenklöster St. Peter, Gars und Au (beide am Inn),

Die Kirchenprovinz Salzburg im Mittelalter und der frühen Neuzeit

37

LEGENDE
Sitz des Erzbischofs
Sitz des Bischofs
Erzdiözese Salzburg
Salzburger Suffraganbistum
Salzburger Eigenbistum

ERZBISTUM MAINZ
Diözese Regensburg
ERZBISTUM PRAG
Regensburg
Passau
Freising
Diözese Freising
Diözese Passau
Wien
Wr. Neustadt
Chiemsee (1216)
SALZBURG (739/798)
Seckau (1218)
ERZBISTUM GRAN
Diözese Brixen
ERZDIÖZESE SALZBURG
Brixen
Gurk (1072)
Lavant (1228)
ERZBISTUM MAILAND
PATRIARCHAT AQILEIA
ERZBISTUM KALOCSA

Zell am See, Otting und die Maximilianszelle in Pongau. Dazu kamen klösterliche Wirtschaftszellen in Seekirchen, Elsenwang (bei Thalgau), Raitenhaslach und Zell bei Kufstein, wo die Mönche selbst in der Landwirtschaft tätig waren. Den insgesamt 68 bischöflichen Eigenkirchen (*ecclesiae parrochiales*), die in den Güterverzeichnissen genannt werden, stand wahrscheinlich eine ähnlich große Zahl von adeligen Eigenkirchen gegenüber. Damit war eine intensive seelsorgliche Betreuung der Bevölkerung in den dichter besiedelten Gebieten des Alpenvorlandes und des Inntals garantiert.

Zurück zu Bischof Arn und seinem Wirken für Salzburg. Er war es, der in den folgenden Jahren das besondere Vertrauen König Karls gewinnen konnte und ihm als Königsbote wertvolle Dienste leistete. In dieser Funktion entschied Arn wichtige Streitfälle, war aber auch diplomatisch tätig. So reiste er gegen Ende des Jahres 797 mit elf weiteren Königsboten nach Rom, um die Klagen des stadtrömischen Adels gegen Papst Leo III. zu untersuchen. Bei dieser Gelegenheit überbrachte Abt Fardulf von St. Denis dem Papst den Auftrag König Karls, in Bayern die Metropolitanverfassung einzuführen und Arn von Salzburg zum Erzbischof zu erheben. Am 20. April 798 empfing Arn aus der Hand Papst Leos III. das Pallium (eine ringförmige Stola aus weißer Schafwolle, von der nach vorne und hinten mit schwarzen Kreuzen geschmückte Stoffstreifen herabhängen) als Zeichen der erzbischöflichen Würde. Die damit geschaffene bayerische Kirchenprovinz umfasste neben der Erzdiözese Salzburg die Diözesen Regensburg, Passau, Freising, Säben (später Brixen) und das kurzlebige Bistum Neuburg an der Donau. Die Leiter dieser Diözesen wurden Arn als Suffraganbischöfe unterstellt. Der vom Papst verwendete Name Petena für Salzburg deutet übrigens darauf hin, dass Erzbischof Arn offenbar bestrebt war, den Vorrang seiner Kirche gegenüber den anderen bayerischen Diözesen durch den Rückgriff auf die Tradition eines antiken Bistums zu untermauern. Deshalb führte man kurzzeitig den Titel des kleinen Bistums Petena (Pedena) in Istrien (heute Pićanj Kroatien) – verzichtete aber bald wieder darauf, um nicht Ansprüche des benachbarten Patriarchats Aquileia zu provozieren, zu dessen Kirchenprovinz Pedena gehörte. Der Salzburger Erzbischof bemühte sich auch energisch um die Ausweitung von Macht und Einfluss seines Erzbistums. Als König Pippin von Italien, der Sohn Karls des Großen, 796 einen erfolgreichen Feldzug gegen die Awaren durchführte, nahm Arn an jener Synode tief im Awarenland an der serbischen Donau teil, auf welcher das eroberte Land an Erzbistümer und Bistümer zur Missionierung übertragen wurde. Salzburg erhielt damals ein Gebiet zugeteilt, das von der Raab im Westen, der Drau im Süden sowie der Donau, die dort ein ausgeprägtes Knie bildet, im Norden und Osten begrenzt war. Im Herbst 798, unmittelbar nach seiner Erhebung zum Erzbischof, soll Arn auf dringendes Ersuchen des Königs sogar persönlich in Pannonien missioniert und dort Kirchen und Priester geweiht haben. Solange jedoch die Macht der Awaren nicht endgültig gebrochen war, eröffneten sich für eine erfolgreiche Missionstätigkeit in Pannonien wenig Chancen. Also hielt sich Arn nur für kurze Zeit dort auf und setzte mit Zustimmung Karls des Großen einen Missionsbischof ein.

Im Dienste Karls des Großen übernahm Erzbischof Arn immer heiklere Missionen, die schließlich weltpolitische Bedeutung erlangten. Als Papst Leo III., auf den man im Frühjahr 799 in Rom ein Attentat verübt hatte, zu Karl dem Großen nach Paderborn geflohen war, erhielt Arn den Auftrag, gemeinsam mit Erzbischof Hildebald von Köln den Papst nach Rom zurückzuführen und dort Gericht über dessen Gegner zu halten. Bereits im Herbst des Jahres 800 reiste Arn mit Karl dem Großen, der die gegen den Papst erhobenen Klagen selbst untersuchen wollte, erneut nach Rom. Dort war der Salzburger Erzbischof Zeuge der glanzvollen Kaiserkrönung Karls, die Papst Leo III. am Weihnachtstag des Jahres 800 vornahm.

Der Kaiser brachte seine Wertschatzung für Arn wenig später dadurch zum Ausdruck, dass er 803 selbst nach Salzburg kam und hier das pannonische Missionsgebiet bestätigte. Alkuin hat aus diesem Anlass Preisgedichte über den Bischofsitz Salzburg und seine Kirchen geschrieben, die offenbar auf genaue Mitteilungen Arns zurückgingen und uns Heutigen wichtige Hinweise auf die Topographie Salzburgs im Frühmittelalter bieten. An den Aufenthalt des Herrschers erinnert jene bekannte Sage, die Karl den Großen (in einer anderen Version Kaiser Friedrich Barbarossa) tief im Untersberg bei Salzburg auf das Ende der Zeiten warten lässt, um dann eine letzte gewaltige Schlacht zu schlagen. Manche Anzeichen deuten darauf hin, dass Erzbischof Arn in den Jahren 802 bis 807 Bayern als „Vizekönig" geleitet hat. In dieser Funktion ist ihm dann der Graf und Präfekt Audulf gefolgt, mit dem er oft gemeinsam als Königsbote tätig war. (Bayern wurde zwar schon 814 als Königreich eingerichtet, aber erst nach 826 sollte Ludwig der Deutsche, der Enkel Karls des Großen, die Regierung in Bayern als König übernehmen.) Kaiser Karl hat die vielfältigen Dienste, die ihm der Salzburger Erzbischof leistete, reich belohnt: Durch einen Schiedsspruch beendete er 811 den langjährigen Streit zwischen dem Patriarchat Aquileia und dem Erzbistum Salzburg um das karantanische Missionsgebiet, in dem er die Drau als Grenze zwischen den beiden Kirchenprovinzen festlegte und damit – ungeachtet der alten Rechte Aquileias – den Großteil Karantaniens der Salzburger Kirchenprovinz zuteilte. Und auch in seinem Testament aus dem Jahr 813, das Arn an dritter Stelle unterzeichnete, hat der Kaiser die Salzburger Kirche reich bedacht.

40

Trotz seines vielfältigen Engagements im Reichsdienst hat der Erzbischof sein Kirchenamt nicht vernachlässigt. Bereits im Jahr nach seiner Erhebung zum Erzbischof begann er, Provinzialsynoden abzuhalten, in denen er gemeinsam mit seinen Suffraganbischöfen und dem Klerus seiner Kirchenprovinz wichtige Fragen besprach und Reformmaßnahmen traf. An den allgemeinen Synoden des Ostfränkischen Reiches war Arn ebenfalls in führender Position beteiligt. Auch als Lehrer, zu dem Alkuin immer wieder Schüler sandte, erfreute er sich eines ausgezeichneten Rufs. Zwar hatte schon sein Vorgänger Virgil mit dem Aufbau einer Schreibschule (Scriptorium) begonnen, aber erst unter Arn erhielt Salzburg eine hervorragende Bibliothek. Im Kloster St. Amand, dessen Leitung er auch als Erzbischof bis 808 beibehielt, ließ Arn etwa 150 Handschriften anfertigen bzw. kopieren, wovon sich mehr als die Hälfte in Salzburg erhalten hat. Als Erzbischof Arn schließlich am 24. Jänner 821 im Alter von etwa 80 Jahren starb, hinterließ er seinen Nachfolgern ein reich ausgestattetes und vorbildlich organisiertes Erzbistum, das zu bedeutenden Leistungen im Bereich der Mission, der Kultur und auch der Politik befähigt war.

Arns Nachfolge trat 821 sein Neffe Adalram an, der das Erzbistum bis 836 leitete und speziell auf missionarischem Gebiet das Werk seines Onkels fortzuführen trachtete. Dabei arbeitete er eng mit König Ludwig dem Deutschen (817/26–876) zusammen. Einen Hinweis auf die erfolgreiche Salzburger Missionstätigkeit im Gebiet südlich der Donau zwischen der Enns und dem Wienerwald gibt Wiens älteste Kirche: Sie ist dem hl. Ruprecht (Rupert) geweiht und zeigt somit, dass auch die heutige Bundeshauptstadt das Christentum zunächst aus Salzburg empfangen hat. Jedoch war Wien keineswegs der geographische Endpunkt der Salzburger Missionsbestrebungen im Osten. Vielmehr eröffnete der endgültige Niedergang der Awaren 829 die Möglichkeit einer erfolgreichen Mission in Pannonien. Der aus Neutra (Nitra in der Slowakei) vertriebene Fürst Priwina empfing im damals salzburgischen Traismauer an der Donau die Taufe und erhielt einige Jahre später von König Ludwig dem Deutschen ein Gebiet an der Zala westlich des Plattensees zu Lehen. Dort errichtete er im geschützten Sumpfgebiet des Kleinen Plattensees (Kisbalaton) die Siedlung Mosapurc (Zalavár) als Residenz und unterstützte mit seiner adeligen Gefolgschaft die intensive Missionstätigkeit der Salzburger Kirche. So entstanden in den Jahren zwischen 840 und 867 im pannonischen Missionsgebiet insgesamt 31 Gotteshäuser, die durchwegs von eigenen Priestern betreut wurden. Allein in Mosapurc errichtete man drei Kirchen, darunter 854/59 die Basilika des Märtyrers Hadrian, zu deren Bau Adalrams Nachfolger, Erzbischof Liupram (836–859), Maurer und Maler, Schmiede und Zimmerleute aus Salzburg nach Mosapurc sandte. Ungarische Archäologen haben die Grundmauern einer gewaltigen dreischiffigen Basilika von 50 Metern Länge, 25 Metern Breite, mit einer außergewöhnlich großen Vorhalle im Westen freigelegt. Die eindrucksvollen Dimensionen deuten darauf hin, dass diese Hadrians-Basilika wohl nicht allein für die Bevölkerung von Mosapurc gedacht war, sondern vielmehr die Leistungsfähigkeit und den Machtanspruch der Salzburger Kirche in Pannonien demonstrieren sollte.

Eine unerwartete Konkurrenz für die Salzburger Mission entstand jedoch mit dem Auftreten der byzantinischen Missionare Konstantin und Method, die ab 863 erfolgreich im benachbarten

Mähren wirkten. Die beiden Brüder kamen 866/67 nach Mosapurc und erzielten dort dank der von ihnen geschaffenen slawischen Schrift (*Glagolica*) und der slawischen Liturgie, bei der die
gesamte Messe in slawischer Sprache gefeiert wurde, rasche Erfolge. Fürst Priwinas Sohn Chocil, der nach dem Tod des Vaters
860/61 die Herrschaft übernommen hatte, war vom Auftreten
der Brüder so beeindruckt, dass er in den folgenden Jahren zu
ihrem wichtigsten Protektor wurde. Dahinter stand allerdings
auch die Absicht, sich mit der Ausschaltung der Salzburger Missionare aus der politischen Abhängigkeit vom Ostfränkischen
Reich und der Bevormundung durch den bayerischen Adel zu lösen. Chocil erwies sich dabei als ebenso umsichtiger wie erfolgreicher Stratege: Nachdem Konstantin unter dem Mönchsnamen
Kyrill 869 in Rom gestorben war, erbat Chocil von Papst Hadrian II. die erneute Entsendung Methods nach Pannonien und
setzte 870 auch dessen Ernennung zum Erzbischof durch. Da
man in Salzburg nie eine päpstliche Bestätigung für das pannonische Missionsgebiet eingeholt hatte, konnte Hadrian II. mit der
Ernennung Methods die Salzburger Ansprüche und Missionser-
folge einfach übergehen. Dem Papst seinerseits ging es nämlich
darum, die slawischen Völker für das katholische Christentum zu
gewinnen und dauerhaft an Rom zu binden. Die Salzburger Leistungen und Interessen bildeten dabei keine berücksichtigens-
werte Größe.

Auf diese päpstliche Herausforderung gab jedoch König Ludwig
der Deutsche als Herr des Ostfränkischen Reiches eine ebenso
entschiedene Antwort: Method, der noch 870 in die Hände seiner Gegner fiel, wurde ungeachtet seiner erzbischöflichen Würde
im Beisein des Königs von einer bayerischen Bischofssynode in
Regensburg unter dem Vorsitz Erzbischof Adalwins angeklagt,
verurteilt und inhaftiert. Als Beweis für die Salzburger Ansprüche wurde die „Denkschrift über die Bekehrung der Bayern und
Slawen" (*Conversio*) vorgelegt, die wahrscheinlich Erzbischof
Adalwin selbst verfasst hatte. Obwohl darin – dem Zweck entsprechend – nur die Leistungen der Salzburger Kirche gewürdigt
und jene anderer Bistümer und Klöster verschwiegen werden, ist
die *Conversio* die mit Abstand ausführlichste und genaueste
Quelle zur Slawenmission. Die Freilassung Methods nach dreijäh-

Hl. Method. Fresko aus dem Kloster Kalenić in Serbien (Anfang 15. Jh.)

Die Slawenmission

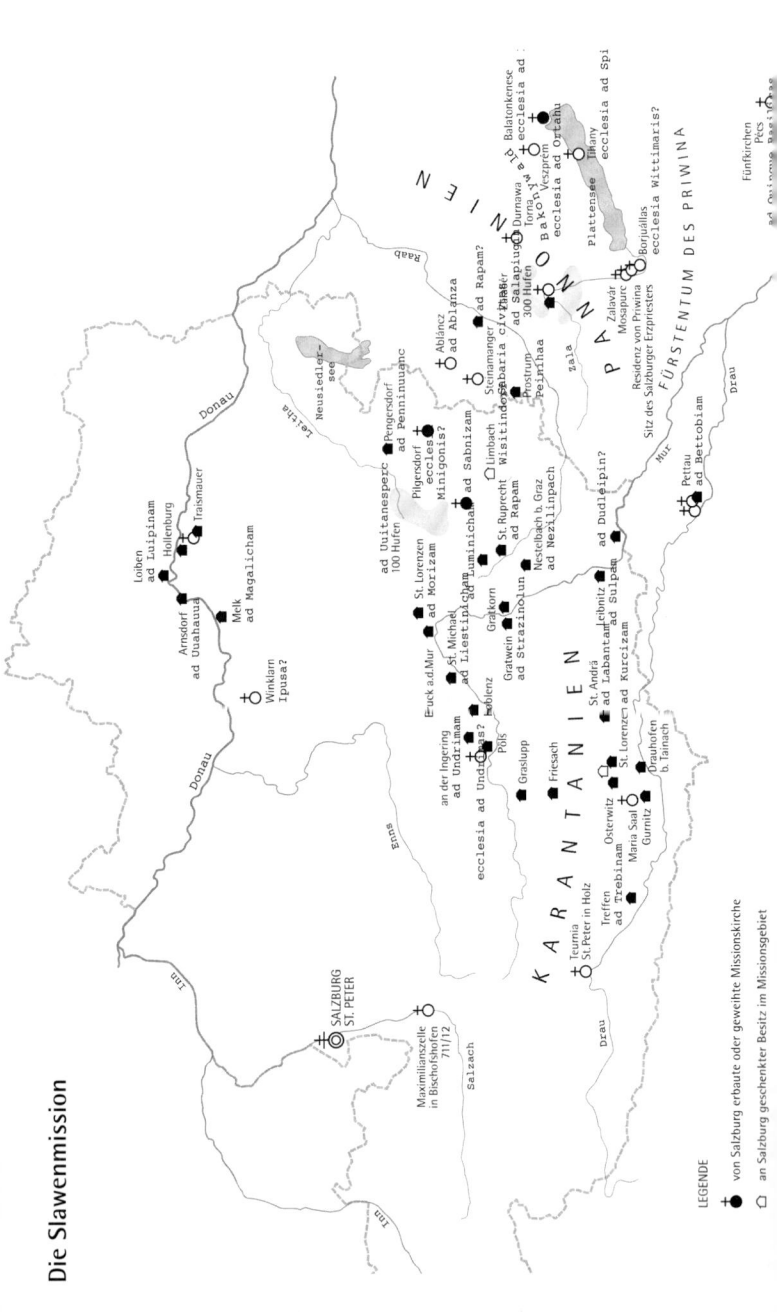

riger Haft in einem schwäbischen Kloster und seine Rückführung nach Pannonien setzte erst Papst Johannes VIII. durch.

Mittlerweile aber hatten sich die politischen Verhältnisse grundlegend geändert, Fürst Chocil unterwarf sich erneut König Ludwig dem Deutschen, und die Salzburger Missionare konnten ihre seit 870 unterbrochene Arbeit fortsetzen. Bereits 874 weihte Erzbischof Theotmar (873–907) eine von Chocil erbaute Kirche in Pettau an der Drau (Ptuj in Slowenien), obwohl dafür eigentlich Method als Erzbischof zuständig war. Dieser konnte sich nach dem Tod Chocils und der Eingliederung von dessen Fürstentum in das Ostfränkische Reich dort nicht mehr halten und wirkte ab 875/76 unter zunehmenden Schwierigkeiten am Hof des Fürsten Sventopolk in Mähren. Nach Methods Tod 885 wurde die slawische Liturgie verboten, und Methods Schüler wurden aus Mähren vertrieben. Bulgarien, das die Flüchtlinge aufnahm, trat damit das Erbe der kyrillo-methodianischen Mission an.

An den Konflikt der byzantinischen Slawenlehrer Konstantin-Kyrill und Method mit dem Erzbistum Salzburg und den bayerischen Bischöfen als ein Ereignis von weltgeschichtlicher Bedeutung erinnert bis heute die Teilung der slawischen Völker: Bulgaren, Russen und Serben haben durch die byzantinische Mission das orthodoxe Christentum und die von den Schülern Methods in Bulgarien geschaffene, aus dem griechischen Alphabet abgeleitete „Kyrillische Schrift" übernommen. Slowenen und Kroaten, Slowaken und Tschechen konnten hingegen durch das vom Erzbistum Salzburg, den bayerischen Bistümern und dem Patriarchat Aquileia in Angriff genommene Bekehrungswerk für das katholische Christentum und den westlichen Kulturkreis gewonnen werden.

Die Fortsetzung der erfolgreichen Salzburger Missionsarbeit in Pannonien wurde durch den ständig verschärften Gegensatz zum Reich der Mährer verhindert. Unter Arnulf von Kärnten, dem späteren Kaiser, wurde Pannonien in dessen Auseinandersetzungen mit Fürst Sventopolk hineingezogen und in den Jahren 883 und 884 von mährischen Truppen völlig verwüstet. Ein Brief, den Erzbischof Theotmar und seine Suffragane im Jahr 900 an Papst Johannes IX. richteten, zeichnet ein trostloses Bild von der Situation. In ganz Pannonien stehe keine einzige Kirche mehr, und die

Slawen seien vielfach ins Heidentum zurückgefallen. Um der zunehmenden Bedrohung durch die Ungarn vorzubeugen, die sich ab 894 im Karpatenbecken niedergelassen hatten, unternahm Markgraf Luitpold von Bayern, unterstützt von den Bischöfen und Großen des Landes, 907 einen Feldzug. In der Schlacht bei Preßburg (Bratislava in der Slowakei) wurde jedoch das bayerische Heer vernichtet; neben Luitpold selbst fanden auch Erzbischof Theotmar von Salzburg und die Bischöfe Udo von Freising und Zacharias von Säben den Tod. Die Folgen dieser Niederlage waren für Bayern und das Erzbistum Salzburg katastrophal. Das bayerische Markensystem brach völlig zusammen, ganz Pannonien und Grenzgebiete Karantaniens gingen verloren, die Reichsgrenze musste bis an die Enns zurückgenommen werden. Salzburg büßte den Großteil seines slawischen Missionsgebietes ein, die Früchte einer jahrzehntelangen Arbeit waren vernichtet.

Letztlich sollte sich in Pannonien das Papsttum durchsetzen, dem es gelang, mit der Taufe und Krönung König Stephans I. (1000/1001) und der Errichtung einer eigenen Kirchenorganisation Ungarn dauernd an sich zu binden. Aber auch die Leistungen der Salzburger Slawenmission im frühen Mittelalter wirken bis heute nach. König Ludwig der Deutsche hatte 860 der Salzburger Kirche als seinem verlässlichsten Partner die Stadt Steinamanger (Szombathély in Ungarn) und 24 Königshöfe mit reichem Besitz in Niederösterreich, dem Burgenland, Westungarn, der Steiermark und Kärnten übertragen. Wenn auch die pannonischen Güter verloren gingen, so konnte Salzburg doch die anderen Positionen behaupten. Sie bildeten den Grundstock für den reichen „auswärtigen" Besitz Salzburgs in Niederösterreich, der Steiermark und Kärnten, der bis zum Ende der geistlichen Herrschaft 1803 – fast ein Jahrtausend lang – bestehen blieb. In vielen Orten wie etwa den Arnsdörfern in der Wachau, Traismauer an der Donau, Friesach und Maria Saal in Kärnten ist diese Tradition bis heute lebendig, bei anderen wie dem oststeirischen St. Ruprecht an der Raab oder St. Ruprecht bei Bruck an der Mur weist der Name auf ihre Salzburger Vergangenheit hin.

Der rasche Aufstieg Salzburgs als Erzbistum und Missionszentrum hatte durch die Niederlage bei Pressburg und den Verlust des Missionsgebietes in Pannonien einen empfindlichen Rückschlag erlitten, der nur langsam überwunden werden konnte. In den großen Auseinandersetzungen zwischen Kaisern und Päpsten im 11. und 12. Jahrhundert rückten die Salzburger Erzbischöfe als Führer der päpstlichen Partei in Deutschland in den Brennpunkt europäischer Politik. Die große Bedeutung des Erzbistums in diesen Jahrzehnten war jedoch mit schmerzlichen Verlusten erkauft, die erst durch den Wechsel ins kaiserliche Lager am Ende des 12. Jahrhunderts überwunden werden konnten.

Die ältesten Salzburger Jahrbücher berichten, dass im Jahre 919 sowohl Herzog Heinrich von Sachsen als auch Herzog Arnolf von

Bayern zum König gewählt wurden. In diesen Aufzeichnungen wird auch der Übergang vom Ostfränkischen Reich der Karolinger – bis 911 – zum Deutschen Reich, das aus den Herzogtümern Sachsen, Franken, Bayern und Schwaben entstand, sichtbar; der Begriff „Deutsches Reich" – *regnum Teutonicorum* – findet sich hier zum ersten Mal. Den Kampf um die Krone konnte Heinrich I., der Begründer der Dynastie der Ottonen (Sachsenkaiser), schließlich für sich entscheiden, indem er seinem Gegner Arnolf eine eigenständige Außenpolitik und die Besetzung der bayerischen Bistümer, also auch der Metropole Salzburg, zugestand und ihn dadurch zur Anerkennung seines Königtums brachte. Was die gesamte Bevölkerung in jenen Tagen allerdings noch mehr bewegte, war die ernste Bedrohung durch die häufigen Einfälle der Ungarn, die das offene Land plünderten und verwüsteten und die schutzlosen Bewohner niedermetzelten. Erst mit dem Sieg, den König Heinrich I. 933 an der Unstrut in Sachsen über die Ungarn erfocht, kam es an dieser Front endlich zur Entspannung.

48

Mit dem Tod Herzog Arnolfs 937 ging die politische Sonderstellung Bayerns zu Ende. Als sich Arnolfs Nachkommen, die Luitpoldinger, 953 an einem Aufstand gegen König Otto I. beteiligten, schlug sich auch der ihnen entstammende Salzburger Erzbischof Herold (939–958) auf die Seite seiner Verwandten – allerdings mit dramatischen Folgen: Er wurde 955 bei Mühldorf gefangen und auf Befehl Herzog Heinrichs von Bayern geblendet, um ihn für immer amtsunfähig zu machen. Um Salzburg und seine geopolitische Position schien es zunehmend schlecht bestellt.

In jenem für den Salzburger Erzbischof Herold so unglücklichen Jahr 955 errang König Otto I. auf dem Lechfeld einen herausragenden Sieg über die Ungarn, die Augsburg belagert hatten. Die Folge war, dass die vernichtend geschlagenen Ungarn in Pannonien sesshaft wurden, engere Verbindungen zu den Nachbarländern knüpften und sich allmählich der christlichen Mission öffneten. Mit der Taufe und Krönung König Stephans I. (1000/1001), der mit der Herzogstochter Gisela von Bayern vermählt war, wurde Ungarn in die Gemeinschaft der christlichen Staaten aufgenommen.

Der Sieg über die Ungarn hatte Otto I. zum mächtigsten Herrscher seiner Zeit gemacht, der prädestiniert erschien, das römische Kaisertum dauerhaft zu erneuern. Als er 962 nach Italien zog, wurde er vom Salzburger Erzbischof Friedrich (958–991) mit einem stattlichen Aufgebot begleitet. Friedrich wohnte der Kaiserkrönung im Petersdom bei und weilte nur wenige Jahre später – 969/70 – erneut mit dem Kaiser in Italien; 981 führte er Otto II. das siebzig Panzerreiter umfassende Kontingent des Erzbistums Salzburg persönlich zu. Auch an jenem kaiserlichen Hoftag in Regensburg 976, auf dem Kärnten (Karantanien) als eigenes Herzogtum von Bayern getrennt wurde, nahm Friedrich teil. Die Leitung der Mark an der Donau übergab Otto II. damals an Luitpold aus dem Geschlecht der Babenberger, dessen Nachkommen bis 1246 als Markgrafen und Herzöge in Österreich herrschten. Die Treue der Salzburger Erzbischöfe haben die Ottonen durch die Schenkung großer Güter in Kärnten, der Steiermark und Bayern reich belohnt.

Im späten 10. Jahrhundert erreichte die Klosterreform im Deutschen Reich über Regensburg auch Salzburg. Erzbischof Friedrich trennte 987 die Abtei St. Peter, die er bis dahin selbst geleitet hatte, vom Erzbistum, setzte den Mönch Tito aus dem Reformkloster St. Emmeram in Regensburg zum Abt von St. Peter ein und wies dem Kloster eine eigene Ausstattung zu. Die Mönche errichteten in den folgenden Jahrzehnten auf einem vom Steinschlag bedrohten Areal nahe der Mönchsbergwand – dem heutigen St. Peter-Bezirk – ihr neues Kloster und die erste eigene Stiftskirche, während die Erzbischöfe noch bis 1110 ihren Wohnsitz in der unmittelbaren Nachbarschaft des Klosters beibehielten. Schließlich führte die Kirchenreform zu einer allmählichen Ablösung des adeligen Eigenkirchenwesens und zu einer Intensivierung der Seelsorge. Diesem Ziel diente auch der Aufbau eines einheitlichen Netzes genau abgegrenzter Pfarren, mit dem nach der Jahrtausendwende begonnen wurde.

Die Herrscher aus dem Hause der Ottonen haben die Treue der Salzburger Erzbischöfe und deren Einsatz im Dienste des Reichs entsprechend belohnt. So wohnte Erzbischof Hartwig (991–1023) am 21. Mai 996 in Rom der Kaiserkrönung Ottos III. bei – wenige Tage später erhielt er vom Herrscher das Recht, in Salzburg einen täglichen Markt einzurichten, davon Maut einzuheben und Münzen nach dem Regensburger Vorbild zu prägen. Dieses Privileg war eine wichtige wirtschaftliche Grundlage für die Entwicklung der Bischofsresidenz Salzburg zur Stadt. Auch der letzte Sachsenkaiser, Heinrich II., war der Salzburger Kirche gewogen. Er unterstützte den großzügigen Um- und Ausbau des Salzburger Domes durch Erzbischof Hartwig, ebenso den Neubau der Stiftskirche Nonnberg, und schenkte wichtige Besitzungen, darunter 1002 das Gebiet von Mauterndorf im Lungau, an das Salzburger Domkapitel. Erzbischof Hartwig selbst förderte tatkräftig die Gründung benediktinischer Reformklöster durch seine Verwandten, darunter Seeon und Baumburg in Bayern und die adeligen Damenstifte St. Georgen am Längsee in Kärnten und Göß in der Steiermark.

Auch Papst Johannes XIX. honorierte die Leistungen der Salzburger Kirche. Er gewährte 1027 Erzbischof Thietmar (1025–1041) das Recht, sich ein Kreuz vorantragen zu lassen, auf einem rotgezierten Pferd zu reiten und in seiner Kirchenprovinz in dringenden Fällen anstelle des Papstes Entscheidungen zu treffen. Auf dieses Privileg geht die Würde eines päpstlichen Legaten zurück, die seit 1179 allen Erzbischöfen mit ihrem Amtsantritt zusteht (*Legatus natus*), ebenso das Purpurgewand, das die Erzbischöfe bei feierlichen Anlässen noch heute tragen. Thietmars Nachfolger Balduin (1041–1060) unterstützte die Klostergründung der hl. Hemma in Gurk (Kärnten) im Jahr 1043 und erhielt dafür umfangreiche Güter an der Save (in Slowenien) und in Friaul. 1046 zog der Erzbischof mit Heinrich III. nach Italien und erlebte dort, wie der König drei konkurrierende Päpste absetzen und in den folgenden Jahren eine Reihe deutscher Bischöfe zu Päpsten erheben ließ. Damit sollte das Papsttum aus der Abhängigkeit von den stadtrömischen Adelscliquen befreit und die Zusammenarbeit mit dem Kaisertum gestärkt werden.

Erzbischof Balduins Nachfolger Gebhard (1060–1088) errichtete 1072 anstelle des Nonnenklosters in Gurk, das er zuvor aufgehoben hatte, das erste Salzburger „Eigenbistum". Nach dem Vorbild der einst in Karantanien tätigen Chorbischöfe sollte der Bischof von Gurk als Stellvertreter des Erzbischofs im Gebiet südlich der Alpen tätig sein. Da Gebhard das neue Bistum selbst ausgestattet hatte, erhielt er das in der katholischen Kirche einzigartige Recht, den Bischof von Gurk selbst zu bestimmen, einzusetzen, zu weihen und mit den weltlichen Hoheitsrechten (Regalien) auszustat-

korrat pischolf zu Salzpurg

17.

Erzbischof Konrad II. von Salzburg (1164–1168) aus dem Babenberger-Stammbaum in Klosterneuburg. Tempera, um 1490, von Holz auf Leinwand übertragen.

Erzbischof Johann II. von Reisberg (1429–1441). Ausschnitt aus dem von ihm gestifteten „Goldfenster" im Chor der Wallfahrtskirche St. Leonhard ob Tamsweg, um 1430/33

ten. Diese für den Gurker Bischof ungünstige Rechtsstellung hat zu langen Auseinandersetzungen geführt und Gebhard die herbe Kritik der kirchlichen Reformpartei, speziell Papst Gregors VII., eingetragen. Gebhard hielt jedoch unbeirrt an seinen Prinzipien fest und errichtete 1074 auf jenen Gütern im steirischen Ennstal, die einst die hl. Hemma von Gurk dafür gestiftet hatte, die Benediktinerabtei Admont als erzbischöfliches „Eigenkloster".

Der Ausbruch des Investiturstreits zwischen Papst Gregor VII. und König Heinrich IV. 1075 zwang Gebhard jedoch zu einer klaren Parteinahme. Von seiner Einstellung her war Gebhard weder ein „Gregorianer" noch ein Reformer; trotzdem entschied er sich – so wie ein Großteil der deutschen Bischöfe und zahlreiche weltliche Fürsten – für Gregor VII. Und obwohl sich der König durch seinen Bußgang nach Canossa 1077 vom Kirchenbann lösen konnte, beteiligte sich Gebhard an der Wahl Herzog Rudolfs von Schwaben zum (Gegen-)König. Mit den Burgen Friesach, Salzburg und Hohenwerfen, die er stark befestigt und mit verlässlichen Dienstmannen besetzt hatte, suchte er Heinrich IV., der das Osterfest in Aquileia gefeiert hatte, an der Rückkehr nach Deutschland zu hindern. Das neue Verteidigungssystem aber war noch zu schwach, um sich auf Dauer gegen den König behaupten zu können. Gebhard unterlag und musste fliehen. So traten seit dem Herbst 1077 an die Stelle der reichen Schenkungen, die das Erzbistum bis dahin von Kaisern und Königen erhalten hatte, Verwüstung und Plünderung der Salzburger Kirchengüter durch die königlichen Parteigänger.

Der Widerstand Gebhards war dadurch aber nicht gebrochen, im Gegenteil: In seinem Exil in Sachsen, das bereits seit 1072 das Zentrum der Opposition gegen Heinrich IV. bildete, erwarb sich Gebhard bald allgemeine Achtung, trat bei Verhandlungen als Wortführer der Königsgegner auf und wurde als „eifrigster Wächter des gregorianischen Lagers" gerühmt. Er selbst verfasste zwei Brieftraktate an den Bischof Hermann von Metz, die als offizielles Manifest der päpstlichen Partei gelten konnten. Seine Unbeirrbarkeit erwies sich jedoch für Salzburg als verheerend, denn die Gegenmaßnahmen Heinrichs IV. trafen vor allem das schutzlose Erzbistum. Im Salzburger Suffraganbistum Brixen trat 1080 eine Bischofssynode zusammen, die Gregor VII. absetzte und Clemens III. zum Papst wählte. Der Tod des Gegenkönigs Rudolf von Schwaben gab der königlichen Partei weiteren Auftrieb. Heinrich IV. konnte 1084 in Rom einziehen, wo er von Clemens III. zum Kaiser gekrönt wurde. Gregor VII. hingegen musste die Ewige Stadt unter dem Schutz der Normannen verlassen und starb 1085 einsam und verbittert in Salerno. Heinrich IV. ließ Gebhard 1085 absetzen und an seiner Stelle Berthold aus der Familie der bayerischen Grafen von Moosburg zum Erzbischof erheben; und nur einigen militärischen Misserfolgen des Kaisers hatte es Gebhard zu verdanken, dass er im Sommer 1086 nach Salzburg zurückkehren konnte. Doch schon zwei Jahre später starb er auf der Burg Hohenwerfen.

Erst nach geraumer Zeit, im Jahr 1090, wählte die päpstliche Partei den Abt Thiemo von St. Peter zum neuen Salzburger Erzbischof (1090–1101), der damit den Kampf gegen Berthold von Moosburg aufnehmen musste. Thiemo war zwar ein Künstler von hohem Rang, auf Dauer aber unfähig, sich gegen die Anhänger des Kaisers durchzusetzen. Er unterlag 1097 bei Saaldorf gegen Berthold und floh nach Kärnten, wo er jedoch erst recht in die Hände seiner Gegner fiel. Nach abenteuerlicher Flucht beteiligte er sich 1101 am Kreuzzug und erlitt in der Stadt Askalon ein grausames Martyrium. Er wird deshalb bis heute als lokaler Heiliger verehrt und mit der Darmspindel als Attribut dargestellt.

Erst als sich 1105 der eigene Sohn gegen Heinrich IV. erhob und den Kaiser gefangen nahm, fand die Herrschaft Bertholds von Moosburg in Salzburg ein Ende. Auf Veranlassung König Heinrichs V. wurde Konrad aus dem Geschlecht der fränkischen Grafen von Abenberg zum Erzbischof (1106–1147) gewählt, der sich, gestützt auf ein starkes militärisches Gefolge, rasch durchsetzen konnte. Es blieben ihm aber nur wenige Jahre Zeit, um seine Fähigkeiten beim Wiederaufbau und der Neuorganisation des Erzbistums zu demonstrieren; dann musste auch er 1110 mit Heinrich V. nach Italien ziehen. Als es in Rom zu einer heftigen Auseinandersetzung zwischen Papst Paschal II. und Heinrich V. kam, der auf dem Recht der Bischofseinsetzung beharrte, stellte sich Konrad unter Einsatz seines Lebens schützend vor den Papst. Heinrich V. aber ließ Paschal gefangen nehmen und erzwang nicht nur die Übertragung des Investiturrechts, sondern auch seine eigene Kaiserkrönung. Nach der Rückkehr aus Italien musste sich Konrad in Mainz vor dem Kaiser verantworten, weil die Salzburger Dienstmannen gegen ihn Klage erhoben hatten. Als er die Unhaltbarkeit seiner Situation erkannte, begab er sich zunächst zur Markgräfin Mathilde von Tuszien, der großen Schutzherrin der kirchlichen Reformpartei. Nach ihrem Tod aber begannen zwei abenteuerliche Jahre der Flucht und Verfolgung, in denen sich der Erzbischof teils unter Lebensgefahr in der Steiermark versteckt hielt. Schließlich folgte er dem Beispiel Gebhards und ging nach Sachsen ins Exil.

Im Wormser Konkordat einigte sich Heinrich V. 1122 mit Papst Calixt II. über Wahl und Einsetzung (Investitur) der Reichsbischöfe. Aufgrund des Ausgleichs zwischen Kaiser und Papst war Erzbischof Konrad bereits ein Jahr zuvor nach Salzburg zurückgekehrt und hatte dort mit einem großangelegten Aufbau- und Reformwerk begonnen. Durch den Bau starker Burgen in Leibnitz, Pettau an der Drau und Reichenburg an der Save (Ptuj und Brestanica in Slowenien) sicherte er die weit entfernt gelegenen steirischen Besitzungen des Erzbistums gegen die Einfälle der Ungarn. Die Verteidigung dieser Wehrbauten übertrug er der neu organisierten Ministerialität (Dienstmannschaft), die sich in den folgenden Jahrzehnten als wichtigste Stütze des Erzbischofs bewährte und selbst dem Kaiser erfolgreich die Stirn bieten konnte. In Kärnten baute der Erzbischof Friesach zur zweiten Residenz und zum Verwaltungsmittelpunkt südlich der Tauern aus. Im Schutz der starken Befestigungen errichtete er eine Münzstätte, deren „Friesacher Pfennige" bald die wichtigste Münze im Ostalpenraum bildeten. So wie in Friesach hat Konrad I. auch im Salinenort Reichenhall und in Laufen an der Salzach die Entwicklung zur Stadt gezielt gefördert. In Salzburg selbst kam die Stadtwerdung mit dem Bau der ältesten Stadtmauern zum Abschluss. Das Zentrum bildete der Dom, der nach einem Brand 1127 wieder hergestellt, prächtig ausgestattet und mit zwei mächtigen Westtürmen versehen wurde. An den Dom fügte Konrad, der bereits 1110 seinen alten Wohnsitz den Mönchen von St. Peter geschenkt hatte, die neue erzbischöfliche Residenz an.

Nicht weniger engagiert zeigte sich Konrad bei kirchlichen Reformen in seinem Erzbistum. Unmittelbar nach seiner Rückkehr

hatte er 1121 das Salzburger Domkapitel in ein Stift der Augustiner-Chorherren umgewandelt. Es wurde zum Zentrum der
großangelegten Salzburger Kanonikerreform, in deren Verlauf der
Erzbischof nicht weniger als 17 Augustiner-Chorherrenstifte in
und außerhalb der Erzdiözese entweder neu gründete oder refor-
mierte. Wichtigste Aufgabe der regulierten Chorherren war die
Seelsorge in den inkorporierten Pfarren. Aber auch das Mönchtum erfuhr mit der Gründung der Zisterzienserabteien Rein (bei
Graz), Viktring (bei Klagenfurt) und Raitenhaslach (bei Burghausen) eine entsprechende Förderung. Die Abtei Admont, die sich
allmählich aus der Abhängigkeit vom Salzburger Erzbischof lösen
konnte, entwickelte sich unter dem aus Hirsau berufenen Abt
Wolfhold zum großen alpinen Reformzentrum. Mit der Gründung
von Armenspitälern und Pilgerherbergen fielen auch die ersten
Maßnahmen zur Armenfürsorge in Konrads Regierungszeit.

Eberhard I. (1147–1164) war bei seiner Wahl zum Erzbischof 60
Jahre alt und galt bereits zu Lebzeiten als Heiliger. Mit Kaiser
Friedrich I. Barbarossa aus der Dynastie der Staufer stand er zu-
nächst in gutem Einvernehmen und wohnte 1156 in Regensburg
der feierlichen Erhebung Österreichs zum Herzogtum bei. Als es
aber 1159 in Rom zu einer Doppelwahl kam, änderten sich die
Verhältnisse völlig. Während Barbarossa den ihm treu ergebenen
Papst Viktor IV. anerkannte, entschied sich Eberhard nach kurzer
Bedenkzeit für Alexander III., den die Mehrzahl der Kardinäle gewählt hatte. Der greise Erzbischof avancierte in den folgenden
Jahren zum unangefochtenen Führer der päpstlichen Partei in
Deutschland. Eine im Kloster Admont angelegte Sammlung seiner Briefe zeigt Eberhards politische Bedeutung und seine diplo-
matischen Verbindungen in ganz Europa. Obwohl er den Vorla-
dungen und Forderungen Barbarossas keine Folge leistete,
vermied es der Kaiser, gegen den allseits verehrten Mann gewaltsam vorzugehen. Als der Erzbischof schließlich 1162 auf den
Trümmern des zerstörten Mailand mit dem Kaiser zusammentraf,
trat er offen und furchtlos für Alexander III. ein.

Nach dem Tod Eberhards wählten Domkapitel und Ministerialen,
die immer stärker die Politik in Salzburg bestimmten, den Bischof
Konrad von Passau aus dem Geschlecht der Babenberger, einen
Onkel des Kaisers, zum Erzbischof (1164–1168). In Fortführung

von Eberhards Linie verpflichteten sie Konrad II. zur Parteinahme für Papst Alexander III. und rechneten zugleich mit der Rücksichtnahme Barbarossas auf seinen Verwandten. Die Geduld des Kaisers war jedoch erschöpft. Auf einem Hoftag in Laufen an der Salzach ließ er 1166 durch ein Fürstengericht die Reichsacht über das Erzbistum Salzburg verhängen. Damit begann die Plünderung und Verwüstung durch kaiserliche Parteigänger, die sich zu Vollstreckern der Reichsacht aufspielten. Ein Jahr später fiel die Stadt Salzburg samt dem Dom einem verheerenden Großbrand zum Opfer, den man den kaiserlich gesinnten Grafen von Plain anlastete. Konrad II. konnte sich, gestützt auf seine starken Burgen und die ihm treu ergebene Dienstmannschaft, noch einige Zeit in Salzburg behaupten. Ein Ausgleich mit Barbarossa jedoch, der nach der Katastrophe des kaiserlichen Heeres vor Rom 1167 durchaus möglich schien, kam durch den Tod des Erzbischofs nicht mehr zustande.

Mit der Wahl des böhmischen Prinzen Adalbert (1168–1177), eines Neffen des Kaisers, versuchten Klerus und Dienstmannen die Parteinahme für Alexander III. fortzusetzen. Dieses Vorhaben war jedoch durch das ungeschickte Verhalten des jungen Erzbischofs und den Zorn Barbarossas rasch zum Scheitern verurteilt. Der Kaiser kam im Sommer 1169 nach Salzburghofen (im heutigen Freilassing) und zwang seinen Neffen, der in Salzburg alle Unterstützung verspielt hatte, zum Verzicht auf die weltlichen Hoheitsrechte; damit übernahm Barbarossa selbst die Verwaltung des Erzbistums. Fünf Jahre später ließ der Kaiser nach dem Scheitern aller Ausgleichsbemühungen Adalbert absetzen und den Propst Heinrich von Berchtesgaden zum neuen Erzbischof wählen. Da dieser keine allgemeine Anerkennung fand und Adalbert sich weiterhin als rechtmäßigen Erzbischof betrachtete, kam es zu einer Spaltung im Erzbistum. Erst der Friede von Venedig, den Barbarossa 1177 mit Papst Alexander III. schloss, machte den Weg für eine Lösung frei. Sowohl Adalbert als auch sein Gegner Heinrich verloren ihre Ansprüche auf das Erzbistum Salzburg.

Mit diesem wurde Kardinal Konrad von Wittelsbach (1177–1183), einer der engsten Parteigänger Alexanders III., für den Verzicht auf das Erzbistum Mainz entschädigt. Damals war das Stadtbild von Salzburg noch von den Brandruinen des Domes, der Kirchen und zahlreicher Häuser geprägt. Konrad III. ging mit Umsicht und Energie an den Wiederaufbau und die Reorganisation des Erzbistums. In einer hartnäckig geführten Auseinandersetzung brachte er die Hoheitsrechte über das Eigenbistum Gurk, die von Kaiser und Papst bestätigt wurden, wieder zur Geltung. 1181 begann er mit dem Bau eines neuen Domes im Stil der Hochromanik, der zu den imposantesten Gotteshäusern nördlich der Alpen zählte. Die Entdeckung der Grabstätte Bischof Virgils führte zu einem Heiligenkult und zu Wallfahrten, die reiche Spenden für den Dombau einbrachten. Als Konrad III. 1183 schließlich in sein angestammtes Erzbistum Mainz zurückkehrte, übernahm der sichtlich gereifte Adalbert von Böhmen (1183–1200) erneut die Regierung in Salzburg. Er konnte 1198 den Neubau des Salzburger Doms vollenden. Eine wichtige Grundlage dafür bildete der Salzbergbau auf dem Dürrnberg bei Hallein, den Adalbert um 1185 aufnahm und konsequent ausbaute. Dieser sowie die enge Zusammenarbeit mit dem staufischen Kaisertum, für die sich Adalbert in seiner zweiten Regierungszeit entschied, heilten nicht nur die Wunden der jahrzehntelangen Kämpfe, sondern bildeten auch die wichtigste Basis für den Aufstieg Salzburgs im 13. Jahrhundert.

Erzbischof Eberhard II. (1200–1246) aus dem Geschlecht der Edelfreien von Regensberg (bei Zürich) gilt als „Vater des Landes Salzburg". Die Anfänge seiner Regierung fielen in die schwierige Zeit des deutschen Thronstreites zwischen Staufern und Welfen (1198–1208), in den auch Papst Innozenz III. eingriff. Kaiser Otto IV. ließ 1210 den Salzburger Erzbischof sogar gefangen setzen, um von ihm die eidliche Zusage von Treue und Gehorsam zu erpressen. Als bald darauf Friedrich II., der jugendliche Sohn Kaiser Heinrichs VI., aus Apulien nach Deutschland kam und sich gegen Otto IV. durchsetzte, ging Eberhard 1213 zu ihm über und hielt ihm bis zu seinem Tod die Treue.

In den folgenden Jahrzehnten hatte der Salzburger Erzbischof immer wieder Gelegenheit, als Berater des Kaisers und besonders durch seine Bemühungen um politischen Ausgleich und Friedensstiftung entscheidend in die große Politik einzugreifen. So

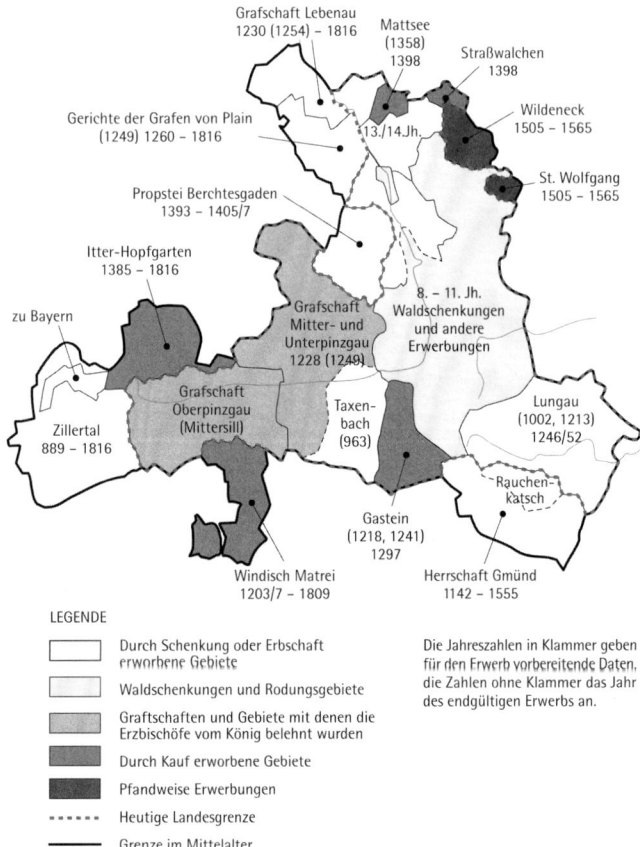

Die Entstehung des Landes Salzburg

Grafschaft Lebenau
1230 (1254) – 1816

Mattsee
(1358)
1398

Straßwalchen
1398

Gerichte der Grafen von Plain
(1249) 1260 – 1816

Wildeneck
1505 – 1565

13./14.Jh.

St. Wolfgang
1505 – 1565

Propstei Berchtesgaden
1393 – 1405/7

Itter-Hopfgarten
1385 – 1816

zu Bayern

8. – 11. Jh.
Waldschenkungen
und andere
Erwerbungen

Grafschaft
Mitter- und
Unterpinzgau
1228 (1249)

Grafschaft
Oberpinzgau
(Mittersill)

Taxen-
bach
(963)

Lungau
(1002, 1213)
1246/52

Zillertal
889 – 1816

Rauchen-
katsch

Gastein
(1218, 1241)
1297

Windisch Matrei
1203/7 – 1809

Herrschaft Gmünd
1142 – 1555

60

LEGENDE

☐ Durch Schenkung oder Erbschaft erworbene Gebiete

☐ Waldschenkungen und Rodungsgebiete

☐ Graftschaften und Gebiete mit denen die Erzbischöfe vom König belehnt wurden

☐ Durch Kauf erworbene Gebiete

☐ Pfandweise Erwerbungen

- - - - - Heutige Landesgrenze

──── Grenze im Mittelalter

Die Jahreszahlen in Klammern geben für den Erwerb vorbereitende Daten, die Zahlen ohne Klammer das Jahr des endgültigen Erwerbs an.

war er an der Ausarbeitung der wichtigen Reichsgesetze zugunsten der geistlichen und der weltlichen Fürsten (1220 und 1231/32) beteiligt, mit denen der Kaiser die Bildung fürstlicher Länder in Deutschland sanktionierte. Eberhard zählte auch zu den Unterhändlern, die 1230 den Frieden von San Germano zwischen Papst Gregor IX. und Friedrich II. vermittelten, und setzte sich nachdrücklich für den Ausgleich des Kaisers mit dem 1237 geächteten Herzog Friedrich II. „dem Streitbaren" von Österreich ein. Auch die erneute Verhängung des Kirchenbanns über den Kaiser 1239 konnte Eberhard nicht von seiner Linie abbringen;

noch 1241 gelang es ihm, Herzog Otto II. von Bayern für den Kaiser zu gewinnen. Als treuer Anhänger Friedrichs II., der sich den maßlosen Forderungen des päpstlichen Agenten Albert Beham offen widersetzte, war Eberhard II. selbst exkommuniziert worden. So kam es, dass der Leichnam dieses bedeutenden Kirchenfürsten mehr als 40 Jahre lang über dem Gewölbe der Kirche von Altenmarkt ruhte, bevor er nach der Lösung vom Bann im Salzburger Dom beigesetzt werden konnte.

Um den Unabhängigkeitsbestrebungen der Gurker Bischöfe vorzubeugen und die Errichtung von Landesbistümern im Bereich der Erzdiözese durch andere Fürsten zu verhindern, gründete Eberhard II. drei weitere Eigenbistümer: Chiemsee (1216), Seckau in der Steiermark (1218) und Lavant (St. Andrä im Lavanttal 1226/28). Der Bischof von Chiemsee, der seinen nominellen Sitz auf der Insel Herrenchiemsee nie einnahm, erhielt von Eberhard II. die Aufgaben eines Weihbischofs übertragen und residierte seit dem frühen 14. Jahrhundert im Chiemseehof in der Stadt Salzburg, dem heutigen Sitz der Salzburger Landesregierung. Das Recht auf Besetzung der Eigenbistümer, das bis 1920 behauptet werden konnte, veranlasste noch 1869 Papst Pius IX., den Salzburger Erzbischof Tarnóczy als „halben Papst, der selbst Bischöfe machen kann" zu begrüßen.

Einen weiteren Erfolg bildete die Einziehung der Vogteirechte, die Eberhard nach dem Ende der Grafen von Peilstein (1218), der Hauptvögte des Erzbistums, und auch bei den meisten Klostervogteien gelang. Denn die Vögte waren von weltlichen Schutzherren immer mehr zu Konkurrenten geworden, die auf Kosten der bevogteten Kirche eigene Herrschaften und, wie im Fall des benachbarten Tirol, sogar Länder bilden konnten. Schließlich gelang es Eberhard durch eine höchst modern anmutende Wirtschaftspolitik der jungen Saline Hallein die Führung in der Salzproduktion und im Salzhandel des Ostalpenraums zu sichern. Die reichen Einkünfte aus der Salzproduktion waren eine wesentliche Voraussetzung für Eberhards erfolgreiche Territorialpolitik.

Der Grundbesitz der Salzburger Kirche bestand bis ins 13. Jahrhundert aus einer Vielzahl von einzelnen Gütern, die sich von Regensburg im Norden bis nach Friaul im Süden und von Augsburg im Westen bis nahe an die kroatische Grenze im Osten erstreckten. Nur im großen Waldgebiet des Pongaus war es den Erzbischöfen gelungen, durch Rodung und Besiedlung mit ihren Eigenleuten ein geschlossenes Herrschaftsgebiet aufzubauen, das ihnen unmittelbar unterstand. Aber erst die Erwerbung von Grafschaften und Hochgerichtsbezirken, mit der Eberhard II. im frühen 13. Jahrhundert begann, eröffnete den Weg zur Landesbildung. Friedrich II. übertrug 1213 der Salzburger Kirche alle Rechte des Reiches im Lungau, und im Jahr 1228 belehnte sein Sohn, König Heinrich (VII.), den Salzburger Erzbischof mit den beiden Grafschaften im Ober- und Unterpinzgau, die Eberhard durch ein Tauschgeschäft mit Bayern erworben hatte. Da dem Erzbischof bereits 1203/07 der Kauf der großen Herrschaft (Windisch-)Matrei im heutigen Osttirol gelungen war, griff das Salzburger Herrschaftsgebiet über den Felber Tauern nach Süden bis ins Defereggental aus. Durch einen Vertrag mit Herzog Ludwig I. von Bayern konnte sich Eberhard II. auch das Herrschaftsgebiet der 1229 erloschenen Grafen von Lebenau am westlichen Ufer der Salzach sichern – eine insgesamt mehr als beeindruckende Leistung, die der „Vater des Landes" innerhalb weniger Jahrzehnte für sein Bistum erbrachte.

Eberhards Nachfolger setzten diese konsequente Erwerbspolitik fort. In den Jahren 1246/52 gelang die Einziehung der Grafschaftsrechte im Lungau, über den die Erzbischöfe seit 1213 die Lehenshoheit besaßen, und 1260 fielen nach dem Ende der Grafen von Plain deren Herrschaften und Gerichte südlich und nördlich der Stadt Salzburg an das Erzbistum. Die bayerischen Herzoge aus dem Geschlecht der Wittelsbacher, die sich ihrerseits wichtige Stützpunkte und Herrschaften wie die Salinenstadt Reichenhall, das aufstrebende Burghausen und den Chiemgau zu sichern vermochten, haben in den Verträgen von Erharting 1254 und 1275 das Herrschaftsgebiet der Salzburger Erzbischöfe anerkannt und eine erste Grenzziehung östlich von Traun und Alz vorgenommen. 1297 verkauften sie auch das wichtige Gasteinertal, das sie seit 1218 besaßen, an Erzbischof Konrad IV. Die hier aufgelisteten Erwerbungen bildeten jedoch kein geschlossenes Gebiet im Besitz der Salzburger Kirche; es waren vielmehr zahlreiche Grafschaften, Gerichtsbezirke und Herrschaften, in denen die Erzbischöfe erst in jahrzehntelangen mühevollen Einzelaktionen Burgen, Grundbesitz und Eigenleute von dem dort ansässigen Adel erwerben mussten. Sie erreichten das nicht nur durch Kauf, Verpfändung oder gewaltsame Eroberung, sondern häufig auch durch erzwungene Lehensauftragung; beim Ende eines Geschlechts fielen dann dessen Güter als erledigte Lehen an die Salzburger Kirche. Trotz aller Erfolge vermieden es Eberhard II. und seine Nachfolger konsequent, ihr Herrschaftsgebiet als „Land" zu bezeichnen. Die Erzbischöfe waren zwar Reichsfürsten, aber ihr geistliches Fürstentum Salzburg galt noch immer als Teil des Herzogtums Bayern: In Salzburg lebte man nach bayerischem Recht, und König Rudolf von Habsburg nannte 1281 den Salzburger Erzbischof als ersten unter jenen Bischöfen, „die zu dem Land Bayern gehören".

Eine grundlegende Änderung dieser Situation brachte erst die Schlacht bei Mühldorf 1322, in der Erzbischof Friedrich III. von Salzburg als Verbündeter der Habsburger eine schwere Niederlage gegen König Ludwig den Bayern erlitt. Die enormen Summen, die für die Auslösung der gefangenen Salzburger Ritter und der angeworbenen Söldner aufgebracht werden mussten, überstiegen auch die Finanzkraft des reichen Erzbistums. Der Erzbischof sah sich genötigt, nicht nur dem Klerus die Leistung von Hilfsgeldern vorzuschreiben, sondern mit Zustimmung des Salzburger Adels auch von dessen Eigenleuten eine außerordentliche Steuer einzuheben. Als Gegenleistung erließ er 1328 – offenbar auf Drängen der Ritterschaft – ein umfangreiches Gesetz („Landesordnung"), das an die Stelle der bis dahin gültigen bayerischen Landfrieden trat. Mit dieser demonstrativen Abkehr vom bayerischen Rechts- und Friedensbereich vollzog sich die endgültige Lösung Salzburgs vom Mutterland Bayern. Nur wenige Jahre später, in der Bergordnung für Gastein und Rauris 1342, sprach Erzbischof Heinrich von Pirnbrunn erstmals von seinem „Land".

Dieses Land Salzburg erreichte an der Wende vom 14. zum 15. Jahrhundert seine größte Ausdehnung. Die stückweise Erwerbung des heutigen Flachgaus fand mit dem Kauf der Herrschaften Mattsee und Straßwalchen vom Bistum Passau 1398 ihren Abschluss. Vom Bistum Regensburg konnte 1385 die Herrschaft Itter mit dem Markt Hopfgarten im heutigen Tirol erworben werden, die bis 1816 einen Teil des Landes Salzburg bildete. Die

Inkorporation der Propstei Berchtesgaden dagegen, die Erzbischof Pilgrim II. 1393 beim Papst durchgesetzt hatte, wurde auf Intervention der bayerischen Herzoge 1405/07 wieder aufgehoben. Ohne Berücksichtigung des Zillertals und der Herrschaft Windischmatrei, über die den Erzbischöfen nicht das Hochgericht und damit auch nicht die volle Landeshoheit zustand, umfasste das Land Salzburg vom Spätmittelalter bis zum Ende der geistlichen Herrschaft (1803) 9415 km^2 und war damit um ein Drittel größer als das heutige Bundesland (7156 km^2). Der Pass Lueg bildete die Grenze zwischen den beiden Landesteilen „außer Gebirg" im Norden und „inner Gebirg" im Süden. Das Gebirgsland umfasste zwar fast drei Viertel der Gesamtfläche, beherbergte aber aufgrund der viel geringeren Besiedlungsdichte weniger als die Hälfte der Gesamtbevölkerung. Die Gliederung des Landes in Gaue – Pongau, Pinzgau, Lungau und Salzburggau –, die teilweise ins Frühmittelalter zurückreicht, wurde in Salzburg bis heute beibehalten. Nach der Teilung des alten Salzburggaus, der vom Pass Lueg bis nach Steinthal nördlich von Tittmoning reichte, zwischen Österreich und Bayern (1816) wurden im späten 19. Jahrhundert für die bei Salzburg verbliebenen Gebiete östlich der Salzach die Namen Tennengau und Flachgau eingeführt.

An der Spitze des Landes standen die Erzbischöfe als Landesfürsten. Wichtigste Grundlage ihrer Herrschaft waren die weltlichen Hoheitsrechte (Regalien bzw. Temporalien), mit denen sie vom König bei der Investitur, später meist in schriftlicher Form, belehnt wurden. Zu den Regalien zählte neben dem Recht auf Bergbau, Münzprägung, Einhebung von Mauten und Zöllen, Burgenbau, Befestigungsrecht, Straßengeleit u. a. auch die Hochgerichtsbarkeit einschließlich des Blutgerichts als wichtigste Grundlage der Landesherrschaft. Sie wurde in Salzburg ausschließlich vom Erzbischof und durch die von ihm eingesetzten Richtern wahrgenommen. Seit dem 12./13. Jahrhundert wurden die Erzbischöfe von persönlichen Ratgebern und Hofbeamten unterstützt, aus denen sich im 15. Jahrhundert die Salzburger Zentralbehörden entwickelten. Die mit Geistlichen besetzte Hofkapelle stellte einerseits die Notare für die erzbischöfliche Kanzlei, andererseits auch die gelehrten Juristen für den erzbischöflichen Hof. Ihre Aufgaben übernahm der (geschworene) Rat, später als Hofrat bezeichnet, dem alle wichtigen Hofbeamten wie der Hofmeister, der oberste Schreiber, der Hauptmann, der Domdekan, der Kanzler und der Hofmarschall, später auch der Kammermeister und der Pfleger von Hohensalzburg als ständige Mitglieder angehörten. Von den vier Hofämtern des Kämmerers, Marschalls, Schenken und Truchsessen kam jenem des Hofmarschalls, der als Vorsitzender im Hofgericht für die Angelegenheiten des landsässigen Adels zuständig war, die größte Bedeutung zu.

Als wichtigste übergeordnete Verwaltungseinheiten wurden im späten 12. Jahrhundert und damit lange vor der Entstehung des Landes zwei Vizedomämter errichtet: Salzburg für den gesamten Besitz nördlich des Tauernhauptkamms und Friesach für die Güter im Süden. Für die weit entfernten Besitzungen in der Mittel- und Untersteiermark kam um 1218 ein drittes Vizedomamt im steirischen Leibnitz hinzu. Die Vizedomämter behielten ihre Bedeutung auch nach der Entstehung des Landes bei, weshalb nicht nur die Herrschaften Windischmatrei und Gmünd, sondern auch der Lungau als Landesteil südlich der Tauern vom Vizedomamt Friesach verwaltet wurden. Die Vizedome waren Stellvertreter des Erzbischofs in den Bereichen der Hochgerichtsbarkeit, der Verwaltung von Grund und Boden und der Finanzverwaltung. Da ihnen ursprünglich auch die Ausübung des Blutgerichts vorbehalten war, wurden jene Verbrechen, auf welche die Todesstrafe stand, im Mittelalter als Viztumshändel, später als Hauptmannshändel, bezeichnet. Die drei Vizedome agierten gleichberechtigt nebeneinander, für jedes Vizedomamt wurden eigene Urbare und Abgabenverzeichnisse angelegt, jeder Vizedom legte für seinen Bereich selbstständig Rechnung. Während in Friesach und Leibnitz zunächst Geistliche als Vizedome amtierten, waren es in Salzburg Angehörige der Ministerialität. Da im 14. Jahrhundert der Hofmeister vom Salzburger Vizedom die Urbar- und die Finanzverwaltung übernahm, wurde aus dem Vizedomamt das Hofmeisteramt Salzburg; die Hoch- und Blutgerichtsbarkeit und die miltärischen Aufgaben gingen an den Hauptmann zu Salzburg über.

Die Vizedomämter verwalteten auch die weitgestreuten „auswärtigen Besitzungen" in Kärnten, der Steiermark, Österreich und Bayern einschließlich der dort gelegenen Städte und Märkte. Dem Vizedom (Hofmeister) in Salzburg unterstanden in Bayern fünf Urbarpropsteien am unteren Inn rund um Mühldorf und die Märkte Gars und Buchbach. Die Stadt Mühldorf zählte hingegen seit dem Kauf des Hochgerichts durch die Erzbischöfe 1442 zum Land Salzburg und war auch auf den Landtagen vertreten. Dem Vizedomamt Salzburg unterstanden weiters: in Niederösterreich die Ämter und Herrschaften Arnsdorf und Oberloiben in der Wachau, Oberwölbling, Traismauer mit dem ummauerten Markt und Währing bei Wien; in der Obersteiermark das Urbaramt Ennstal mit den Hofmarken Haus und Gröbming; und in Südtirol das Amt an der Etsch mit der Herrschaft Partschins bei Meran. Der Vizedom in Leibnitz verwaltete die Herrschaften Deutschlandsberg und Leibnitz jeweils mit Burg, Markt und Landgericht, Streubesitz südlich von Graz sowie die beiden großen Besitzkomplexe an der Drau mit der Stadt Pettau (Ptuj) und an der Save mit der Stadt Rann (Brežice) und dem Markt Lichtenwald (Sevnica). Dem Vizedom in Friesach unterstanden neben dem Lungau und der Stadt Friesach die Herrschaften Gmünd mit der gleichnamigen Stadt und Rauchenkatsch, das Landgericht auf dem Krappfeld mit den Märkten Althofen und Hüttenberg, das Landgericht auf dem Zollfeld mit Maria Saal, das Urbaramt Lavanttal mit der Stadt St. Andrä und einigen Burgen und Herrschaften in der Umgebung, die Herrschaften Sachsenburg, Feldsberg und Lengberg im Drautal, Stall im Mölltal sowie Baierdorf, Fohnsdorf und Bischoffeld im steirischen Murtal. Für ihre Besitzungen in Kärnten und der Steiermark suchten die Erzbischöfe bis ins 15. Jahrhundert landesfürstliche Hoheitsrechte geltend zu machen, mussten aber nach der Niederlage gegen Maximilian I. im „Ungarischen Krieg" 1490 und endgültig in den Verträgen mit König Ferdinand I. 1535 darauf verzichten. Nachdem Maximilan alle wichtigen Städte besetzt hatte, fielen Rann bereits 1490, Pettau und Gmünd endgültig 1555 an die Habsburger. Erzbischof Wolf Dietrich von Raitenau verkaufte deshalb 1595 das für ihn wertlos gewordene Vizedomamt Leibnitz.

Eine erstaunliche Konstanz zeichnet die Regionalverwaltung aus. Die Erzbischöfe übertrugen Grafschaften, Gerichte und Immunitätsbezirke, die sie durch Belehnung, Kauf oder Erbschaft erwarben, meist ohne größere Veränderungen an Beamte. Wurde ein derartiger Gerichtsbezirk mit der Verwaltung (Pflege) einer zentralen Burg verbunden, dann bezeichnete man den Verwaltungssprengel als Pfleggericht. Nur dort, wo keine Burgen als Verwaltungssitze dienten, wie in Rauris, Abtenau und Anthering, sprach man von Landgerichten. Seit dem Spätmittelalter gab es ein Netz von insgesamt 32 Pfleg- und Landgerichten, das ohne gravierende Änderungen bis 1803 Bestand hatte. Der Gerichtsbezirk Mittersill ließ sich bis 2005 fast unverändert auf das erzbischöfliche Pfleggericht Mittersill und weiter auf die hochmittelalterliche Grafschaft im Oberpinzgau zurückführen. Die Pfleger, die meist dem Salzburger Landesadel entstammten, waren als wichtigste Regionalbeamte für Militärwesen und Landesverteidigung, für die Hochgerichtsbarkeit und die Einhebung von Steuern zuständig. Sofern sie selbst zur Ausübung der Gerichtsbarkeit nicht die notwendigen Kenntnisse mitbrachten, setzten sie eigene Landrichter ein, die ihnen unterstellt waren. Auf den jährlichen Gerichtstagen, den Landtaidingen, verlasen die Pfleger und Richter öffentlich das in ihrem Gerichtsbezirk geltende Gewohnheitsrecht, so dass die Landbevölkerung, obwohl sie nicht lesen und schreiben konnte, mit Recht und Gesetz besser vertraut war als heute. In der Erfüllung ihrer vielfältigen Aufgaben wurden die Pfleger von untergeordneten Beamten unterstützt.

67

Völlig getrennt von der Gerichtsverwaltung mit ihren räumlich geschlossenen Pfleg- und Landgerichten erfolgte die Verwaltung von Grund und Boden. Die ältere Form der Meierhofwirtschaft, an die noch zahlreiche Orts- und Hofnamen erinnern, war seit dem 11./12. Jahrhundert von den Urbarämtern abgelöst worden. Nicht nur die Erzbischöfe, sondern alle größeren Grundherren in Salzburg, zu denen das Bistum Chiemsee, das Domkapitel, die im Lande begüterten Klöster und Stifte sowie der weltliche Adel gehörten, verwalteten ihre Besitzungen in Form von Ämtern. Diese waren den Strukturen der mittelalterlichen Grundherrschaft entsprechend als Personenverband organisiert. Die Amtleute oder Urbarpröpste waren daher nicht für ein geschlossenes Gebiet, sondern für alle jene bäuerlichen Eigenleute zuständig, die ihrem Amt zugeordnet waren und dorthin ihre Abgaben leisteten. Größere Güterkomplexe weltlicher Grundherren, die nach deren Ende als erledigte Lehen an den Erzbischof fielen, wurden häufig

Das Land Salzburg und die »auswärtigen Besitzungen«
(Spätmittelalter und frühe Neuzeit)

MÜNCHEN

BAYERN

MÜHLDORF

Inn

Gars · Mittergars

Tittmoning

Straßwa

Waging · Mattsee · Neum.

LAUFEN

TRAUNSTEIN · Teisendorf · Seekirchen · M

SALZBURG

REICHENHALL

HALLEIN
Kuchl
Golling

KUFSTEIN

Berchtes-
gaden

Lofer

Abtenau

RATTENBERG · Itter · KITZBÜHEL

Saalfelden

Werfen
RADSTA

Hopfgarten

St. Johann

Inn · Fügen

Zell/See

St. Veit

Wagrei

Mittersill

Zell/Ziller

ERZSTIFT SALZBURG

Salzach

Taxenbach

Rauris

Hofgastein

INNSBRUCK

TIROL

Windisch-Matrei

Ma

Gft.

Stall

GÖRZ

Fe

Sachsenburg

Partschins

MERAN

Lengberg

Amt a.d. Etsch

BRIXEN

AQUILEJA

LEGENDE

▣	Städte	} des Erzstiftes
⊙	Märkte	Salzburg
○	Orte	

☐	vom Hofmeisteramt Salzburg	} verwalteter Besitz
(grau)	vom Vizedomamt Friesach	
(dunkel)	vom Vizedomamt Leibnitz	

KREMS
Oberloiben □   Traismauer
Arnsdorf   Donau
        Wölbling
LINZ ●   Währing □
                                        ● WIEN
ÖSTERREICH   ● ST. PÖLTEN
STEYR ●
        Enns
                                ● WR. NEUSTADT
Enns
Gröbming
        STEIERMARK
                LEOBEN ● Nennersdorf □
Bischoffeld □   ● HARTBERG
Baierdorf
    □   Mur   □
            Fohnsdorf
        Neumarkt (Pfandbesitz)   ● GRAZ
                                    Straßgang
Friesach
    □ Hüttenberg   Deutsch-
Althofen ●   Reisberg   Landsberg
Taggenbrunn   St. Andrä   ● Leibnitz
                    ●
KÄRNTEN   Lichtenberg ● Stein   Mur
            Löschental □
Projern   ●   Lavamünd   Arnfels
Ma. Saal
                        ● MARBURG
                        (Maribor)
            Gft.   Pettau
        CILLI   (Ptuj)   Drau
                    ● CILLI
        Save
            Lichtenwald
            (Sevnica)   Pischätz
LAIBACH   Reichenburg
(Ljubljana) (Brestanica)
                Rann
                (Bresiče)
K   R   A   I   N

69

ohne Änderungen als erzbischöfliche Urbarämter übernommen und weitergeführt. Die Amtleute waren für die Leihe von Grund und Boden an die bäuerlichen Eigenleute, für die Einhebung von Naturalabgaben und Geldzinsen zuständig und übten im Namen des Grundherrn die Niedere Gerichtsbarkeit aus. In der Praxis urteilten sie über alle jene Vergehen, auf die nicht die Todesstrafe stand. Schwerverbrecher wurden, „mit dem Gürtel umfangen", also nur mit dem, was sie am Leib trugen, an den zuständigen Pfleger oder den Hauptmann zu Salzburg zur Aburteilung übergeben.

Da sowohl die Pfleger und Landrichter als auch die Amtleute alle Übeltäter, deren sie habhaft wurden, bestraften, kam es trotz zahlreicher erzbischöflicher Mandate immer wieder zu Kompetenzstreitigkeiten zwischen diesen Beamten. Erzbischof Wolf Dietrich von Raitenau legte deshalb am Ende des 16. Jahrhunderts die Urbarämter mit den Pfleg- und Landgerichten zusammen und beseitigte so die Doppelgleisigkeit von Gerichts- und Grundverwaltung, die von der betroffenen bäuerlichen Bevölkerung immer wieder scharf kritisiert worden war. Da sich für die bäuerliche Bevölkerung des Mittelalters das tägliche Leben vor allem im Rahmen der Grundherrschaft abspielte und die Amtleute ihre wichtigsten Ansprechpartner waren, bildete auch das mittelalterliche Land einen großen Personenverband unter der Leitung des Erzbischofs, der in den mittelalterlichen Quellen häufig als „Gotteshaus" bezeichnet wird. Erst im Laufe von Jahrhunderten vollzog sich durch das Eindringen des römischen Rechts und den Einfluss der frühmodernen Verwaltungsbehörden der Übergang zum institutionellen Flächenstaat der Neuzeit, wie er uns heute vertraut ist.

Die Menschen, die das Land bewohnten, waren ihrer Herkunft nach fast durchwegs Bayern. Reste der romanischen Bevölkerung sind in den Quellen bis ins 10. und 11. Jahrhundert zu fassen, wurden dann aber rasch und vollständig assimiliert. An die im Lungau ansässigen Slawen und kleinere slawische Siedlergruppen, die bis in die Salzachnebentäler vorgedrungen waren, erinnern heute nur noch Ortsnamen sowie Haus- und Flurformen slawischer Wurzel. Die Juden, die sich in Salzburg, Hallein, Mühldorf, Friesach und Pettau niederließen, wurden durch wiederholte blutige Verfolgungen dezimiert und unter Erzbischof Leonhard von Keutschach 1498 aus Stadt und Land ausgewiesen. Am Rande der Gesellschaft lebten die Savoyarden, die zum Inbegriff für Wanderhändler wurden, und die Zigeuner, gegen die man in der frühen Neuzeit mit scharfen Mandaten vorging. Die Ansiedlung fremder Kaufleute, vor allem aus Italien, und die Niederlassung ausländischer Künstler und Spezialisten, die oft dem Hof angehörten, fielen zahlenmäßig nicht ins Gewicht.

Die Besiedlung des Landes erreichte im 13. und frühen 14. Jahrhundert einen ersten Höhepunkt. Damals drang die Landwirtschaft in Höhenlagen vor, die später nicht mehr dauernd bewirtschaftet, sondern nur als Almen genutzt wurden. Die große Pest der Jahre 1348/50, der mindestens ein Drittel der Gesamtbevölkerung zum Opfer fiel, brachte einen deutlichen Rückgang der Siedlungsdichte. Erst im frühen 16. Jahrhundert führte ein erneuter Bevölkerungsanstieg, der nicht mehr durch Neurodungen aufgefangen werden konnte, zu vermehrten Hofteilungen, zum Bau von Sölden und Keuschen sowie zur Entstehung eines ländlichen Proletariats. Aus den ältesten überlieferten Aufgebotslisten und Steueranschlägen hat man für das Land in seinen heutigen Grenzen um 1450 eine Gesamtbevölkerung von 60.000 Personen errechnet, die bis zum Ende des Jahrhunderts auf 65.000 Menschen stieg. Aus den Mannschaftsauszügen der Jahre 1531 und 1541 ergab sich eine Gesamtbevölkerung von ca. 80.000 bzw. 87.000 Personen, die einer durchschnittlichen Bevölkerungsdichte von elf bzw. zwölf Einwohnern pro km^2 entsprach (2006: 528.809 Einw. und 74 Einw. pro km^2).

Die Drei-Stände-Ordnung des Mittelalters ging von einer Dreiteilung der Gesellschaft aus: Der Klerus sollte für das Seelenheil der Menschheit sorgen, Aufgabe des Adels war der militärische und rechtliche Schutz, die Bauern hingegen hatten als „Nährstand" alle Menschen durch ihre Arbeit zu versorgen. Unter der hohen Geistlichkeit bildete nur das Domkapitel, das in Zeiten der Sedisvakanz die Zwischenregierung führte und seit dem Spätmittelalter durch Wahlkapitulationen den künftigen Erzbischof zur Erfüllung seiner Forderungen verpflichtete, ein ernstzunehmendes Gegengewicht gegen den Landesfürsten. Für die maximal 24 Domherren, aus denen sich das Kapitel zusammensetzte,

Der Abersee.

S. Wolfgang

S. Agydy

Der Abersee gegen Südosten. Kupferstich und Radierung kombiniert von Matthäus Merian, 1649.

Szene aus dem Monatsbilder-Zyklus des bäuerlichen Jahres. Salzburgisch, Tempera auf Pergament, 18. Jh; Schafschur im Juni, mit badenden Mädchen im Hintergrund.

war adelige Abkunft vorgeschrieben. Solange das Domkapitel ein Stift der Augustiner-Chorherren bildete, galten seine Mitglieder als „die Geistlichsten in deutschen Landen". Die vergleichsweise späte Säkularisation (1514) führte zu einer Lockerung der Sitten und zu einer Verweltlichung der Lebensformen. Neben dem benediktinischen Mönchtum konnten im Land Salzburg selbst nur die Augustiner-Chorherren Fuß fassen. Den Bettelorden, von denen die Dominikaner im salzburgischen Friesach 1217 ihre älteste Niederlassung auf deutschem Boden gründeten, blieb der Zugang ins Land und in die Stadt Salzburg bis in die frühe Neuzeit verwehrt.

Grafen und Edelfreie, die bis ins 11. Jahrhundert zum Gefolge der Erzbischöfe zählten, begannen seit dem Investiturstreit den Aufbau eigener Herrschaften und wurden damit zu ernsten Konkurrenten. Die Erzbischöfe übertrugen deshalb die wichtigsten Aufgaben an Vertrauensmänner aus den Reihen ihrer Eigenleute. Diese wurden nach dem gehobenen Dienst (*ministerium*), den sie verrichteten, als Ministerialen (Dienstleute) bezeichnet. Vom Berufsstand entwickelten sie sich zu einem Geburtsstand und bildeten jene „staatstragende" Klasse, die dem Erzbischof als militärische Führer, Burggrafen, Pfleger und Richter, als Amtleute und Hofbeamte diente, im Spätmittelalter aber auch die meisten Domherren und Erzbischöfe aus ihren Reihen stellte. Obwohl die Ministerialität, in der auch die letzten Edelfreien aufgingen, bald einen neuen Adel bildete, blieb sie bis ins 13. Jahrhundert strikt an den Dienst für den Erzbischof gebunden und verfügte deshalb nur über eine eingeschränkte Freizügigkeit. Mit dem Erbe erloschener Grafengeschlechter wurden auch deren Ministerialen vom Erzbischof übernommen und in die landesfürstliche Dienstmannschaft eingegliedert, wo sie teilweise Spitzenpositionen einnahmen. Seit dem späten 13. Jahrhundert gingen die Erzbischöfe gezielt gegen die allzu mächtig gewordenen Ministerialen vor. In jahrzehntelangen Kämpfen wurden die letzten großen Geschlechter, die nicht erloschen waren, entmachtet, manche von ihnen, wie die Törringer, Nußdorfer oder Kuchler, traten in bayerische Dienste, wo sich ihnen bessere Chancen boten. Seit dem 14. Jahrhundert verschmolzen die letzten Ministerialen mit den Rittern und Edelknechten zu einer einheitlichen

Schichte des landsässigen Adels, der wirtschaftlich verarmt und auf Ämter im Dienste des Erzbischofs angewiesen war.

Die freie bäuerliche Bevölkerung, die uns im bayerischen Stammesrecht des 8. Jahrhunderts entgegentritt, hatte einen eklatanten Rückgang erlebt und war schließlich fast völlig verschwunden. Der Druck adeliger Herren, die Freie gewaltsam zu ihren Eigenleuten machten, aber auch die freiwillige Unterstellung unter den Schutz eines Herrn, der für sie die drückenden Pflichten des Kriegsdienstes und der Vertretung vor Gericht übernahm, hatten den Großteil der Bevölkerung zu bäuerlichen Eigenleuten gemacht. Eine entscheidende Wende trat im 11./12. Jahrhundert ein, als fast alle geistlichen und weltlichen Grundherren aus wirtschaftlichen Überlegungen ihre Güter nicht mehr in Eigenregie mit Hörigen bewirtschafteten, sondern den Großteil davon an ihre Eigenleute zur selbstständigen Bewirtschaftung übergaben. Grundlage bildete die Hube (*mansus*) als Ertragseinheit, deren Größe je nach der Bodengüte bemessen wurde; sie reichte aus, um eine Bauernfamilie zu ernähren. Durch diese gleichförmige Leihe von Grund und Boden kam es auch zu einer gesellschaftlichen Angleichung der unterschiedlichen Gruppen von Hörigen und Eigenleuten; so entwickelte sich ein einheitlicher Bauernstand, der seinen Besitz in Eigenverantwortung bewirtschaftete, allerdings bis weit in die Neuzeit leibrechtlich an einen Herrn gebunden und diesem „hörig" war.

Die meisten Grundherren gaben ihre Güter zunächst zu den relativ ungünstigen Bedingungen der Freistift an die Bauern aus. Dabei konnte bei den jährlichen Gerichtstagen im Rahmen der Grundherrschaft, den Stifttaidingen, dem einzelnen Bauern auch ohne besonderen Grund Haus und Hof entzogen werden. Da die Bauern unter diesen Umständen nicht bereit waren, in Freistiftgüter zu investieren, setzten sich in Salzburg seit dem Hoch- und Spätmittelalter immer stärker die günstigeren Leiheformen des Leibgedings, das dem Bauern seinen Besitz auf Lebenszeit garantierte, und des Erbrechts, das eine unbegrenzte Vererbung auch in weiblicher Linie vorsah, durch. Die Bauern mussten sich das günstige Erbrecht aber meist erkaufen und außerdem bei jedem Besitzwechsel die Anlait, eine Geldabgabe in der Höhe von ca. 5% vom Wert des Gutes, entrichten. Die rechtliche und wirtschaftliche Situation der Salzburger Bauern war im Mittelalter relativ günstig, obwohl sie im Gegensatz zu den Tiroler Bauern nicht als gleichberechtigter vierter Stand auf den Landtagen vertreten waren. Angesichts der zunehmenden Bedrohung durch die Osmanen wurde den Bauern 1456 die Aufgabe der Landesverteidigung in Form des Landesaufgebots (Landfahne) übertragen. Deshalb durften Vertreter der bäuerlichen Gerichtsgemeinden bis 1543 auch an jenen Landtagssitzungen, die sich mit Fragen der Landesverteidigung befassten, in beratender Funktion und nicht als eigener Stand teilnehmen.

Eine demokratisch gewählte Vertretung der Bevölkerung hat es bis ins 19. Jahrhundert nicht gegeben. Um die besondere Belastung in Kriegs- und Krisenzeiten durch außerordentliche Steuern abdecken zu können, benötigten die Erzbischöfe die Zustimmung der geistlichen und weltlichen Grundherren, auch deren Eigenleute zu besteuern. Bereits 1327 versprach Erzbischof Friedrich III. dem Adel, künftig ohne dessen Zustimmung keine allgemeine Steuer mehr einzuheben. In schwierigen Situationen mussten die Erzbischöfe auch in den folgenden Jahrzehnten und Jahrhunderten die geistlichen und weltlichen Großen des Landes zu Beratungen zusammenrufen, die in Form der Landtage stattfanden. Die „Landschaft", die mit dem Erzbischof verhandelte, setzte sich aus den drei Ständen der Prälaten, des Adels und der Städte und Märkte zusammen. Zu den Prälaten zählten der Bischof von Chiemsee, der Dompropst, der Domdekan als Vertreter des Kapitels, die Äbte von St. Peter und Michaelbeuern, die Pröpste von Berchtesgaden (bis 1627) und Höglwörth und die Äbtissin von Nonnberg. Den einheitlichen Adelsstand bildeten im Spätmittelalter etwa 50 bis 60 Ritter aus den im Lande ansässigen Geschlechtern. In der frühen Neuzeit stieg ihre Zahl bis gegen 100, durch Standeserhebungen zählten dann auch Freiherren und Grafen zum Salzburger Adel. Den dritten Stand bildeten die sechs Städte Salzburg, Hallein, Laufen, Tittmoning, Mühldorf (seit 1473) und Radstadt (nur 1476–1555 auch Gmünd in Kärnten) und sämtliche Märkte des Landes. Die Zahl der Märkte, zu denen auch Mauterndorf im Besitz des Domkapitels zählte, wuchs von 17 im Jahre 1473 bis auf 23 im Jahre 1717 an. Die politische Bedeutung der Landstände, die nicht einmal ein eige-

75

nes Gebäude besaßen, blieb in Salzburg gering und beschränkte sich vor allem auf das Recht der Steuerbewilligung. Das Domkapitel als einziger ernstzunehmender Kontrahent des Erzbischofs brachte seine Forderungen nicht im Rahmen der Landstände vor, sondern ging eigene Wege.

Versammlung des Handwerks der Weißgerber vor geöffneter Lade. Ölgemälde 1612 (restauriert 1682). Auffallend ist die feierliche Kleidung der namentlich bezeichneten Meister mit den pompösen Halskrausen nach spanischer Manier.

Salzburg vom Kapuzinerberg. Ausschnitt aus einer kolorierten Federzeichnung, 1553

Arbeiten in einem Sudhaus. Ölgemälde von Benedict Werkstötter, 1757; Fürstenzimmer im Keltenmuseum Hallein. Dargestellt ist das „Ausziehen" des eingedickten Salzes aus der von unten beheizten Sudpfanne, das Einfüllen in die hölzernen kegelstumpfförmigen „Perkufen" und das Wegtragen der feuchten Salzstücke in die Dörrkammer („Pfieseln").

Bis ins 11. Jahrhundert hinein war das Bild Salzburgs ausschließlich vom Erzbischof und den Klöstern geprägt. Im Zentrum stand der Dom, an dem sowohl die Kanoniker des Domkapitels als auch die Mönche von St. Peter ihren Gottesdienst feierten; die Abtei St. Peter erhielt jedoch mit der Trennung vom Erzbistum 987 das Areal des heutigen St. Peter-Bezirks an der Mönchsbergwand. Einen dritten Schwerpunkt bildete das adelige Damenstift der hl. Maria auf dem Nonnberg, zu dem auch das anschließende Nonntal gehörte. Ihr Immunitätsgebiet, das sie mit ihren Eigenleuten in Form der Grundherrschaft bewirtschafteten, hatten die geistlichen Gemeinschaften durch Mauern und Tore geschützt. Die Verleihung des Markt-, Maut- und Münzrechtes durch Kaiser Otto III. 996 war die Grundlage dafür, dass sich vor der Porta, dem Haupttor der Bischofsburg, Fernhändler, Kaufleute und Handwerker niederließen, die nicht zu den Eigenleuten des Erzbischofs oder der Klöster zählten. Damit wurde der heute unscheinbare Waagplatz zum ältesten Marktplatz der Stadt. An seiner Westseite hat man die herzogliche bzw. königliche Pfalz vermutet. Der „romanische Keller" im Haus Waagplatz Nr. 4 ist jedoch kaum als Neubau der Pfalz durch Kaiser Friedrich Barbarossa zu deuten; das dort gefundene romanische Kapitell ist wahrscheinlich eine Spolie aus dem 1167 abgebrannten Dom. Auch die angebliche Doppelfunktion der kleinen Michaelskirche neben der Porta als Pfalzkapelle und erste Pfarrkirche der werdenden Bürgerstadt bedarf noch einer sorgfältigen Überprüfung.

Ein wichtiges Zeichen für die Entwicklung Salzburgs zur Stadt ist die Nennung von Bürgern (*cives*) seit dem frühen 12. Jahrhundert. Für die aufstrebende Bürgergemeinde waren eigene Richter zuständig, die seit 1120 bezeugt sind. Der Stadtrichter, der die Interessen des Erzbischofs vertrat, war in späteren Jahrhunderten der wichtigste Beamte in der Stadt. Noch in der ersten Hälfte des 12. Jahrhunderts wurde die gesamte Stadt einschließlich der Bürgersiedlung um den Waagplatz durch Mauern und Tore geschützt. Damit kam die Entwicklung Salzburgs zur Stadt auch äußerlich zum Abschluss. Eine Besonderheit stellte die Salzburger Bürgerzeche dar, deren älteste Statuten aus der Zeit um 1100 zugleich die erste Nennung des Wortes „Zeche" im deutschen Sprachraum bieten. An der Spitze dieser karitativen Vereinigung, die im ganzen Land über Mitglieder verfügte, Gastmähler für Arme veranstaltete und für eine standesgemäße Beisetzung der Verstorbenen sorgte, stand der in der Stadt hoch angesehene Zechmeister.

Bürger war anfangs nur jener, der Haus und Hof zu Burgrecht besaß und dafür den „Burgrechtspfennig" als Geldabgabe an einen der geistlichen Grundherren – den Erzbischof, St. Peter, das Domkapitel oder Nonnberg – entrichtete. Erst im Spätmittelalter setzte sich stattdessen die Bürgeraufnahme durch, bei der gegen eine nach dem Vermögen festgesetzte Taxe das Bürgerrecht vom Bürgermeister an Neubürger verliehen wurde. Diese mussten sich dafür durch den Bürgereid zu Gehorsam und Hilfe verpflichten. Auch der Grundsatz „Stadtluft macht frei" kam erst spät zum Tragen. Den frühesten Kern der Salzburger Bürgerschaft stellten zwar die an der Porta ansässigen Fernhändler und Kaufleute, die persönlich frei waren, der Großteil rekrutierte sich aber aus Eigenleuten des Erzbischofs, des Domkapitels, der Abteien St. Peter und Nonnberg sowie weiterer geistlicher Gemeinschaften. Bis ins 14. Jahrhundert hinein begegnen uns Bürger, die leibrechtlich an einen geistlichen oder weltlichen Herrn gebunden waren.

Innerhalb der Bürgerschaft kam es frühzeitig zu einer gesellschaftlichen Differenzierung. Eine Gruppe vermögender Bürger, die häufig durch Beinamen wie „der Reiche" gekennzeichnet wurden, hob sich als städtisches Patriziat (Meliorat) von der übrigen Bürgerschaft ab. Auch Angehörige von Ministerialen- oder Rittergeschlechtern, die sich in der Stadt niederließen, erwarben das Bürgerrecht und übernahmen als Stadtrichter, Zechmeister, Wechsler oder Münzmeister eines der führenden Ämter. Die Bürgerfamilien nannten sich entweder nach den Stadtteilen, aus denen sie stammten, z. B. nach der Porta, dem Kaiviertel, der Brücke oder der Getreidegasse, aber auch nach ihrer Herkunft aus Köln, Regensburg, Verona oder Flandern. Zuwanderer aus Italien, die nach lateinischem Recht lebten, werden als *Latini* bezeichnet. Häufig begegnen Beinamen, die auf das Aussehen oder auffallende Körpermerkmale hinweisen wie der Dicke, der Hässliche, Kröpfel, der Rote etc., bisweilen auch Scherznamen wie Sauermilch, Krautfett, Setznagel oder Scherz.

In Salzburg lebten aber auch zahlreiche Menschen, die kein Bürgerrecht besaßen, sondern minderberechtigte „Inwohner" waren. So konnten zunächst nur wenige angesehene Handwerker wie Goldschmiede, Kürschner, Maler, Sattler, Bäcker und Wirte das Bürgerrecht erwerben, während es den anderen versagt blieb. In späteren Jahrhunderten war mit der Erlangung der Meisterwürde stets das Bürgerrecht verbunden, die Handwerksgesellen blieben hingegen fast durchwegs nur minderberechtigte Inwohner. Die gesellschaftliche Unterschicht bildeten in Salzburg die Vertreter „unehrlicher Berufe" wie Totengräber, Scharfrichter, Abdecker, Spielleute sowie Aussätzige, die von der übrigen Bevölkerung separiert im „Sundersiechenhaus" in Mülln untergebracht waren. Aber auch Gesinde, Dienstboten, Muntmannen und Eigenleute reicher Bürgerfamilien, die in deren Haus lebten, sind dieser gesellschaftlichen Gruppe zuzurechnen.

Sieht man von der Bürgerzeche ab, so finden sich die ersten Anzeichen bürgerlicher Autonomie und Selbstverwaltung in Salzburg vergleichsweise spät. Aus dem Jahre 1249 hat sich das älteste Stadtsiegel erhalten, das im Siegelbild die zinnengekrönte
Stadtmauer, einen Stadtturm und zwei Tortürme zeigt und die
Umschrift „Siegel der Salzburger Bürger" trägt. Die Genannten
als Beisitzer im Stadtgericht und der seit 1368 erwähnte (Stadt-)
Rat wurden – abgesehen von wenigen Jahrzehnten im 15. Jahrhundert – nicht gewählt, sondern vom Erzbischof ernannt. Erst
1374 tritt mit Konrad Taufkind der erste Bürgermeister auf. Auch
ein schriftliches Stadtrecht hat Salzburg relativ spät, erst 150
Jahre nach der Stadtwerdung, erhalten. Erzbischof Rudolf von
Hohenegg schlichtete 1287 einen Streit, der zwischen dem alteingesessenen Patriziat der „reichen Bürger" und den „armen
Bürgern", hinter denen sich wirtschaftlich erfolgreiche Neubürger verbergen, ausgebrochen war. Diesem als „Sühnebrief" bezeichneten Stadtfrieden fügte der Erzbischof ein in zehn Artikel
gegliedertes Stadtrecht hinzu, das auch für alle anderen erzbischöflichen Städte und Märkte Geltung besitzen sollte. Fast ein
Jahrhundert später erhielt Salzburg um 1368/71 ein neues, umfangreiches Stadtrecht, das in 131 Artikeln das geltende Gewohnheitsrecht und einzelne spezielle Ordnungen zusammen-
fasste.

Stadtherr war und blieb ungeachtet einiger Phasen bürgerlicher
Opposition der Erzbischof. An Grundbesitz übertrafen ihn jedoch
das Domkapitel und die Abteien St. Peter und Nonnberg. Erzbischof Konrad I. schuf schließlich klare Verhältnisse, als er dem
Domkapitel umfangreichen Besitz im Kaiviertel und die Pfarr-
rechte in der Stadt übertrug, wofür die Marienkirche – das ist die
heutige Franziskanerkirche – als Stadtpfarrkirche diente. St. Peter
wurde durch einen großen Besitzkomplex im Westen der Stadt
entschädigt, der sich von der Abtsgasse, der heutigen Siegmund-
Haffner-Gasse, bis zum Bürgerspital erstreckte und das große,
landwirtschaftlich genutzte Gebiet des Frauengartens umfasste.
Um ihre Güter mit Nutzwasser zu versorgen, schlugen St. Peter
und das Domkapitel gemeinsam 1137–1143 den Almkanalstollen
durch den Mönchsberg und leiteten Wasser aus der Königssee-
ache (Alm) in die Stadt. In den folgenden Jahrhunderten ent-

stand daraus ein ganzes System von insgesamt fünf Armen des Almkanals, die große Teile der Altstadt mit Nutzwasser, teilweise auch mit Trinkwasser, versorgten. Die Abtei Nonnberg besaß neben ihrem engeren Immunitätsbezirk noch das Nonntal, das sie mit ihren Eigenleuten besiedelte. Außerdem verfügten auch das 1322 gegründete Bürgerspital St. Blasius und das 1496 gestiftete Bruderhaus St. Sebastian in der Linzergasse über ansehnlichen Besitz in der Stadt.

Da die günstigen Siedlungsgebiete vom Erzbischof und den Klöstern besetzt waren, konnte sich die Bürgerstadt nur mehr auf dem noch freien, hochwassergefährdeten Gebiet entlang der Salzach ausbreiten. Die Judengasse, die zum ältesten Marktplatz führt, zeigt dieses Wachstum an und weist zugleich auf die Rolle der Juden als Kreditgeber und Händler hin. Das ehemalige Höllbräu in der Judengasse 15 diente im Spätmittelalter als Synagoge. In der Fortsetzung der Judengasse dokumentiert die Getreidegasse mit ihren schmalen Häuserfronten das weitere Wachstum der Bürgerstadt, die beim Bürgerspital an die Mönchsbergwand und damit an ihre natürlichen Grenzen stieß. Im 13. Jahrhundert wurde der „Alte Markt" als neuer, großzügiger Marktplatz angelegt. Auf ihm fand meist dreimal wöchentlich der Hauptmarkt statt, den eine genaue Marktordnung regelte. Im weiteren Umkreis gab es eine Reihe spezieller Märkte, vom Holzmarkt und Heumarkt über den Brotmarkt, den Rinder-, den Grün- und den Käsmarkt, den Salz-, den Gemüse-, den Hafermarkt und den Milchmarkt bis zum Fischmarkt. Auf der hölzernen Brücke, die etwas oberhalb der heutigen Staatsbrücke vom Klampferergässchen zum Brückenkopf am rechten Flussufer führte, saßen die Metzger mit ihren gedeckten Fleischbänken. Am rechten Ufer wurden der Getreidemarkt vor dem Inneren Steintor und der „Markt jenseits der Brücke" abgehalten. Während die wöchentlichen Markttage vor allem der Versorgung der Bevölkerung mit Gütern des täglichen Bedarfs dienten, waren die beiden Jahrmärkte, die *Chaerrein* in der Fastenzeit und die *Dult zu Ruperti* am 24. September, auch für den Großhandel der Fernkaufleute untereinander bestimmt. Sie trugen dazu bei, die Stadt Salzburg zu einem überregionalen Handelszentrum zu machen.

Stadt Salzburg (Verbauungszustand 13. Jahrhundert)

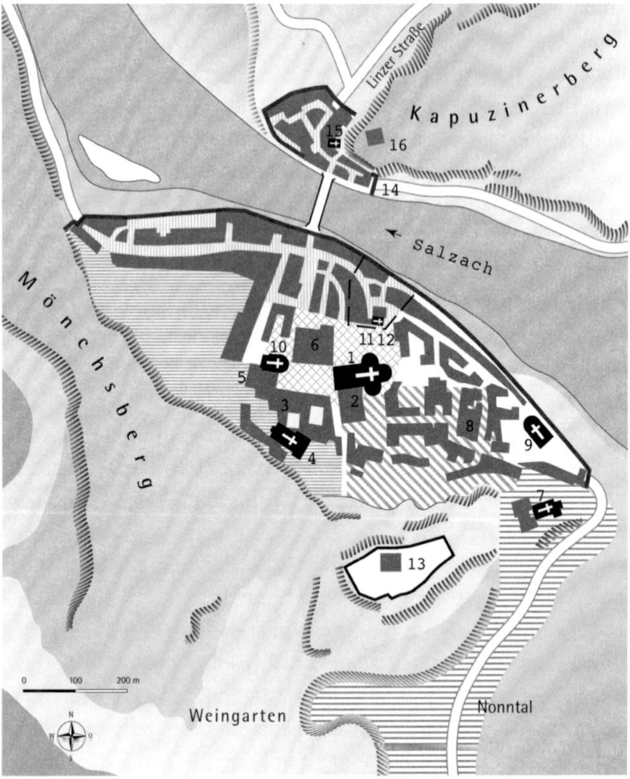

LEGENDE

▨	Dombezirk und frühmittelalterliche „Bischofsburg"
▤	Grundherrschaft St. Peter (12. Jh.)
▧	Grundherrschaft Domkapitel (12. Jh.)
▤	Grundherrschaft Nonnberg
▥	Areal der Bürgerstadt
▬	Stadtmauer des 12. Jh.
⌐_⌐	Ungefähre Ausdehnung der Kaufmannssiedlung („Porta") im 10. Jh.

1 Dom
2 Domkloster
3 Kloster St. Peter
4 Stiftskirche St. Peter
5 Petersfrauenkloster
6 Erzbischöfliche Residenz (nach 1121)
7 Kloster Nonnberg
8 Römischer Äskulaptempel (an der heutigen Kaigasse)
9 Spitalskirche St. Magdalena

10 Stadtpfarrkirche St. Maria (heute Franziskanerkirche)
11 Haupttor (Porta) der Bischofsburg
12 Michaelskirche (in Porta)
13 Feste Hohensalzburg (1077)
14 Inneres Steintor
15 St. Johann am Imberg
16 Imbergfeste (Trompeterturm, 13. Jh

Die Dominanz der Haupt- und Residenzstadt Salzburg kommt
darin zum Ausdruck, dass auch das Land nach ihr benannt wurde. Während Salzburg um 1500 mit etwa 5000 Einwohnern zur
Kategorie der Mittelstädte zählte, waren alle anderen erzbischöflichen Städte nur Kleinstädte. Ihre Entstehung verdankten sie

meist einer bestimmten Funktion, die ihnen zugedacht war: Laufen an der Salzach, das teilweise auf römische Grundlagen zurückgeht, bildete das Zentrum der Salzschifffahrt. Dort dominierten die 1267 privilegierten Schiffherren als adelige Unternehmer und die Ausfergen, die als erzbischöfliche Beamte die Salzschiffe führten. Die einfachen Schiffleute waren vor allem in den Vorstädten Oberndorf und Altach am rechten Salzachufer angesiedelt. Nach der Wiederaufnahme des Salzbergbaus auf dem Dürrnberg entwickelte sich aus dem kleinen Ort Mühlbach im frühen 13. Jahrhundert die Salinenstadt Hallein. Ihr Zentrum bildeten die großen Sudhäuser, zu denen die Sole in Holzröhren geleitet und auf großen Pfannen versotten wurde. Einen wesentlichen Teil der Stadtbevölkerung machten neben den Salinenarbeitern die Küfer und Kleizler aus, die Holzfässer (Kufen) für den Salztransport herstellten, und die Holzarbeiter, die an den großen Rechenanlagen das für den Siedeprozess nötige Triftholz auffingen und stapelten.

Um das werdende Land gegen die Angriffe der Nachbarn zu schützen, begannen die Erzbischöfe im 13. Jahrhundert mit der Gründung von Grenzstädten. Eberhard II. tauschte 1234 vom adeligen Damenstift Nonnberg den halben Markt Tittmoning mit der Burg ein und begann den planmäßigen Ausbau zur stark befestigten Stadt. Als solche bildete Tittmoning den Gegenpol zum bayerischen Burghausen auf der anderen Seite der Grenze. Das am Zusammenfluss von Lieser und Malta gelegene Gmünd im heutigen Kärnten wird 1252 erstmals erwähnt; es wurde in den darauffolgenden Jahrzehnten ummauert, 1292 erstmals als Stadt bezeichnet und erhielt schließlich 1346 das Friesacher Stadtrecht. Gmünd sollte das Salzburger Herrschaftsgebiet gegen die benachbarten Grafen von Görz, deren Erbe 1500 an die Habsburger fiel, sichern. Zum Schutz der Ostgrenze gegen die Steiermark verlegte Erzbischof Rudolf von Hohenegg (1284–1290) den Markt Radstadt, der sich an der Stelle des heutigen Altenmarkt befand, auf einen Hügel nördlich der Enns. Die planmäßig angelegte und stark befestigte Stadt, die bereits 1296 einer Belagerung durch Herzog Albrecht I. von Österreich standhielt, schützte die nahe Landesgrenze am Mandlingpass und den wichtigen Verkehrsweg über den Radstädter Tauern.

Das Ennstal mit Radstadt und der Vorgängersiedlung Altenmarkt. Gouache von Jakob Strucker um 1790.

Der Marktplatz von Zell am See. Bleistiftzeichnung mit Feder in Tusche übergegangen von Friedrich Gauermann, um 1840.

Die Hälfte der erzbischöflichen Städte lag außerhalb des Landes. Friesach, der Verwaltungsmittelpunkt für den Besitz südlich der Tauern, entwickelte sich um 1200 zur ältesten und auch bedeutendsten Stadt Kärntens. Es war der Sitz des erzbischöflichen Vizedoms und wichtiger Beamter, wurde aber vor allem von den zahlreichen Klöstern und Stiften geprägt. Das Friesacher Stadtrecht des Jahres 1339 wurde 1346 auch der Stadt Gmünd verliehen. Der Markt St. Andrä im Lavanttal, Sitz des „Zwetschgenbistums" Lavant, wurde ab 1339 befestigt und entwickelte sich damit zur Stadt. Bereits 1385 ist ein Stadtrichter bezeugt, und 1458 verlieh Kaiser Friedrich III. St. Andrä zusätzliche Wochen- und Jahrmarktsrechte. Die Stadt Pettau an der Drau (Ptuj in Slowenien) verdankte ihre wirtschaftliche Blüte, die im Spätmittelalter einsetzte, der günstigen Verkehrslage an der Straße von Ungarn nach Venedig. Neben dem traditionellen Weinexport gewann vor allem der Handel mit ungarischem Vieh und Ochsenhäuten an Bedeutung. Das ausführliche Pettauer Stadtrecht, das 1376 in der Art eines Weistums aufgezeichnet wurde, zählt zu den schönsten und geschlossensten Rechtsdenkmälern des Ostalpenraumes. Der fast 400 km von Salzburg entfernte Ort Rann an der Save (Brežice in Slowenien), der 1246 erstmals genannt und seit 1314 als Markt bezeichnet wurde, erhielt 1353 durch Erzbischof Ortolf von Weißeneck ein Stadtrecht. Als Mittelpunkt des über 300 km² großen Besitzkomplexes an der Save hatte die befestigte Stadt mit ihrer Burg auch für den Schutz dieses Gebietes zu sorgen. Während Rann 1490, Pettau und Gmünd 1555 an die Habsburger verloren gingen, konnte für die in Bayern gelegene Stadt Mühldorf, die durch ihr altes Salzniederlagsrecht wirtschaftliche Bedeutung besaß, 1442 mit dem Hochgericht die volle Landeshoheit erworben werden. Mühldorf war nicht nur der Schauplatz glänzender Ritterspiele und großer Schlachten sowie Tagungsort geistlicher Synoden, sondern auch das Tor für die wichtige Getreideeinfuhr aus Bayern.

Von den erzbischöflichen Marktorten lagen 17 im Lande – ihre Zahl stieg später auf 23 – und zwölf außerhalb. Rechtliche und wirtschaftliche Grundlage bildete meist der privilegierte Wochenmarkt, der an einem bestimmten Tag der Woche gehalten wurde. Einzelne Marktorte wie Abtenau verfügten aber nur über einen Jahrmarkt. Äußerlich unterschieden sich die Marktorte von den Städten dadurch, dass sie in der Regel nicht befestigt waren. Es gab aber auch den Typ des „ummauerten Marktes" – wie Traismauer im heutigen Niederösterreich, Althofen und Sachsenburg in Kärnten –, der äußerlich von einer Stadt kaum zu unterscheiden war. Marktorte besaßen ebenso wie Städte einen Burgfried als genau abgegrenzten Bezirk, in dem der – meist vom Erzbischof eingesetzte und nur selten von den Bürgern gewählte – Marktrichter die niedere Gerichtsbarkeit ausübte. Auch in den Marktorten unterschied man zwischen vollberechtigten Bürgern und minderberechtigten Inwohnern. An Größe standen manche Marktorte, die 500 bis 650 Einwohner zählten, hinter Kleinstädten wie Radstadt oder St. Andrä nur wenig zurück. Den Stadtrechten entsprachen zumindest in den größeren Märkten spezielle, von den Erzbischöfen erlassene Marktordnungen.

Zahlenmäßig lebten – bezogen auf das geschlossene Land – am Beginn der Neuzeit mit ca. 11.000 Menschen nur etwa 10% der Gesamtbevölkerung in den Städten und etwa 5% in den Märkten. Sieht man von den minderberechtigten Inwohnern ab, dann betrug der Anteil des Bürgertums insgesamt weniger als 10%, während die Landbevölkerung ca. 80% ausmachte. Die Bedeutung des Bürgertums war jedoch ungleich höher: Spätestens um 1400 hatten die Bürger die persönliche Freiheit erreicht, die den Bauern trotz aller Bemühungen bis weit in die Neuzeit versagt blieb. Durch die Freizügigkeit gab es innerhalb der Bürgerschaft eine beachtliche Mobilität, die zu wichtigen wirtschaftlichen und kulturellen Kontakten zu anderen Städten und Ländern Mitteleuropas, speziell nach Deutschland und Italien, führte. Die kleine aber erfolgreiche Gruppe der Fernhändler brachte mit Produkten aus den Niederlanden, aus Deutschland und Böhmen, aus Italien und besonders aus der Levante den Hauch der großen weiten Welt auch in die kleinbürgerliche Atmosphäre der Landeshauptstadt und der bescheidenen Salzburger Städte.

Im Früh- und Hochmittelalter hatten die Salzburger Erzbischöfe im Dienste des Königs oder auch als Führer der päpstlichen Partei im Reich wiederholt in die große Politik eingegriffen. Mit dem Verfall der Königsmacht und dem Aufstieg der Fürsten und ihrer Länder änderte sich diese Situation. An die Stelle der Zusammenarbeit mit Königen oder Päpsten traten die Auseinandersetzung mit den benachbarten Fürsten und der Kampf um die Selbstbehauptung des jungen Landes. In der von Pestepidemien, Judenverfolgungen, Kirchenspaltung, Münzkrisen, Hungersnöten und Bauernunruhen, aber auch von zahlreichen Kriegen geprägten Zeit des Spätmittelalters (1250–1500) mutierte die bis dahin so glanzvolle Entwicklung des Fürsterzbistums Salzburg zu einem Stück Provinzgeschichte.

Auf Erzbischof Eberhard II. folgte mit Philipp von Spanheim (1247–1257) ein päpstlicher Parteigänger. In den ersten Jahren seiner Regierung schien es, als könne der kriegerisch veranlagte Kirchenfürst durch seine militärischen Erfolge die erzbischöfliche Herrschaft über ganz Oberkärnten ausdehnen. Da sich Philipp aber – um sich die Nachfolge im Herzogtum Kärnten offen zu halten – weigerte, die höheren Weihen zu empfangen, wurde er vom Papst gebannt und 1257 abgesetzt. Er scheiterte schließlich an der überlegenen Macht seines Vetters, König Přemysl Otakars II. von Böhmen, der vom Papst mit dem Schutz des Erzbistums Salzburg beauftragt wurde und dieses in sein großräumiges Herrschaftsgebiet einbezog.

Mit Friedrich II. von Walchen (1270–1284) bestieg erstmals ein „Salzburger" den Stuhl des hl. Rupert. Er zählte zu den wichtigsten Parteigängern König Rudolfs I. von Habsburg und hatte maßgeblichen Anteil an dessen Sieg über König Otakar II. in der Schlacht bei Dürnkrut (1278). Rudolf gewährte dafür dem Erzbischof eine Reihe von Privilegien, unterstützte ihn beim Ausbau der Salzburger Stadtmauern und gab ihm Rückendeckung im Kampf gegen die Ministerialen. Diese hatten die Wirren nach dem Tode Eberhards II. genützt um sich Kirchengut anzueignen, eigenmächtig Burgen zu errichten und Bündnisse mit anderen Fürsten zu schließen. Es sollte viele Jahrzehnte dauern, bis die führenden Ministerialen in langwierigen Kämpfen besiegt und entmachtet werden konnten. Erzbischof Friedrich, der selbst nicht schreiben konnte, zog als Erster gelehrte Juristen an seinen Hof und holte in den Konflikten mit den bayerischen Herzogen die ältesten Universitätsgutachten nördlich der Alpen von Professoren aus Padua und Bologna ein.

Rudolf von Hohenegg (1284–1290) war vor seiner Wahl Kanzler König Rudolfs I. gewesen; jedoch gerade er geriet in scharfen Gegensatz zu Rudolfs Sohn, Herzog Albrecht I. von Österreich, der die an Salzburg verliehene Grafschaft im Ennstal einzog und die erzbischöflichen Güter in der Obersteiermark besetzte. Nach der Zerstörung der Stadt Friesach durch habsburgische Truppen musste Erzbischof Rudolf 1290 mit Albrecht Frieden schließen, aber unter seinem Nachfolger Konrad IV. von Fohnsdorf (1290–1312) gingen die Kämpfe weiter, und Friesach wurde nochmals verwüstet. Obwohl das junge Radstadt 1296 einer längeren Belagerung erfolgreich widerstand, sah sich Konrad IV. 1297 in Wien zum Friedensschluss und zum politischen Bündnis mit Albrecht I. gezwungen. Seither standen die Erzbischöfe fest auf Seiten der Habsburger und unterstützten diese auch in ihren Auseinandersetzungen mit den bayerischen Wittelsbachern.

In den Kämpfen zwischen Friedrich „dem Schönen" von Österreich und dem Wittelsbacher Ludwig dem Bayern um die deutsche Königskrone warb Erzbischof Friedrich III. von Leibnitz (1315–1338), als Verbündeter der Habsburger, Truppen an. In der Schlacht von Mühldorf, die mit einem Sieg der Bayern endete, geriet 1322 ein Großteil des Salzburger Kontingents in Gefangenschaft. Zwei Jahre später fielen Burg und Stadt Tittmoning durch Verrat in die Hände der Bayern. Die enormen Geldsummen, die zum Rückkauf Tittmonings und zur Auslösung der Gefangenen erforderlich waren, führten – wie bereits kurz dargelegt – zur Einhebung einer „Schatzsteuer" von den Eigenleuten des Salzburger Adels, zum Erlass einer ersten „Landesordnung" 1328 und zur endgültigen Lösung des Landes Salzburg von Bayern.

Dem „Großen Sterben", der Pestpandemie 1348/50, fielen in Salzburg etwa 30 bis 40% der gesamten Bevölkerung zum Opfer. Den Ausbruch der Pest führte man – wie häufig in derartigen Fällen – auf Brunnenvergiftung durch die Juden zurück. Deshalb kam es in der Stadt Salzburg und in Hallein zur Verfolgung und Vernichtung der Juden, nur wenige konnten ihr Leben durch die Annahme der Taufe retten. Bald darauf ließen sich erneut Juden in Salzburg nieder, und die Synagoge in der Judengasse, die 1349 in christlichen Besitz übergegangen war, konnte von reichen Juden zurückerworben werden. Unter der Anschuldigung der Hostienschändung und des Ritualmordes kam es aber 1404 zu einer erneuten Judenverfolgung, der die jüdischen Gemeinden in Salzburg, Hallein, Friesach, Pettau und Mühldorf zum Opfer fielen. Die wenigen Judenfamilien, die in den folgenden Jahren nach Salzburg kamen, spielten bis zu ihrer Ausweisung 1498 keine größere Rolle mehr.

Erzbischof Pilgrim II. von Puchheim (1365–1396) trachtete, das Schisma zwischen den Päpsten Urban VI. in Rom und Clemens VII. in Avignon zu seinen Gunsten auszunützen: Er ergriff Partei für Clemens, wobei es ihm vor allem um den Besitz der Propstei

93

DIE ZEIT DER KRIEGE UND DER KRISEN

Berchtesgaden ging, mit ihrem kleinen, zwischen Bayern und Salzburg gelegenen Land und der Saline Schellenberg. Doch nachdem er ein Geheimbündnis mit dem Schwäbischen Städtebund gegen Bayern geschlossen hatte, wurde Pilgrim 1387 bei Verhandlungen in Raitenhaslach von den Wittelsbachern gefangen genommen, um hohe Zugeständnisse von ihm zu erpressen. Die bayerischen Herzoge scheiterten jedoch an einem Gegner, mit dem sie nicht gerechnet hatten – dem stark ausgeprägten Salzburger Landesbewusstsein: Der Dompropst Gregor Schenk von Osterwitz übernahm mit Unterstützung der Prälaten, des Adels und der Stadt Salzburg die Regierung, warb Truppen für den Kampf gegen Bayern, erwirkte den Widerruf der vom Erzbischof erpressten Zugeständnisse und ließ diesen erst dann nach Salzburg zurückkehren. Das mutige Eingreifen der Stände sicherte damals den Fortbestand des bedrohten Landes.

Da es Pilgrim nicht gelang, König Wenzel aus dem Hause der Luxemburger für Papst Clemens VII. zu gewinnen, ging er schließlich selbst zum römischen Papst Bonifaz IX. über. Dieser verfügte 1393 die lang erstrebte Einverleibung der Propstei Berchtesgaden in das Erzbistum Salzburg. Nachdem Pilgrim bereits 1385 die Herrschaft Itter mit dem Markt Hopfgarten vom Bistum Regensburg erworben und 1390 das Gericht Mattsee mit dem Markt Straßwalchen vom Bistum Passau gekauft hatte (endgültig beglichen wurde die Kaufsumme erst 1398 von seinem Nachfolger), erreichte damals das Land Salzburg seine größte Ausdehnung. Über die Wünsche der Salzburger Bürgerschaft, die sich mehr Autonomie und politische Mitsprache zu sichern suchte, setzte sich Pilgrim in autoritärer Weise hinweg: Er zwang 1378 die Bürger, ihm feierlich Treue und Gehorsam zu geloben, und schenkte auch einer scharfen Beschwerdeschrift, die zehn Jahre später verfasst wurde, keine Beachtung. Der kriegerische Kirchenfürst war jedoch zugleich ein Mann von hohem Kunstverständnis. Im Süden von Salzburg errichtete er das Schloss Freisaal, von dem aus die späteren Erzbischöfe ihren feierlichen Einzug in die Stadt hielten. An seinem Hofe wirkte der Mönch von Salzburg, ein feinsinniger Lyriker, der in seinen weltlichen Liedern die Freuden der körperlichen Liebe anschaulich darstellte und damit großen Erfolg hatte. Pilgrim, der selbst in Avignon studiert hatte, för-

derte den in französischer Tradition stehenden Dichter, war aber
kaum mit ihm identisch, wie bisweilen vermutet wurde.

Erzbischof Gregor Schenk von Osterwitz (1396–1403) sah sich
schon kurz nach seiner Wahl mit der Forderung der Salzburger
Landstände konfrontiert, künftig deren Rechte und Freiheiten
zu achten und die unter Pilgrim II. eingerissenen Missstände
abzustellen. Trotz seiner Zusage setzte er sich in den folgenden
Jahren über die Beschwerden der Stände hinweg. Deshalb kam
es nach seinem Tod zu einer heftigen Reaktion: Die Vertreter
des Adels und der Städte schlossen sich 1403 im „Igelbund" zusammen und beschuldigten Pilgrim und Gregor, Land und Leute
mit Gewalt und gegen das Recht bedrückt zu haben. Dem künftigen Erzbischof wollten sie erst huldigen, wenn er sich ur-
kundlich zur Abschaffung dieser Missstände und zur Einhaltung der alten Rechte und Privilegien verpflichtete. Bald darauf
wurde auch die Forderung nach der Abhaltung jährlicher Landtage erhoben. Eberhard III. von Neuhaus (1403/06–1427) sagte
zwar unmittelbar nach seiner Wahl die Abhilfe aller Beschwerden zu, setzte aber später – nachdem er sich 1406 gegen den
vom Papst ernannten Erzbischof Berthold von Wehing durchgesetzt hatte – die autoritäre Politik seiner Vorgänger rück-
sichtslos fort. Der Salzburger Adel suchte deshalb in endlosen
Fehden selbst sein Recht zu wahren; das Land drohte in Anar-
chie zu versinken.

Die schwierige Situation in Salzburg wurde durch den Ausbruch
der Hussitenkriege und durch den Konflikt zwischen Papst Eugen IV. und dem Basler Konzil weiter verschärft. Nur vorüberge-
hend kam es zu einer kurzen Entspannung. Erzbischof Johann II.
von Reisberg (1429–1441) ergriff für das Konzil Partei und beteiligte sich 1439 durch seinen Gesandten an der Wahl des Ge-
genpapstes Felix V. Dieser und das Basler Konzil haben dafür dem
Salzburger Erzbischof alle wichtigen Rechte bestätigt und neue
Privilegien verliehen. In den Salzburger Klöstern hielt damals die
Melker Reform Einzug, die den Benediktinerabteien eine neue
Blüte und den Zustrom von Novizen bescherte. Und obwohl
Salzburg von Interventionen der Feme, der „heimlichen Gerich-
te" in Westfalen, betroffen war, führte die vorsichtige Regierung
Johanns II. doch zu einer deutlichen Konsolidierung.

Im Wiener Konkordat, das Friedrich III. 1448 mit Papst Nikolaus V. schloss, erhielt der König das Recht auf die Besetzung
von sechs Bistümern, darunter auch das Salzburger Suffraganbistum Brixen und das Eigenbistum Gurk. Damit gelang es
Friedrich III., tief in die Salzburger Metropolitanrechte einzugreifen. Zunächst aber konnte Erzbischof Siegmund von Volkersdorf (1452–1461) gegen bedeutende Zugeständnisse die
Stellung der Salzburger Besitzungen in Kärnten und der Steiermark nochmals sichern. Der Erzbischof selbst wurde von der
Verpflichtung, persönlich vor den Landschrannen in der Steiermark, in Kärnten und in Krain zu erscheinen, befreit. Friedrich
III., seit 1452 Kaiser, trat die Landgerichte auf dem Krappfeld
(bei Althofen) und auf dem Zollfeld in Kärnten an Salzburg ab
und gewährte die Errichtung eines eigenen Landgerichts für
die steirische Herrschaft Leibnitz. Dazu kam eine Reihe von Privilegien für Bergbau und Handel, darunter der ungehinderte
Export des Halleiner Salzes und des Salzburger Eisens aus Hüttenberg nach Kärnten.

Von der Münzkrise der „Schinderlingszeit" wurde Salzburg 1458
allerdings schwer betroffen. Ab 1460 prägte man zwar wieder
bessere Münzen, aber unter Kardinal Burkhard von Weißpriach
(1461–1466) kam es zu einem ernsten Nachspiel. Der „Auf-
wechsel", bei dem drei bis vier alte Münzen für einen guten
neuen Pfennig bezahlt werden mussten, kostete die bäuerliche
Bevölkerung den Großteil ihrer bescheidenen Ersparnisse. Außerdem wurde nach dem Regierungsantritt Burkhards zur Deckung der hohen Taxen, die an die römische Kurie entrichtet
werden mussten, eine Weihsteuer in der mehrfachen Höhe des
bis dahin üblichen Betrags ausgeschrieben. Die Folge war ein
Bauernaufstand, der im Sommer 1462 den Pongau, den Pinzgau und das Brixental erfasste. Da Kardinal Burkhard über keine Truppen verfügte, musste er den Aufständischen unter bayerischer Vermittlung die Erfüllung ihrer Forderungen zusagen.
Zum Schutz der stark gewachsenen Stadt Salzburg begann
Burkhard 1465 mit dem Bau einer neuen Stadtmauer, die 1480
vollendet wurde. Der ehrgeizige Plan, auch das große Areal des
Frauengartens von St. Peter mit Bürgerhäusern zu verbauen,
scheiterte jedoch, da sich kaum Interessenten fanden.

Auch außenpolitisch erlebte Salzburg eine schwierige Phase. Friedrich III. hatte 1476 den zu ihm geflohenen Erzbischof von Gran und Primas von Ungarn, Johann Beckenschlager, mit offenen Armen aufgenommen, weil ihm dieser den Kirchenschatz und ein großes Barvermögen zubrachte. Da Beckenschlager nur mit einem Erzbistum angemessen entschädigt werden konnte, bewog der Kaiser auf einem Landtag in Graz 1478 den Salzburger Erzbischof Bernhard von Rohr (1466–1481) gegen finanzielle Zusagen zu einem schriftlichen Rücktrittsversprechen. Nach Salzburg zurückgekehrt, widerrief Bernhard unter dem Druck des Domkapitels und der Landstände seine Resignation und schloss einige Monate später ein militärisches Bündnis mit König Matthias Corvinus von Ungarn. Im „Ungarischen Krieg" (1479–1490) zwischen Corvinus und dem Kaiser wurden die wichtigsten Salzburger Stützpunkte im Lungau, in Kärnten und der Steiermark von den verbündeten Ungarn besetzt. Zu den verheerenden Kämpfen kamen noch Einfälle der Osmanen, schwere Naturkatastrophen und Heuschreckenschwärme.

Angesichts militärischer Niederlagen gegen die Ungarn suchte der Kaiser eine Entscheidung in Salzburg selbst zu erzwingen. Es gelang ihm, die Bürgerschaft der Hauptstadt durch die Gewährung wichtiger Privilegien für sich zu gewinnen. Nachdem der Plan des Dompropstes Christoph Ebran, ungarische Truppen durch den Almkanal in die Stadt einzuschleusen, verraten worden war, entschloss sich Erzbischof Bernhard im Herbst 1481 zur Resignation. Friedrich III. gewährte den Bürgern der Stadt Salzburg zum Dank für ihre Unterstützung im „Ratsbrief" vom 8. November 1481 das Recht, Stadtrat und Bürgermeister, die bis dahin vom Erzbischof ernannt worden waren, in freier Abstimmung zu wählen. Eine Passage dieses Privilegs war wohl absichtlich so unklar gehalten, dass die Salzburger Bürger daraus die Rechtsstellung einer freien, direkt dem Kaiser unterstellten Reichsstadt ableiten wollten. Das selbstbewusste Auftreten der Bürgerschaft führte dazu, dass Johann Beckenschlager (1481–1489) die Festung Hohensalzburg ausbauen ließ. Dort ist er schließlich auch verstorben.

Nach dem Tod des Königs Matthias Corvinus 1490 konnte Maximilian I., der Sohn Friedrichs III., einen Großteil der bis dahin von ungarischen Truppen gehaltenen Salzburger Güter in Kärnten und der Steiermark besetzen. Die Ungarn selbst stellten im November 1490 den gesamten Lungau sowie Friesach, Althofen und Hüttenberg in Kärnten an Salzburg zurück. Die anderen Güter mussten etliche Jahre später unter enormem finanziellem Aufwand von Maximilian I. zurückgelöst werden, wobei sich der König aber mit den Städten Rann, Pettau und Gmünd die wichtigsten Positionen vorbehielt.

Die Regierung des völlig ungebildeten Erzbischofs Friedrich Graf von Schaunberg (1489–1494), der von seiner Mätresse beherrscht wurde, bedeutete einen absoluten Tiefpunkt. Erst unter dem energischen Leonhard von Keutschach (1495–1519) kehrten wieder geordnete Verhältnisse ein. Dank der besonderen Fähigkeiten Leonhards, der sich als wahres Finanzgenie erwies, stand Salzburg damals mit seinen Erträgen unter allen Fürstentümern des deutschen Reiches an vierter Stelle, gleichauf mit dem Erzbistum Köln, aber deutlich vor den Kurfürstentümern Mainz und Trier. Grundlage des Reichtums bildeten die Neuordnung der Urbarverwaltung, die Einführung neuer Abgaben und Steuern, aber auch die steigenden Einkünfte aus dem Edelmetallbergbau, der damals in Gastein und Rauris eine erste Blüte erlebte. Er bildete auch die Basis für die Neuordnung der Salzburger Münzprägung. Leonhard gelang es, die Städte Pettau und Gmünd zurückzukaufen, die bis 1555 bei Salzburg blieben, und nach dem bayerischen Erbfolgekrieg 1506 auch das Mondseeland (Gericht Wildeneck) mit St. Wolfgang zu erwerben, das bis 1565 einen Teil des Landes Salzburg bildete.

Gespannt blieb das Verhältnis Leonhards zur Haupt- und Residenzstadt Salzburg. Die selbstbewussten Bürger bedachten den Erzbischof mit Spottnamen und nützten jede Gelegenheit, ihn zu provozieren. Sie verließen sich dabei auf die Unterstützung durch Maximilian I., für den jedoch im entscheidenden Augenblick der Erzbischof als Geldgeber wichtiger war. Leonhard griff schließlich zu einer List und ließ am 23. Januar 1511 Bürgermeister und Stadtrat, die er zu einem Gastmahl geladen hatte, gefangen nehmen und nach Radstadt deportierten. Damit erzwang er den Verzicht auf die im Ratsbrief des Jahres 1481 gewährten Rechte. Der Stadtrat wurde seither wieder vom Stadtrichter und den bei-

Das Herrschermonument des Erzbischofs Leonhard von Keutschach auf der Festung Hohensalzburg, 1515, Hans Valkenauer zugeschrieben.

den Bürgermeistern bestellt, die Bürgermeister selbst wurden von der Bürgerversammlung vorgeschlagen und mussten vom Erzbischof bestätigt werden.

Auf Betreiben Maximilians I., der 1508 den Titel eines erwählten römischen Kaisers angenommen hatte, wählte das Salzburger Domkapitel 1511 den einflussreichen kaiserlichen Diplomaten Matthäus Lang, Kardinal und Bischof von Gurk, zum Koadjutor Leonhards mit dem Recht der Nachfolge. Kardinal Lang hatte dafür dem Domkapitel, das noch immer ein Stift der Augustiner-Chorherren war, die Säkularisation versprochen und gegen den Willen Leonhards durchgesetzt. Dieser weigerte sich allerdings, die vom Papst befohlene Säkularisation durchzuführen – eine Haltung, an der er bis zum Tode festhielt: Er ließ sich demonstrativ im Ordenskleid der Augustiner-Chorherren beisetzen. An Leonhard erinnert bis heute der Ausbau der Feste Hohensalzburg mit den prachtvollen fürstlichen Wohnräumen und dem Goldenen Saal mit seinen gewaltigen Marmorsäulen. Leonhard, der als einziger Erzbischof viele Jahre lang auf Hohensalzburg lebte, hat sich dort auch durch ein eindrucksvolles Denkmal als Landesfürst verewigt.

Seit dem 10. Jahrhundert dominierte im Ackerbau die Dreifelderwirtschaft, bei der die Anbaufläche in drei Zelgen geteilt war, von denen je eine mit Sommer- und Winterfrucht bestellt wurde, während die dritte brach lag. Trotz mancher technischer Neuerungen wie der Einführung des Räderpflugs blieb die Ertragssteigerung gering und konnte, speziell seit dem Beginn der Neuzeit, nicht mit dem starken Bevölkerungswachstum mithalten. Wurde im Frühmittelalter das Zwei- bis Dreifache der Saatmenge geerntet, so stieg der Ertrag bis ins 18. Jahrhundert nur auf das Drei- bis Vierfache des Saatguts. Dadurch war die Ernährungslage in der frühen Neuzeit ungünstiger als im Mittelalter, und die Hungersnöte häuften sich.

Unter den Getreidesorten stand der für die Pferdezucht und die Malzproduktion benötigte Hafer an erster Stelle. Wichtigstes Brotgetreide war der Roggen, der bis in eine Höhe von 900 Me tern angebaut wurde, außerdem gab es winterharten Weizen, Gerste und Hirse. An Feld- und Gartenfrüchten wurden Rüben, Kraut und Rettich gebaut, unter den Hülsenfrüchten dominierte die Rossbohne, daneben gab es Erbsen und Kichererbsen. Weit verbreitet war der Anbau von Mohn, der nicht nur zur Fett- und Ölgewinnung, sondern auch als Schlafmittel diente. Während Flachsabgaben häufig genannt werden, lässt sich Hanf nicht nachweisen. Die große Tradition der Salzburger Bierbrauerei ist an den vielen Malzabgaben und dem großen Hopfenanbaugebiet an beiden Ufern der Salzach zwischen der Stadt Salzburg und Burghausen ersichtlich. Obst wurde für den Eigenbedarf bei den Bauernhöfen gezogen.

Die Almwirtschaft hatten die Bayern im Frühmittelalter unmittelbar von den Romanen übernommen. Im Gegensatz zu den Almen waren die Schwaigen ständig bewirtschaftete, auf Vieh- und Milchwirtschaft spezialisierte Güter. Sie wurden vom 11. bis ins 13. Jahrhundert in Höhenlagen zwischen 800 und 1000 Metern angelegt, vorwiegend in den Gebirgsgauen und im heutigen Tennengau. Auf „ganzen Schwaigen" wurden meist 60 Mutterschafe mit Lämmern gehalten, an Abgaben waren 300 Laibe Schafskäse zu je einem Pfund (ca. 500 Gramm) sowie grauer, aus Schafwolle gewalkter Loden vorgeschrieben. Am Ende des Mittelalters wurden anstelle der Schafe häufig zwölf Kühe eingestellt und als Abgaben Butterschmalz, Rinderhäute, bisweilen auch Käse und andere Produkte eingefordert. In niedrigeren Lagen und im Alpenvorland gab es Viehhöfe, die der Rinderzucht gewidmet waren; auch die Schweinemast spielte eine bedeutende Rolle und nutzte die Möglichkeit der Waldweide in den damals stark verbreiteten Laubwäldern. Auf die Haltung von Hühnern und Gänsen weisen die häufig vorgeschriebenen Abgaben von Eiern und (daunengefüllten) Polstern hin. Besondere Bedeutung kam den Bienenzüchtern (Zeidlern) zu, da sie den Honig als wichtigsten Süßstoff sowie Wachs für die Beleuchtung produzierten.

Waldnutzung und Forstwirtschaft gewannen durch den enormen Bedarf der Saline Hallein, seit dem Spätmittelalter auch der Schmelzhütten für Erz, immer mehr an Bedeutung. Mit Klausen und Wehranlagen wurden Bäche gestaut und die gefällten Stämme zur Salzach oder Saalach getriftet. Große Rechenanlagen,

Naufahrt und Gegenzug von Salzschiffen auf der Salzach zwischen Laufen und Passau. Aquarellierte Federzeichnung im Zechbuch der Passauer Schiffleute 1422.

wie sie in Hallein und Reichenhall, seit dem 16. Jahrhundert auch in Lend bestanden, fingen das Holz auf. Manche Siedlungen wie Scheffau im Lammertal wurden speziell für die Zwecke der Holzschlägerung und Holztrift angelegt. Die Holzbezugsrechte der Saline Reichenhall haben in den bayerischen Saalforsten, die bis heute große Waldgebiete im Pinzgau umfassen, ihren Niederschlag gefunden. Die Waldnutzung spielte aber auch für die Bauern und den ländlichen Hausbau eine wichtige Rolle. An Abgaben begegnen Brennholzdienste, die Lieferung von Brettern und Dachschindeln sowie von Holzgefäßen durch die „Schüssellehen". Während die Hochwildjagd als „Hofgejaid" der Herrschaft vorbehalten war, wurde die Niederjagd als „Reisgejaid" an Inhaber bäuerlicher Güter vergeben, die dafür Felle und Häute („Balgstücke") als Abgaben zu leisten hatten. Nur die Jagd auf schädliche Tiere wie Bär, Wolf oder Luchs war frei. Besonders begehrt waren Biberfelle sowie Steinbockhörner, aus denen man wertvolle Gefäße schnitzte. Aufgrund der strengen Fastengebote, speziell für die Klöster, kam der Fischerei große Bedeutung zu. Manche Seen wie der Fuschlsee, der Hintersee oder der Abtsdorfer See bei Laufen waren als „Hofküchenseen" allein den erzbischöflichen Hoffischern vorbehalten. In den größeren Seen wurde der Fischfang mit breiten Schleppnetzen, den „Seegen", betrieben; Seegen nannte man auch die Fischgerechtigkeiten, die mit einzelnen Gütern verbunden waren und zu Erbrecht an die Fischer ausgegeben wurden. Der Fischfang war durch Ordnungen geregelt, Fische mussten häufig zuerst der erzbischöflichen Küche angeboten werden und gelangten nur dann, wenn dort kein Bedarf bestand, zum freien Verkauf. Neben den bis heute verbreiteten Fischarten wie Lachs- und Seeforellen, Hechten, Reinanken, Welsen, Weißfischen und Brachsen spielten auch Barben, Aitel, Aalrutten und die teuren Süßwasserkrebse eine wichtige Rolle. Der heute besonders geschätzte Zander wurde allerdings erst unter Erzbischof Colloredo im 18. Jahrhundert aus Italien eingeführt.

Als Handwerker waren im Früh- und Hochmittelalter Eigenleute an den Höfen des Erzbischofs und der Klöster tätig. Auf dem Land deckten bäuerliche Nebengewerbe den allgemeinen Bedarf. Loden und Leinen, Leder und Felle wurden ebenso von den Bauern hergestellt wie landwirtschaftliches Gerät, Eisenwaren, Geschirr etc. Mühlen und Schmiedewerkstätten, Lodenwalkereien und Brauereien waren häufig mit Bauerngütern verbunden und verselbstständigten sich erst mit den durch die starke Bevölkerungszunahme bedingten Güterteilungen im frühen 16. Jahrhundert.

Mit dem Aufblühen der Städte seit dem 13. Jahrhundert wurde das Handwerk dort konzentriert und hatte in der Haupt- und Residenzstadt Salzburg seinen organisatorischen Mittelpunkt. Die einzelnen Sparten erhielten schriftliche Handwerksordnungen, meist von den Erzbischöfen, in der „liberalen Ära" 1481–1511 von Stadtrichter, Bürgermeister und Rat, die auch für die Überwachung des gesamten Handwerks zuständig waren. Als Organisationsform dienten Zechen und Bruderschaften mit stark religiöser Ausrichtung. Der Zechmeister verwaltete die Finanzen, die Beschaumeister kontrollierten die Ausübung des Handwerks und die Qualität der erzeugten Waren. Alle Verstöße gegen die „Handwerksgewohnheiten", auch Streitigkeiten und Raufhändel, wurden durch die Zeche bestraft. Nur wer Mitglied einer Zeche oder Bruderschaft war, konnte als Meister tätig sein. Die Zahl der Meister pro Handwerkssparte war streng limitiert.

Ein Meister durfte nur einen Lehrling und zwei bis drei Gesellen beschäftigen. Die Ausbildung führte die Lehrlinge nach einer Lehrzeit von zwei bis sechs Jahren zur Gesellenprüfung und anschließend auf Wanderschaft. Die Gesellenwanderung diente dem Erwerb „internationaler" Erfahrung, verdeckte aber auch eine latente Arbeitslosigkeit. Viele Gesellen waren nur die Hälfte ihrer Arbeitszeit, manche auch nur einen Bruchteil davon im Handwerk tätig. Der Aufstieg zum Meister war fast nur innerhalb einer Familie möglich, da die Meisterwürde meist vom Vater auf den Sohn überging, dem auch eine Erleichterung beim Meisterstück und geringere Taxen für die Zulassung als Meister gewährt wurden. Die Meisterstücke wurden von den Beschaumeistern in Gegenwart von Richter, Bürgermeister und Rat im Rathaus begutachtet. Junge Meister mussten nach ihrer Zulassung binnen Jahresfrist heiraten, da ihre Frau für Lehrlinge und Gesellen, die im Hause lebten, zu sorgen hatte. Waren keine Söhne vorhanden, dann durfte eine Meisterwitwe den Betrieb ein

Jahr lang selbst fortführen. Deshalb bot die Heirat mit der Tochter oder Witwe eines Meisters auch die seltene Chance, vom Gesellen zum Meister aufzusteigen – eine sehr wesentliche Verbesserung, denn im Gegensatz zu den Handwerksmeistern blieben
den Gesellen das Bürgerrecht und die Erlaubnis zur Eheschlie-
ßung meist verwehrt.

Die Mehrzahl der Handwerkszweige diente der Deckung des lokalen Bedarfs. Nur wenige Sparten wie Kürschner, Goldschmiede
oder Barchenter produzierten auch für den Export. Zahlenmäßig
am stärksten war das Lebensmittelgewerbe, wo es häufig zu
Streitigkeiten zwischen Müllern und Bäckern kam. Um den Brot-
preis stabil zu halten, richtete sich das Brotgewicht jeweils nach
dem Getreidepreis. Dabei wurden gestiegene Preise für Weizen
und Roggen durch eine Verringerung des vorgeschriebenen Brot-
gewichts kompensiert, das man genau kontrollierte. Um Umweltschäden zu vermeiden, wurden Gewerbe wie Lederer, Färber,
Gerber oder Bleicher ausschließlich an Bächen oder Flüssen angesiedelt, was eine rasche Schadstoffentsorgung ermöglichte. Die
Metzger saßen mit ihren Fleischbänken meist auf den Brücken,
von wo die Abfälle direkt in den Fluss geworfen wurden. In der
Stadt Salzburg ließ Erzbischof Wolf Dietrich die Fleischbänke jedoch wegen des Brückenbaus an den „Gries" am linken Salzachufer verlegen.

Eine ernste Konkurrenz ergab sich zwischen städtischen Handwerkern und fremden Künstlern, die am Hofe des Erzbischofs tätig waren und zum „Hofgesinde" zählten. So verlief zum Beispiel
eine Klage der Salzburger Steinmetze gegen den Baumeister Stefan Krumenauer, der den gotischen Hallenchor der Stadtpfarrkirche mit fremden Handwerkern errichtete, im Sande, da sich
Krumenauer gar nicht dem Stadtgericht stellen musste. Von den
mehr als dreißig verschiedenen Handwerkszweigen sind manche
– wie die Tuchscherer, die Waffenschmiede, die Plattner oder die
Barchenter – längst verschwunden. Das Zentrum der einzelnen
Sparten bildeten die „Hauptladen" in der Stadt Salzburg, denen
das Handwerk in den anderen Städten und Märkten, formell
auch auf dem Lande, als Viertelladen angeschlossen war. Aus
dem reichen Handwerksbrauchtum hat sich manches bis in die
Gegenwart erhalten oder wurde wiederbelebt, so etwa der Metz-

gersprung bei der Freisprechung der Metzgergesellen. Zunftkreuze, Zunfttruhen, Zunftzeichen und Zunftfahnen erinnern noch heute an die große Tradition der einzelnen Bruderschaften, Zechen und Zünfte des Salzburger Handwerks.

Im Montanwesen stand das Salz an erster Stelle. Auf dem Dürrnberg wurde Salz in bergmännischer Form abgebaut. Eine entscheidende technische Neuerung brachte die Einführung des Laugverfahrens unter Tag, das wahrscheinlich den Zisterziensern zu verdanken ist – die Abteien Salem und Raitenhaslach zählten zu den „Mitsiedern" in Hallein – und bis zur Einstellung des Dürrnberger Salzbergbaus 1989 angewendet wurde. Da zum Versieden der Sole in Hallein wesentlich größere Pfannen zum Einsatz kamen als in Reichenhall, wo die Sudrechte stark aufgesplittert waren, ergab sich eine höhere Produktivität. Um die Produktion rasch steigern zu können, beteiligte Erzbischof Eberhard II. neben den beiden Zisterzienserklöstern auch die Abteien St. Peter und Nonnberg, das Domkapitel und die Ministerialen von Gutrat als „Mitsieder" an der Salzproduktion. Nachdem die erzbischöflichen Anteile im späten 13. und im 14. Jahrhundert an „Hallinger" als Privatunternehmer verpachtet worden waren, setzte 1398 der Rückkauf der Sudrechte von den Mitsiedern ein, der 1530 zum Abschluss kam. Erst damit wurde die Halleiner Salzproduktion zum erzbischöflichen Monopol. Um 1500 war der Reingewinn aus dem Salzwesen einschließlich der Mautgefälle mit etwa 10.000 Pfund Pfennigen doppelt so hoch wie die Einkünfte aus dem Edelmetallbergbau. Da die Habsburger im Interesse ihrer eigenen Salinen die Einfuhr von Halleiner Salz in ihre Länder verboten und nach der Gewinnung Böhmens (1526) auch diesen wichtigsten Absatzmarkt schrittweise sperrten, waren die Erzbischöfe für ihre Salzausfuhr schließlich ganz auf Bayern angewiesen. In den 1594 und 1611/12 mit Bayern geschlossenen Verträgen wurden Verkauf und Vertrieb des Halleiner Salzes zum Großteil an Bayern abgetreten. Daraus resultierte ein deutlicher Rückgang der erzbischöflichen Einkünfte aus der Salzproduktion.

Neben dem „weißen Gold" vom Dürrnberg stand natürlich auch das echte Gold im Brennpunkt des wirtschaftlichen Interesses. Es wurde seit dem Frühmittelalter durch Goldwäscherei aus Bächen und Flüssen gewonnen, der bergmännische Abbau setzte in größerem Umfang erst im 14. Jahrhundert ein. Die Erzbischöfe als Inhaber des Bergregals regelten den Bergbau durch schriftliche Ordnungen, überließen die Durchführung aber den „Gewerken" als Privatunternehmern. Als Inhaber des Bergregals stand dem Erzbischof jeweils der zehnte Kübel des gewonnenen Erzes als „Frone" zu, außerdem berechtigte ihn der „Wechsel" zum ermäßigten Ankauf des Edelmetalls für die Münzprägung. Die Verpachtung der erzbischöflichen Einkünfte aus dem Gastein-Rauriser Revier an Judenburger Kaufleute endete 1386 jedoch mit einem wirtschaftlichen Debakel. Erst im späten 15. Jahrhundert erlebte der Gold- und Silberbergbau einen neuen Auftrieb. Da man bestrebt war, ausländische Unternehmer wie die Fugger nicht auf Dauer zum Zug kommen zu lassen, setzten sich im 16. Jahrhundert Großgewerken wie die Weitmoser, Strasser und Zott, die als „Berg- und Hüttenherren" über eigene Schmelzanlagen verfügten, von den kleineren Unternehmern ab. Der Bau einer zentralen Verhüttungsanlage in Lend, wohin das Holz auf der Salzach getriftet wurde, und der Zusammenschluss der Gewerken zum „Lender Handel" brachten einen weiteren Produktionsanstieg, der 1557 seinen absoluten Höhepunkt erreichte. Damals stand das Gastein-Rauriser Revier mit einer Jahresproduktion von 830 kg Gold und 2723 kg Silber an der Spitze des europäischen Edelmetallbergbaus. Bald darauf aber setzte ein rascher Abstieg ein, der auch durch Gegenmaßnahmen des Erzbischofs Wolf Dietrich nicht gestoppt werden konnte. Mit dem Abzug der protestantischen Gewerken kam es 1618 zur „Verstaatlichung" durch Erzbischof Markus Sittikus, die zumindest einen Teil der Arbeitsplätze sicherte.

Von den übrigen Montanbetrieben besaßen seit dem 13. Jahrhundert der Abbau und die Verhüttung von Eisenerz in Dienten und in der Flachau überregionale Bedeutung, Kupfer wurde am Beginn der Neuzeit im Großarltal, bei Mühlbach im Pinzgau, am Radstädter Tauern und im Brixental produziert, und in Rotgülden im Lungau baute man seit dem Spätmittelalter Arsenkies ab. Arsenik diente als wertvoller Exportartikel für die Herstellung von Medikamenten und Kosmetika, für die Erzeugung von Muranoglas und für Goldschmiedearbeiten, aber auch als Aphrodisiakum, als Rossarznei und Aufputschmittel. Die „Gifthütte" in Rotgülden verursachte enorme Umweltschäden. Aber auch der Niederschlag des giftigen „Hüttrauchs" aus anderen Schmelzanlagen beeinträchtigte Landwirtschaft und Viehzucht derart, dass es seit dem Spätmittelalter immer wieder zu langen "Rauchschadenprozessen" kam und der Hüttenbetrieb bisweilen auf das Winterhalbjahr eingeschränkt werden musste.

Seit dem Spätmittelalter gewann der Fernhandel, in dem Salzburger Kaufleute als Faktoren großer süddeutscher Handelshäuser, aber auch als eigenständige Unternehmer tätig waren, immer mehr an Bedeutung. Im Vordergrund stand dabei der Warentransport der Süddeutschen Reichsstädte Regensburg, Augsburg und Nürnberg nach Venedig, dem „Tor zur Levante". Obwohl die Routen über die Salzburger Alpenpässe länger waren und einen zweimaligen Anstieg erforderten, konnten sie sich gegenüber Brenner und Reschenpass durch niedrigere Mauttarife und günstigere Transportbedingungen behaupten. Bevorzugt wurde die „untere Straße" über den Radstädter Tauern und den Katschberg, doch wurde auch die „obere Straße" über das Hochtor und den Plöckenpass mit einigen Varianten häufig begangen. Der Transport wurde bis weit in die Neuzeit als Saumhandel mit Tragtieren abgewickelt, obwohl die „untere Straße" seit 1519/20 für kleine Wagen befahrbar war. Zielpunkt der Handelskarawanen war der Fondaco dei Tedeschi, das „Handelshaus der Deutschen" oberhalb der Rialtobrücke in Venedig. Die Waren wurden zu Pferd bis Gemona (Glemaun) gebracht, dort auf Fuhrwerke verladen und von den Flusshäfen Latisana oder Portogruaro zu Schiff nach Venedig transportiert. Im Fondaco standen die Salzburger Kaufleute nach der Zahl der von ihnen gemieteten Lagerräume 1508 knapp hinter Augsburg und Nürnberg an dritter Stelle. Der Handel in Venedig selbst unterlag strenger Aufsicht, Verkäufe und Einkäufe durften nur mit Venezianern abgewickelt werden.

Von Venedig gingen Waren aus der Levante wie griechische Süßweine, Rosinen, Baumwolle, feine Gewürze, teure Drogen und Pharmaka, aber auch Produkte aus Italien wie Muranoglas, wertvolle Stoffe, Südfrüchte, Gewürze, Safran, Olivenöl, Drogen und Farbwaren, Papier, Reis und Seife über die Alpen nach Norden. Besondere Bedeutung kam den Weinen aus Görz und Friaul zu. Die weit bescheidenere Gegenfracht aus Deutschland und Ost-

Territoriale Verhältnisse und Mautstätten an den Verkehrswegen nach Venedig im 15. Jahrhundert

BAYERN

Salzburg

Reichenhall

BG

Werfen

Radstädter Tauern

Felber Tauern

Mauterndorf

Heiligenbluter Tauern

Mallnitzer Tauern

Katschberg

Döllach

B

Gmünd

Lienz

Lieserhofen

Ob. Drauburg

Spittal

B

Greifenburg

Mauthen

Villach

Plöckenpass

Arnoldstein

AQUILEIA

F

Tolmezzo

B

Chiusaforte

Venzone

Gemona

LEGENDE

	Erzstift Salzburg
	Grafschaft Ortenburg
	Grafschaft Görz
	zum Bistum Bamberg
	Habsburgischer Besitz

F	zu Freising
B	zu Brixen
BG	Propstei Berchtesgaden

Wichtige Fernhandelswege

	Untere Straße
	Obere Straße (mit Varianten)
○	Mautstätte für Transit
☐	Zapfmaut (ermäßigte Rückfracht)
⬆	Geleithebestelle

europa bestand aus Pelzen, Wachs, grauem Loden, Leinen, Leder, billigen Tuchen sowie Arsenik, Kupfer, Blei, Zinn und Eisen. Um den Wertunterschied auszugleichen, wurden ungemünztes Gold und Silber in Barrenform nach Venedig exportiert. Der Gesamtumfang aller Waren, die am Beginn des 16. Jahrhunderts über die Tauernpässe geführt wurden, betrug etwa 100.000 Zentner (5800 t), wovon 60.000 Zentner auf die „untere Straße" entfielen. Die Salzburger Kaufleute brachten die „Venezianerware" in Süddeutschland oder Böhmen auf den Markt, aber auch auf den Salzburger Wochenmärkten wurden Luxuswaren zu relativ günstigen Preisen offeriert.

Im Tuchhandel kauften Salzburger Kaufleute teils in Flandern und Brabant, teils auf den Messen in Frankfurt und Bozen wertvolle Tuche ein und setzten sie auf den Jahrmärkten in Wien und Linz gewinnbringend ab. Auf der „Tuch-Eisen-Straße" ging billiges Tuch aus Böhmen und Bayern als Gegenfracht für steirisches Eisen und den untersteirischen Markwein in die Steiermark. Da die Straßenverhältnisse schlecht waren, wurden Massengüter wie Salz, Eisen, Getreide und Wein möglichst zu Schiff transportiert. Das Eisen vom steirischen Erzberg, das über den Pötschenpass nach Salzburg kam, wurde am Schober (Strobl) auf Schiffe verladen, über den Wolfgangsee transportiert und in St. Gilgen erneut auf Fuhrwerke verfrachtet. Mengenmäßig standen bei der Ausfuhr das Salz, bei der Einfuhr Getreide aus Bayern, der „Osterwein" aus der Wachau und das Eisen vom steirischen Erzberg an erster Stelle.

Die Position Salzburgs als wichtige Handelsstadt wurde durch das 1487 als „Eisenlötschen" errichtete Niederleghaus und die Schiffslände, an der die aus dem Süden eintreffenden Waren auf Schiffe umgeladen wurden, gestärkt. Noch wichtiger aber war das Engagement von Salzburger Bürgern als Unternehmer und Faktoren im Fernhandel. Es sicherte bis zum Niedergang Venedigs und zur Verlagerung der Handelsrouten an die Nord- und Ostsee den Rang Salzburgs als Handelsstadt, den es trotz aller Krisen bis in die Gegenwart behaupten konnte.

Kardinal Matthäus Lang. Federzeichnung von Albrecht Dürer, 1522.

Mit der Proklamation seiner 95 Thesen gegen den Missbrauch des Ablasses leitete Martin Luther 1517 die Reformation in Deutschland ein. Seine Flugschriften „Von der Freiheit eines Christenmenschen" und „An den christlichen Adel deutscher Nation", die große Verbreitung fanden, weckten auch bei der bäuerlichen Bevölkerung, die immer noch in Hörigkeit schmachtete, große Hoffnungen. Prädikanten, die als Vorboten der evangelischen Bewegung durchs Land zogen, verkündeten den einfachen Menschen, dass im Evangelium weder die Unfreiheit der Bauern noch irgendwelche Abgaben außer dem (Großen) Zehent begründet seien. Auch in Salzburg fanden die Lehren Luthers rasch Eingang. Die Söhne von Bürgern und von Gewerken, darunter der junge Christoph Weitmoser, der zum reichsten aller Salzburger Montanunternehmer aufsteigen sollte, studierten bei Luther in Wittenberg. Johann von Staupitz, der persönliche Freund und einstige Vorgesetzte Luthers im Orden der Augustiner Eremiten, wurde auf Betreiben Kardinal Langs 1522 zum Abt von St. Peter gewählt. Er stand bis zu seinem Tod 1524 in brieflichem Kontakt zu Luther und forderte diesen auf, nach Salzburg zu kommen und hier mit ihm „zu leben und zu sterben".

Die scharfen Maßnahmen gegen die neue Lehre, die 1522 auf einer Salzburger Provinzialsynode in Mühldorf beschlossen wurden, steigerten die Empörung in der Bevölkerung. Bereits 1519, unmittelbar nach dem Regierungsantritt Langs, hatten die Eintreibung einer hohen Weihsteuer und die Ausschreibung eines „Ungelds", einer außerordentlichen Getränkesteuer, die Gemüter erhitzt. Die Bitte der Stadt Salzburg, den erzwungenen Verzicht auf den Ratsbrief zu annullieren, blieb hingegen ohne Antwort. Um einem drohenden Aufstand zuvorzukommen, ließ der Kardinal in Tirol Truppen anwerben und die Geschütze der Festung Hohensalzburg auf die Stadt richten. Nach der bedingungslosen Kapitulation der überraschten Bürger hielt Matthäus Lang am 11. Juli 1523 im blanken Harnisch Einzug in die Stadt und nahm deren demütige Unterwerfung entgegen. Ein Jahr später erließ er die umfangreiche Stadt- und Polizeiordnung, die bis über das Ende der geistlichen Herrschaft (1803) hinaus das Leben in der Haupt- und Residenzstadt bestimmen sollte. Darin wurden nicht nur das Verhältnis von „innerem" und „äußerem Rat" geregelt und die Kompetenzen der städtischen Beamten festgelegt, sondern auch eine „gute Polizey" zur genauen Überwachung der Bevölkerung installiert. Die Mitwirkung der Bürger am Stadtregiment war seitdem auf ein Minimum reduziert, die Stadtherrschaft des Erzbischofs, die der Stadtrichter und später der Stadtsyndikus als sein Vertreter wahrnahm, unbestritten.

Bald jedoch sah sich Kardinal Lang mit einem wesentlich gefährlicheren Gegner konfrontiert: Im Bauernkrieg 1525 schien das Ende der geistlichen Herrschaft unmittelbar bevorzustehen. Treibende Kraft dieses Aufstands waren nicht die Bauern, sondern die Gewerken als Organisatoren und Führer sowie die waffengewohnten Bergknappen, die den harten Kern der kämpfenden Truppe stellten. Die Gewerken sahen durch eine restriktive Wald-

114

ordnung, die Kardinal Lang 1524 erlassen hatte, die kostengünstige Verhüttung des Erzes, die ungeheure Holzmengen erforderte, ernstlich bedroht. Dazu kamen neue Abgaben als Belastung für das Montanwesen – und die Lehren Luthers, die unter Gewerken und Knappen rasche Verbreitung gefunden hatten. Sie wollten „nicht mehr unter einem Bischof sein, sondern einen weltlichen Fürsten haben", formulierten die Bergleute selbst. Die Hinrichtung von zwei Bauernsöhnen, die einen verhafteten evangelischen Prädikanten gewaltsam befreit hatten, gab das Signal zum Aufstand. Gewerken und Knappen beschlossen auf einer Versammlung in Gastein am 24. Mai 1525 den Kampf gegen den Kardinal, führten die von ihnen gemusterten Truppen in Richtung Salzburg und konnten bereits am 27. Mai die Salinenstadt Hallein besetzen.

In der Hauptstadt, wo ein Großteil der Stadtbewohner den Aufständischen zuneigte, kam es zwei Tage später zu heftigen Tumulten, und am 6. Juni öffneten Sympathisanten dem Bauernheer die Stadttore. Während sich der Kardinal mit einem Gefolge von 60 Personen auf die Festung Hohensalzburg zurückzog, plünderte der Pöbel gemeinsam mit den eingedrungenen Bauern und Knappen die Residenz. In diese Ereignisse war auch der berühmte Arzt und Philosoph Theophrastus Bombastus von Hohenheim, genannt Paracelsus, verstrickt. Er hatte sich 1524 in Salzburg niedergelassen und beim Rapplbad in der Pfeifergasse eine Praxis als Wundarzt eröffnet. Mit dem angesehenen Halleiner Bürger Melchior Spach, den die Aufständischen zum obersten Feldhauptmann wählten, war er befreundet. Angesichts der bewaffneten Auseinandersetzungen, zu denen es in der Stadt Salzburg kam, verließ Paracelsus jedoch der Mut; er floh am 29. Mai überstürzt und ohne seine Habseligkeiten aus Salzburg. Durch seine Verbindung zu den Aufständischen war er allerdings so belastet, dass er erst nach dem Tod von Kardinal Lang 1540 nach Salzburg zurückkehren konnte. Am 21. September 1541 machte er im Gasthaus „zum Weißen Ross" in der Kaigasse sein Testament und starb drei Tage später an einer Überdosis Quecksilber. Obwohl ihn seine Grabplatte in der Sebastianskirche als hochberühmten Arzt preist, der schwerste Krankheiten auf wunderbare Weise heilen konnte, machten ihn spätere Generationen zu ei

Der Arzt und Philosoph Theophrastus Bombastus von Hohenheim, genannt Paracelsus. Kupferstich des Monogrammisten A. H., 1540.

EFIGES AVREOLI THEOPHRASTI AB
HOHENHAIM SVE ÆTATIS 47
OMNE DONVM PERFECTVM A DEO
INPERFECTVM A DIABOLO

nem Alchimisten und „Goldmacher", dessen Grab und Wirkungs-
stätten zu den Sehenswürdigkeiten Salzburgs zählten. Während
Kardinal Lang auf Hohensalzburg belagert wurde, suchten die
Nachbarfürsten das Land Salzburg für sich zu gewinnen. Die
Aufständischen erklärten sich auch bereit, „einen Fürsten von
Bayern" als neuen Herrn anzunehmen, lehnten aber das Angebot
Langs, als Erzbischof abzudanken und sie als weltlicher Fürst zu
regieren, entrüstet ab. Da es dem Kardinal bald darauf gelang,
ein Bündnis mit Bayern zu schließen und gegen große Geldsummen eine Hilfezusage des Schwäbischen Bundes – der damals
stärksten Militärmacht in Süddeutschland – zu erreichen, konnte
er die weitere Entwicklung abwarten. Die Aufständischen formulierten ihre Forderungen im Programm der „24 Artikel gemeiner
Landschaft Salzburg". Der Autor kritisiert zunächst die Missstände in der Kirche, wendet sich dann unter Berufung auf die Bibel
gegen die Leibeigenschaft und die willkürliche Erhöhung von
Abgaben und Dienstleistungen und fordert schließlich eine Abschaffung der Grundherrschaft, besonders der Klöster und des
Domkapitels. Noch viel revolutionärer war eine 59 Punkte umfassende Beschwerdeschrift der Stadt Salzburg, die in der Forderung nach einer Umwandlung Salzburgs in ein weltliches Fürstentum, der Abdankung des Erzbischofs als Landesfürst und der
Übernahme der Regierung durch die Landstände gipfelte. Im Gegensatz zu den „24 Artikeln", die später als Verhandlungsgrund-
lage dienten, besaß das städtische Programm jedoch nie eine
Chance auf Verwirklichung.

Die Aufständischen errangen zwar am 2. Juli 1525 bei Schladming
einen großen Sieg über die Truppen des steirischen Landeshauptmanns Sigmund von Dietrichstein, scheiterten aber mit allen Ver-
suchen zur Einnahme der Feste Hohensalzburg. Am 16. August
rückte das Heer des Schwäbischen Bundes unter Führung Herzog
Ludwigs von Bayern vor die Stadt Salzburg, wo man sich aber
angesichts der starken Stellung der Bauern am 31. August auf
einen Waffenstillstand einigte. Die Aufständischen ergaben sich
bedingungslos und verpflichteten sich zur Bezahlung der Kriegskosten, wofür ihnen volle Amnestie gewährt wurde. Bei der Er-
stellung einer neuen Landesordnung sollten ihre Beschwerden
berücksichtigt werden.

Zum Ersatz der Kriegskosten musste Matthäus Lang die Burgen und Städte Tittmoning und Laufen sowie die Herrschaft Mattsee an Bayern verpfänden. Auf zwei Landtagen im Oktober 1525 und im Februar 1526 wurde über die Beschwerden der Bauern verhandelt. Die Bewilligung einer Sondersteuer von 100.000 Pfund löste in den Gebirgsgauen, wo man mit dem Waffenstillstand und den folgenden Verhandlungen höchst unzufrieden war, eine derartige Empörung aus, dass Ende März 1526 ein neuerlicher Aufstand im Pinzgau ausbrach, der bald auch den Pongau erfasste. Dieser Krieg des Jahres 1526 war jedoch keine bodenständige Bewegung, sondern gehörte zum Kriegsplan des großen Tiroler Bauernführers Michael Gaismair, der zugleich vom Pinzgau und von Graubünden aus einen Angriff auf Tirol unternehmen wollte. Seine engsten Kampfgefährten hatten seit dem Herbst 1525 den Aufstand im Pinzgau vorbereitet und übernahmen auch die militärische Führung.

Die Bewegung fand aber keine allgemeine Unterstützung in der Bevölkerung, ja die Gewerken von Gastein und Rauris mit ihren Knappen mussten sogar gewaltsam zum Beitritt gezwungen werden. Als sich die Belagerung des stark befestigten und vom erzbischöflichen Pfleger Christoph Graf umsichtig verteidigten Radstadt erfolglos hinzog, erschlugen die empörten Bauern selbst ihren obersten Hauptmann, den Tiroler Christoph Ganner aus Feldthurns, der sich in Salzburg Selzenwein nannte. In dieser Situation kam Michael Gaismair, dessen Feldzugsplan gegen Tirol verraten worden war, nach Radstadt und übernahm selbst die Führung. Er konnte zwar einige militärische Erfolge verbuchen, vermochte aber die Stadt nicht zu nehmen. Als sein Kampfgefährte Peter Paßler, der den „oberen" Bauernhaufen im Pinzgau befehligte, am 1. Juli bei Zell am See eine schwere Niederlage gegen den Schwäbischen Bund erlitt, hob Gaismair die Belagerung von Radstadt auf und führte seine Truppen in kühnem Zug nach Lienz. Nach dem Scheitern eines erneuten Angriffs auf Tirol trat er in venezianische Dienste und fiel 1532 dem Dolch eines von den Habsburgern gedungenen Mörders zum Opfer.

Im Gegensatz zum Jahr zuvor ging man jetzt mit rücksichtsloser Härte gegen die Rädelsführer vor. Insgesamt fielen etwa 100 Männer unter dem Schwert des Henkers. Die Truppen des Schwäbischen Bundes trieben eine hohe „Brandschatzung" zur Abgeltung der Kriegskosten ein, die besonders die armen Schichten der bäuerlichen Bevölkerung schwer traf. Die Gewerken hingegen hatten sich schon vorher mit Kardinal Lang geeinigt. So war es kein Wunder, dass die Bauern heftig klagten, sie wären von anderen in ihrer Unwissenheit verführt, dann aber im Stich gelassen worden. Das Bündnis von Gewerken und Knappen, Bauern und Stadtbewohnern hatte sich vor allem gegen den zunehmenden Druck und die Bevormundung durch den frühneuzeitlichen Beamtenstaat gerichtet. Mit ihren beiden wichtigsten Forderungen nach persönlicher Freiheit und freier Religionsausübung waren die Bauern gescheitert. Die Hörigkeit erfuhr in den folgenden Jahrhunderten zwar eine Milderung, wurde aber erst mit der Grundentlastung und der Aufhebung der patrimonialen Gerichtsbarkeit 1848 endgültig beseitigt. Von der Haltung Luthers, der im Interesse der Fürsten die Aufständischen scharf verurteilt hatte, waren die Bauern in Salzburg so wie in ganz Deutschland schwer enttäuscht. Aus diesem Grund richtete man sich später auch weniger nach dem Augsburger Bekenntnis, sondern hing oft einem indifferenten, von verschiedenen Lehren beeinflussten evangelischen Glauben an. Er konnte sich im Gebirge als Kryptoprotestantismus bis zur Emigration 1731/32 behaupten.

Im Juli und im November 1526 fanden Landtage statt, auf denen über die von den einzelnen Pfleggerichten, Städten und Märkten vorgelegten Beschwerden verhandelt wurde. Das am 20. November von Kardinal Lang erlassene „Mandat der Beschwerungen" trug den meisten Klagepunkten Rechnung und verbesserte die Situation der bäuerlichen Bevölkerung. Eine „Empörerordnung", die eine Woche später zur Sicherung des Landfriedens in Kraft trat, verbot das Tragen von Kriegswaffen und stellte jede Form von Widerstand und Aufruhr unter strenge Strafe. Abgelegene Wirtshäuser („Winkeltavernen") wurden verboten, Spiele und Jahrmärkte streng überwacht. Trotzdem kam es 1531 zu einer lokalen Verschwörung im Pfleggericht Hüttenstein (bei St. Gilgen), die mit der Hinrichtung von vier Rädelsführern endete. Die von den Ständen mehrfach geforderte neue Landesordnung hatte Kardinal Lang 1526 durch seinen Rat Dr. Leopold Auer in umfassender Form ausarbeiten lassen. Sie ist in etlichen Handschriften überliefert und diente in der Praxis wohl als Basis der Justiz, wurde aber nicht publiziert und damit auch nie formell in Kraft gesetzt. Der Kardinal zog es stattdessen vor, einzelne Teilbereiche durch spezielle Ordnungen zu regeln. Nach der Waldordnung 1524 erließ er 1531 eine Stadt- und Polizeiordnung für Laufen sowie eine Ordnung für die dortigen Ausfergen und 1533 eine Fürkaufordnung. Die größte Bedeutung besaßen die umfassende Bergwerksordnung 1532, damals das modernste Gesetz dieser Art in Mitteleuropa, und die Hauptmannschaftsordnung aus dem folgenden Jahr, die vor allem die Wahrnehmung der Hoch- und Blutgerichtsbarkeit regelte.

Die Regierung Langs war durch die große Verschuldung des Landes belastet. Als Ersatz für die Kriegsschäden waren enorme Summen an die Habsburger und die Wittelsbacher, aber auch an die Landstände in Steiermark und Kärnten zu bezahlen. Der prunkliebende Kardinal musste dafür seinen Hofstaat zum Großteil entlassen und wichtige Besitzungen verpfänden. In umfassenden Verträgen mit König Ferdinand I. wurde 1535 die Rechtsstellung der Salzburger Besitzungen in Österreich, der Steiermark und Kärnten geregelt und die Grenzziehung in strittigen Bereichen fixiert. Mit dem Anspruch auf landesfürstliche Hoheitsrechte war es seither auch dort vorbei, wo das Erzbistum für seine Besitzungen das Hochgericht besaß.

Matthäus Lang galt als einer der schärfsten Gegner Luthers und ließ auf zahlreichen Provinzialsynoden Maßnahmen gegen die neue Lehre beschließen. Da aber die Wittelsbacher in Bayern selbst den Kampf gegen die neue Lehre in die Hand nahmen und mit dem Metropoliten nur ungenügend zusammenarbeiteten, blieben den Bemühungen Langs größere Erfolge versagt. Die evangelisch gesinnten reichen Kaufleute und Handelsherren in der Stadt Salzburg wurden zunächst geschont, da sie einen wesentlichen Teil des städtischen Kapitals in ihren Händen vereinigten. Scharf ging der Kardinal jedoch gegen die Wiedertäufer vor, die man ab 1527 als Ketzer gnadenlos verfolgte. Allein in der Stadt Salzburg wurden 38 Personen hingerichtet, die Männer meist verbrannt und die Frauen ertränkt. Das Täufertum galt nämlich als gefährlicher Geheimbund, der „keiner Obrigkeit untertänig sein" wollte.

Herzog Ernst von Bayern (1540–1554), der den Empfang der höheren Weihen ablehnte und in Salzburg als Administrator regierte, engagierte sich als fürstlicher Unternehmer im Bergbau; außerdem verschaffte er 1548 dem Buchdruck Eingang in Salzburg. Als Vorkämpfer eines landesfürstlichen Absolutismus schloss er 1543 die Vertreter der bäuerlichen Gerichtsgemeinden von der weiteren Teilnahme an den Landtagen aus. Mit einem engagierten Kampf gegen den Protestantismus begann Erzbischof Michael von Kuenburg (1554–1560). Er war am Beschluss des Augsburger Religionsfriedens beteiligt, der es den einzelnen Landesfürsten überließ, die Religion ihrer Untertanen zu bestimmen. Nachdem eine Visitationsreise des Domdekans Wilhelm von Trauttmansdorff in die Gebirgsgaue 1555 den Verfall des Pfarrklerus und die Zunahme des evangelischen Glaubens bei der Bevölkerung geoffenbart hatte, konnte sich Erzbischof Michael 1558 selbst ein Bild von der tristen Situation machen. Deshalb setzte er energische Gegenmaßnahmen, die mit den Beschlüssen des Konzils von Trient (1545–1563) und dem zunehmenden Einfluss katholischer Reformorden wie der Jesuiten, Kapuziner, Paulaner, Theatiner und Ursulinen auch in Salzburg die Gegenreformation einläuteten.

121

REVERENDISS. ET ILLVSTRISS. PRINCEPS D.D.WOLFGANGVS
THEODERICVS ARCHIEPISCOPVS SALISBVRGENSIS. SS.SEDI
APOSTOLICÆ. LEGATVS NATVS.

Erzbischof Wolf Dietrich von Raitenau. Kupferstich von Dominicus Custodis, 1597.

Den Protestanten war 1548 die Spendung der Kommunion unter beiderlei Gestalt zugestanden worden. Während die Habsburger in ihren Ländern den „Laienkelch" 1556 zuließen, lehnten ihn Bayern und die geistlichen Staaten zunächst ab. Diese Ungleichheit führte zum „Auslaufen" der Pongauer in die grenznahen habsburgischen Gebiete und 1564/65 zu Bauernunruhen, die in der Besetzung der Bischofshofener Kirche und einem evangelischen Messamt des Hilfspriesters Konstantin Schlafhauser mit aufrührerischer Predigt gipfelten. Durch den Einsatz von Militär wurde diese lokale Erhebung jedoch rasch unterdrückt, die beiden Rädelsführer hingerichtet und deren Erben als abschreckendes Beispiel ein jährlicher „Blutwidderdienst" auferlegt. Erzbischof Johann Jakob von Kuen-Belasy (1560–1586) gewährte zwar 1565 die Spendung des Laienkelchs, nahm dieses Zugeständnis aber schon 1571 zurück, da der erhoffte Erfolg ausblieb. Wenige Jahre später erzielte die Gegenreformation durch das Engagement des päpstlichen Nuntius Felician Ninguarda und des erzbischöflichen Koadjutors Georg von Kuenburg mit der Errichtung des Priesterseminars und der Berufung der Franziskaner nach Salzburg bedeutende Erfolge. Angesehene protestantische Bürger aus Salzburg entschlossen sich deshalb 1582/83 zur Emigration, vorwiegend in die Städte Wels und Vöcklabruck im benachbarten Österreich ob der Enns.

Mit der Wahl Wolf Dietrichs von Raitenau (1587–1612) begann die nach außen so glanzvolle Epoche der Salzburger Barockfürsten. Der jugendliche Erzbischof, durch seine Mutter Helena von Hohenems mit Papst Pius IV. verwandt, hatte am Collegium Germanicum in Rom studiert und dort die italienische Architektur kennengelernt. Besonders beeindruckt war er auch von der Idee des fürstlichen Absolutismus, die Niccolò Machiavelli so scharf formuliert hatte und die er nun selbst in Salzburg verwirklichen wollte. Das adelige Domkapitel, das durch die Aufstellung von Wahlkapitulationen und die Säkularisation 1514 weiter an Macht gewonnen hatte, wurde ein erstes Opfer der neuen Politik: Wolf Dietrich setzte 1595 gegen den Widerstand des Kapitels den Verkauf des Vizedomamts Leibnitz mit den gesamten steirischen Besitzungen durch, legte im „Ewigen Statut" 1606 die Rechte und Pflichten der Domherren genau fest und stellte klar, dass „dem regierenden Erzbischof als dem vornehmsten Haupt und Glied des Erzbistums jedes geistliche und weltliche Mitglied des Landes unterworfen sei". Die Landstände schaltete der autoritäre Erzbischof einfach dadurch aus, dass er sie nach 1592 nicht mehr einberief, die Steuerausschreibungen in seinem Namen durchführen ließ und die Einhebung der Steuern 1597 an die Hofkammer übertrug.

Richtungweisende Reformen, die Wolf Dietrich bei den Zentralbehörden und in der Regionalverwaltung vornahm, zielten vor allem darauf ab, die Einkünfte des Erzbischofs zu steigern und seine enorme Bautätigkeit zu finanzieren. Zu nennen sind die Hofratsordnung 1588, die eigenhändig verfasste Hofstaatsordnung 1590 und die Hofkanzleiordnung 1592. Die Interessensvielfalt des Fürsten kommt in seiner Schulordnung 1603/04, in einer

Schrift über den Brückenbau und in der „biblischen Kriegsord-
nung", in der er seine Vorstellungen von einer effizienten Kriegsführung darlegte, zum Ausdruck. In der Regionalverwaltung beseitigte Wolf Dietrich die ständigen Streitigkeiten zwischen
Pflegern und Amtleuten durch die Zusammenlegung der Urbar-
und Gerichtsverwaltung in Form der Pflegämter. Damit verbunden waren auch erhebliche Personal- und Kosteneinsparungen.
Bisweilen überspannte der Fürst jedoch den Bogen; so führte die
drastische Erhöhung der Mautgebühren, besonders der Salzburger Stadtmaut, ab 1602 zu einem rückläufigen Handelsvolumen.
Im Zusammenhang mit der detaillierten Aufnahme des landesfürstlichen Besitzes in den „Stockurbaren" wurden eine Neuein-
schätzung der Güter und eine empfindliche Erhöhung der Abgaben vorgenommen. Als es deshalb zu Unruhen in Zell im Pinzgau
kam und eine Bittschrift öffentlich verlesen wurde, ließ Wolf
Dietrich nicht nur die Verfasser, sondern auch den verdienten
Pfleger von Kaprun, Kaspar Vogel, enthaupten. Schon die Zeitgenossen empfanden das als Justizmord, der Wolf Dietrich ebenso
wie sein langer und gehässig geführter Streit mit dem Bischof
Sebastian Cattaneo von Chiemsee viele Sympathien kostete.

Gegen die Protestanten ist Wolf Dietrich zunächst rigoros vorgegangen, zumal er sich nach einem Besuch bei Papst Sixtus V.
Hoffnungen auf die Kardinalswürde machte. Bereits im Sommer
1588 erging der Befehl, dass alle Personen, die sich nicht zum
katholischen Glauben bekannten, Stadt und Land verlassen
mussten. Während die Auswirkungen in den Gebirgsgauen zunächst gering blieben, verließen Mitglieder der einflussreichsten
Bürgerfamilien wie der Thenn, Geizkofler, Alt, Lasser, Praun, Un-
terholzer, Steinhauser, Klanner, Weiß und Zott die Hauptstadt
und wanderten entweder in protestantische Reichsstädte oder in
das benachbarte Österreich ob der Enns aus. Obwohl das Religi-
onsmandat 1593 erneuert wurde, kühlte sich der Reformeifer
Wolf Dietrichs bald ab, da die erhoffte Kardinalswürde ausblieb
und sein eigener Lebenswandel keineswegs als vorbildlich gelten
konnte. Er unterhielt eine Lebensgemeinschaft mit der schönen
Bürgerstochter Salome Alt, die ihm fünfzehn Kinder gebar. Wolf
Dietrich blieb ihr ein Leben lang treu, setzte bei Kaiser Rudolf II.
1609 die Erhebung Salomes und ihrer Kinder in den Adelsstand

durch und hielt sich selbst gerne in dem bescheidenen Schlösschen Altenau auf, das er am Standort des späteren Mirabellschlosses für seine Lebensgefährtin errichten ließ.

In die Salzburger Geschichte ist Wolf Dietrich als Schöpfer der barocken Residenzstadt eingegangen, der das spätmittelalterliche Salzburg mit seinen engen Gassen, ungepflegten Plätzen, schmalbrüstigen Bürgerhäusern und rückständigen hygienischen Verhältnissen zum „Deutschen Rom" umgestaltete. Wenn er aufgrund seines jähen Sturzes auch nur wenig vollenden konnte, so hat er doch mit dem Abriss von mehr als 50 Bürgerhäusern den erforderlichen Raum geschaffen und ein Konzept hinterlassen, das seine Nachfolger zum Abschluss führen konnten. Der Bau eines neuen Palastes zog sich durch die mehrfachen Umplanungen von 1588 bis 1602 hin. Nach der Fertigstellung wies der Neubau, auf den übrigens erst genau ein Jahrhundert danach (1701/02) das Glockenspiel als Wahrzeichen aufgesetzt wurde, derartige Mängel auf, dass Wolf Dietrich ihn nicht bezog, sondern stattdessen mit dem Umbau der Residenz begann. Der Brand des romanischen Domes 1598 führte ein Jahr später zu dessen Abbruch. Aber erst das Jahr 1604, als Wolf Dietrich den venezianischen Architekten Vincenzo Scamozzi mit der Planung des neuen Domes und der Erweiterung von Residenz und Neubau beauftragte, bedeutete eine echte Wende.

Der erste Entwurf für den Dom war so gigantisch, dass er nicht zur Ausführung kam. Die Verwirklichung von Scamozzis zweiter Planung, die einen Nord-Süd gerichteten Dom mit der Fassade zum Residenzplatz vorsah und 1611 in Angriff genommen wurde, scheiterte am Sturz des Erzbischofs. Auch die von Scamozzi geplante steinerne Salzachbrücke gedieh aus demselben Grund nicht über den ersten Pfeiler hinaus, und die im Umbau befindliche Residenz stellte beim Tod des Erzbischofs noch einen Torso dar. Erst vor wenigen Jahren hat die Aufdeckung der Sala Terrena mit ihren prachtvollen Deckenfresken im Stil des Manierismus und der zum Großteil erhaltenen Landkartengalerie nach vatikanischem Vorbild einen Einblick in die Qualität der unter Wolf Dietrich geschaffenen Bauten und Kunstwerke eröffnet. Insgesamt wurden mehr als 70 Bauvorhaben unter Wolf Dietrich begonnen und teilweise auch ausgeführt – verwiesen sei auf den

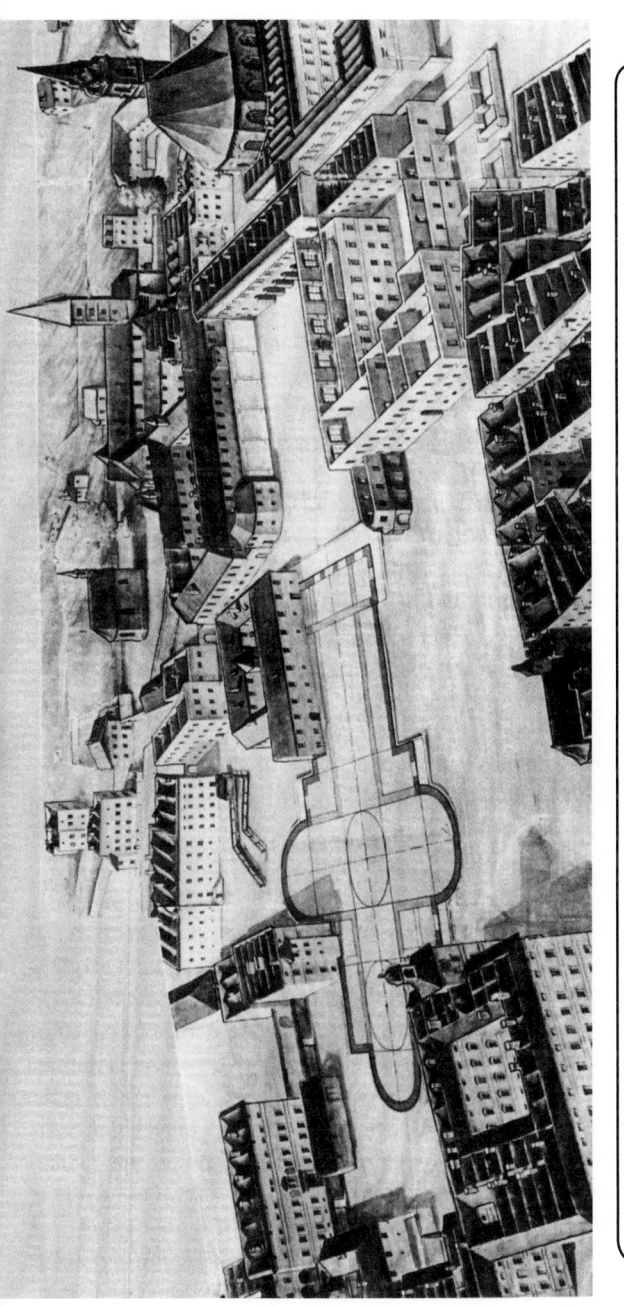

Grundriss des ersten von Vincenzo Scamozzi geplanten Domes, eingetragen in das Stadtbild der Zeit um 1607. Steckbild von Richard Schlegel, Privatbesitz Salzburg. Die Rekonstruktion zeigt links den Neubau in seiner ursprünglichen Form, in der Mitte das noch bestehende Domkloster an der Südseite des geplanten Domes und halbrechts die im Umbau befindliche Residenz.

Neubau des Franziskanerklosters und des Hofmarstalls, die Anlage der Hofstallgasse, den Hannibal-Garten beim Schlösschen Altenau und den Sebastiansfriedhof mit der Gabrielskapelle als Grabmal für den Erzbischof. Der Erzbischof scheute keine Kosten, um erstrangige Künstler wie die Goldschmiede Paulus von Vianen und Hans Karl an seinen Hof zu ziehen. Sie schufen aus dem von den Gasteiner Gewerken gelieferten Gold jene prachtvollen Gefäße, die später durch den Kurfürsten Ferdinand nach Florenz kamen und heute im Palazzo Pitti bewundert werden können. Trotz aller Sprunghaftigkeit Wolf Dietrichs hat sein gestalterischer Wille ihn zum Planer einer „idealen Stadt" mit fünf großen Plätzen werden lassen, deren Schönheit bis heute Besucher aus aller Welt in ihren Bann zieht.

Auch die Außenpolitik war von rasch wechselnden Vorstellungen geprägt. Unterstützte Wolf Dietrich zunächst als aufrechter deutscher Patriot mit allen Mitteln den Kampf gegen die Osmanen, so distanzierte er sich von Rudolf II., als seine Kritik an der kaiserlichen Kriegsführung sowie die von ihm vorgelegten Verbesserungsvorschläge kein Gehör fanden. Das Verhältnis zum benachbarten Bayern war getrübt, seit Herzog Wilhelm V. die Erhebung Wolf Dietrichs zum Kardinal verhindert hatte. Ein ständig wachsender Gegensatz ergab sich sodann zu Wilhelms Sohn, Herzog Maximilian I., der Wolf Dietrich vergeblich für die von ihm gegründete katholische Liga zu gewinnen suchte. Die Streitkeit um den Absatz des Halleiner Salzes auf dem Wasserweg, den Wolf Dietrich 1594 vertraglich an Bayern überlassen hatte, führte schließlich zum Krieg. Wolf Dietrich kündigte 1611 den Vertrag und ließ die kleine Fürstpropstei Berchtesgaden besetzen, um den Salzexport von dort nach Bayern zu unterbinden. Der Gegenschlag blieb nicht aus, doch noch bevor Herzog Maximilian siegreich in Salzburg einrückte, ergriff der entnervte Erzbischof am 23. Oktober 1611 die Flucht, wurde aber nur vier Tage später südlich des Katschberges, bereits auf Kärntner Gebiet, von bayerischen Soldaten gefangen genommen. Obwohl er am 7. März 1612 in aller Form auf seine Herrschaft verzichtete, wurde er nicht mehr freigelassen, sondern starb fünf Jahre danach, von der langen Haft zermürbt und von schweren epileptischen Anfällen geplagt, auf der Feste Hohensalzburg. Sein Vetter und Nachfolger Markus Sittikus, der aus Neid und

Erzaufbereitung mit Schwingsieb, Pochwerk und verschiedenen Waschanlagen.
Ölgemälde 18. Jh. nach Vorlagen aus dem 16. und 17. Jh.

Der angebliche Bauernrebell Matthias Stöckl, Ölgemälde, 17. Jahrhundert.

Höfische Szene (Begegnung des Erzbischofs Markus Sittikus mit Frau Katharina von Mabon?). Wandmalerei Arsenio Mascagni zugeschrieben, um 1615.

Die Fassade des von Santino Solari errichteten Salzburger Domes. Radierung und Kupferstich kombiniert von Karl Remshard nach Franz Anton Danreiter, um 1735.

Furcht zum strengsten Kerkermeister Wolf Dietrichs geworden war, ließ ihn mit großem Prunk in der Gabrielskapelle beisetzen. Sein tragisches Ende hat den Raitenauer ungeachtet mancher negativer Charakterzüge bis heute zum populärsten Salzburger Kirchenfürsten gemacht.

Markus Sittikus von Hohenems (1612–1619) orientierte sich trotz aller persönlichen Ressentiments am Vorbild seines Vetters. Auch er setzte sich über die Wahlkapitulation des Domkapitels hinweg und regierte als absoluter Fürst. Obwohl er Mandate gegen die lockeren Sitten der Geistlichkeit, gegen ausufernde Festivitäten, gegen Unzucht und außereheliche Verbindungen erließ, unterhielt er selbst ein Verhältnis mit der Offiziersgattin Katharina von Mabon und deren Schwester. Die Kapuziner, die Wolf Dietrich 1594 in die Stadt Salzburg geholt hatte, führten im Auftrag des Erzbischofs 1613–1617 eine große Generalvisitation durch, die ein trauriges Bild von der Situation des Pfarrklerus und der Seelsorge ergab. Das harte Vorgehen gegen die Protestanten, von denen viele das Land verlassen mussten, mäßigte Markus Sittikus notgedrungen nach dem Ausbruch des Dreißigjährigen Krieges. Auch die Neutralitätspolitik Wolf Dietrichs setzte er erfolgreich fort. Er konnte sich dem immer wieder geforderten Beitritt zur katholischen Liga entziehen und damit Salzburg vor den Kriegsgräueln bewahren. Nachdem Wolf Dietrichs Pläne zur Gründung einer Universität gescheitert waren, weil er mit den Jesuiten keine Einigung erzielt hatte, gelang Markus Sittikus in Zusammenarbeit mit den Benediktinern 1617 die Stiftung eines Gymnasiums, das eine rasche Blüte erlebte und bereits als Vorstufe einer künftigen Universität konzipiert war.

Für die Fortsetzung der von Wolf Dietrich begonnenen Bautätigkeit erwies sich die Berufung des Architekten Santino Solari aus Verna im Valle Intelvi nahe dem Comersee als ein Glücksgriff. Dieser hochbegabte und vielseitige Architekt hat als Hofbaumeister in den folgenden 34 Jahren das Antlitz der Stadt Salzburg geprägt. Er begann 1614 mit dem Bau eines neu konzipierten Domes, der sich am Vorbild der Jesuitenkirche Il Gesù in Rom orientierte, aber auch von der venezianischen Baukunst beeinflusst ist. Dieser Bau konnte 14 Jahre später, mitten im Dreißigjährigen Krieg, geweiht werden. Auch der Um- und Neubau der Residenz

Die Stadt Salzburg von Norden. Radierung und Kupferstich kombiniert von Matthäus Merian 1644; Deutlich treten die von Santino Solari geschaffenen Befestigungen des Stadtteils am rechten Salzachufer mit den mächtigen Bastionen hervor.

und der Bau des erzbischöflichen Lustschlosses Hellbrunn, das den Typ der Villa suburbana verkörpert, zählen zu seinen großen

Leistungen. Die kunstvollen Wasserspiele und die prachtvolle Gartengestaltung Hellbrunns orientieren sich am Vorbild der römischen Villen in Frascati und Tivoli. Markus Sittikus war aber auch ein großer Freund der Musik, der die erste Oper nördlich der Alpen aufführen ließ; wahrscheinlich wurde im Februar 1614 der „Orpheo" von Claudio Monteverdi in der Residenz gespielt. Doch nicht nur im neuen Hoftheater, sondern auch im Steintheater von Hellbrunn sowie auf Bühnen in der alten Dompropstei und im Kloster St. Peter fanden Aufführungen statt.

Paris Graf Lodron (1619–1653), der einem Welschtiroler Adelsgeschlecht entstammte, wurde zwei Jahre vor seinem Tod als „Vater des Vaterlandes" (*Pater patriae*) geehrt. Seiner klug abwägenden Politik gelang es, Salzburg in der schweren Zeit des Dreißigjährigen Krieges, die fast seine ganze Regierung ausfüllte, aus allen Kämpfen herauszuhalten und vor schweren Schäden zu bewahren. Die Neutralität des Landes war jedoch teuer erkauft. Allein in den Jahren 1637–1652 wurde die enorme Summe von 1.640.100 Gulden an das Reich entrichtet. Um die Haupt- und Residenzstadt vor der Einnahme durch fremde Truppen und vor Plünderung zu schützen, erhielt der Hofbaumeister Santino Solari den Auftrag zur Befestigung. In den Jahren 1620–1646 wurde Salzburg nach dem Vorbild der venezianischen Fortifikationstechnik zu einer fast uneinnehmbaren Festungsstadt umgebaut. Mauern und Schanzen sorgten für einen umfassenden Schutz, wobei besonders der offene Stadtteil am rechten Salzachufer durch mächtige Bastionen gesichert wurde. Davon ist nur ein bescheidener Rest im heutigen Zwerglgarten erhalten. Von den über dreißig kunstvoll gestalteten Stadttoren fiel ein Großteil der Spitzhacke zum Opfer, nachdem Kaiser Franz Joseph I. 1860 die Stadt als Festung aufgelassen hatte. An den erhaltenen Toren erinnert noch heute das Wappen Paris Lodrons, der Löwe mit dem „Brezelschweif", an die umfassende Bautätigkeit des Erzbischofs.

Auch die Festung Hohensalzburg wurde mit großen Bastionen ausgestattet und den Erfordernissen der neuzeitlichen Geschütztechnik angepasst. Das mächtige Giebeldach des hohen Stocks, bis dahin ein Wahrzeichen der Stadt, wurde durch ein Grabendach ersetzt, um die Feuergefahr zu verringern. Nahe dem Salzachufer am Gries wurde 1641 die „alte Türnitz" errichtet, angeblich die älteste Kaserne auf deutschem Boden. Insgesamt hat der Erzbischof über eine Million Gulden in die Befestigung der Hauptstadt investiert. Salzburg machte seinem Ruf als „wehrhafte Friedensinsel" auch alle Ehre. Kurfürst Maximilian I. von Bayern suchte 1632 samt seinem Schatz und seinem Archiv in Salzburg Zuflucht, auch das Gnadenbild von Altötting wurde hier in Sicherheit gebracht und in der Franziskanerkirche zur Verehrung aufgestellt. Maximilian allerdings, der auch das für ihn bittere Kriegsende in Salzburg erlebte, trat gleich nach dem Westfälischen Frieden 1648 mit enormen Geldforderungen an den Erzbischof auf. Durch kaiserliche Vermittlung wurde der Betrag auf 300.000 Gulden ermäßigt.

Die ungeheuren finanziellen Belastungen führten zum ständigen Ansteigen des Steuerdrucks. Wurden im frühen 16. Jahrhundert etwa 80.000 bis 100.000 Gulden jährlich eingenommen, so waren 1634 mehr als 330.000 Gulden allein an Steuern zu insgesamt vier Terminen zu entrichten. In den Jahren 1620–1650 erreichten

die gesamten Einkünfte des Erzbistums 7.813.645 Gulden. Um die Lasten der Militarisierung decken zu können, bedurfte Paris Lodron der Hilfe jener Landstände, die Wolf Dietrich drei Jahrzehnte zuvor entmachtet hatte. Ein 1620 einberufener Landtag führte gegen die Übernahme einer Schuldenlast von mehr als 635.000 Gulden und die Zusage neuer Steuern und Sonderabgaben durch die Stände zur „Wiedererrichtung" der Landschaft. Neue Steuern auf Fleisch und Getränke sowie eine Leibsteuer verschärften die wirtschaftliche Situation. Ein scharfer Preisauftrieb bei Nahrungsmitteln, der bald nach Kriegsausbruch einsetzte, führte außerdem zu einer Hungersnot. Durch die große Münzkrise der „Kipper- und Wipperzeit" hat die Bevölkerung etwa 87% ihres bescheidenen Barvermögens eingebüßt. Der Druck dieser Belastungen entlud sich 1645 im Zillertal und den angrenzenden Gebirgsgauen in Bauernunruhen, die Paris Lodron jedoch ohne Verhängung von Todesurteilen beilegen konnte. Trotz all dieser Schwierigkeiten war die Situation im neutralen Salzburg doch ungleich günstiger als im benachbarten Bayern, wo fast die Hälfte der Gesamtbevölkerung dem großen Krieg zum Opfer fiel.

Die Salzburger Universität trägt bis heute den Namen Paris Lodrons als ihres Gründers. Die Hochschule, deren feierliche Eröffnung 1622 stattfand, wurde – als Gegenpol zur Dominanz der Jesuiten an vielen Universitäten – durch eine Konföderation bayerischer, Salzburger und österreichischer Benediktinerabteien erhalten, die auch den Rektor und die Professoren stellten. Nach der Privilegierung durch Kaiser und Papst bestand die Universität aus einer Theologischen, einer Juridischen und einer Philosophischen Fakultät, die Errichtung der Medizinischen Fakultät gelang – obwohl dieses Fach zeitweise gelehrt wurde – erst 1804. Die Universitätsbauten mit der Aula Academica, die auch als Kirche und Theater für die Aufführungen der akademischen Jugend diente, wurden nach Plänen Santino Solaris bis 1631 im weitläufigen Areal des Frauengartens errichtet, die Universitätskirche (Kollegienkirche) erst 1700 durch Fischer von Erlach hinzugefügt. Die Universität erlebte, besonders nach ihrer Reform 1653, einen erstaunlichen Aufschwung, stand zeitweise hinter Wien und Leipzig an dritter Stelle unter allen deutschen Hochschulen und wurde bis 1810 von mehr als 30.000 Studenten besucht.

Die Weihe des von Solari errichteten Doms 1628 gestaltete sich mitten im Dreißigjährigen Krieg zu einem pompösen Fest, das von zahlreichen Fürsten besucht wurde. Der weitere Ausbau der Kathedrale jedoch wurde 1635 kriegsbedingt eingestellt und konnte erst 1651 fortgesetzt werden. Paris Lodron ließ darüber hinaus 1636 noch das Pestlazarett St. Rochus, das heute die Stieglbrauerei beherbergt, und für seine Familienangehörigen einen Primo- und Sekundogeniturpalast im Bereich Dreifaltigkeitsgasse-Mirabellplatz errichten. Die Trockenlegung des Schallmooses und des Itzlinger Moores, die bereits Wolf Dietrich geplant hatte, wurde 1632–1647 von protestantischen Facharbeitern aus den Niederlanden durchgeführt. Trotz dieser bedeutenden Leistungen konnte Paris Lodron nicht verhindern, dass die mit dem Dreißigjährigen Krieg einsetzende wirtschaftliche Rezession weiter fortschritt und zugleich mit dem Glanz der erzbischöflichen Bauten auch das Elend der Bevölkerung, speziell der gesellschaftlichen Randgruppen, zunahm.

Zwei Frauen in der Schandgeige auf dem Marktplatz von Zell am See. Lithographie von Brand, Mitte 19. Jahrhundert.

Auch die Nachfolger Paris Lodrons waren bestrebt, ihre Haupt- und Residenzstadt mit prunkvollen Barockbauten zu schmücken und sich selbst als Mäzenaten im Bereich der Musik und der Bildenden Kunst zu präsentieren. Angesichts der Belastung durch die hohen Beiträge zur Türkenabwehr und zu anderen Reichskriegen ging der äußere Glanz des Spätbarock aber zu Lasten der Bevölkerung, die langsam aber stetig verarmte. Erzbischof Guidobald Graf Thun (1654–1668), ein prunkliebender Fürst, war seit 1662 als „Prinzipalkommissär" der Vertreter des Kaisers auf dem „Immerwährenden Reichstag" in Regensburg und konnte 1665 Kaiser Leopold I. in Salzburg empfangen. Die kaiserliche Kanzlei verwendete für ihn ab 1666 den Titel *Primas Germaniae*, den die Salzburger Erzbischöfe seit der Säkularisierung des Erzbistums Magdeburg beanspruchten. In seinem Auftrag vollendete der Hofbaumeister Giovanni Antonio Dario als Nachfolger des 1646 verstorbenen Santino Solari mit dem Ausbau der beiden Türme und der Fassadengestaltung den barocken Dom und grenzte mit dem Bau der Dombögen den einheitlich gestalteten Domplatz vom Residenzplatz ab. Der Ausbau der Residenz wurde fortgeführt und der Residenzplatz mit dem prachtvollen Residenzbrunnen, den der Erzbischof nach römischem Vorbild gestalten ließ, geschmückt.

Erzbischof Max Gandolf Graf von Kuenburg (1668–1687), der so wie sein Vorgänger die Kardinalswürde erhielt, setzte die Ausgestaltung Salzburgs im Stil des italienischen Barock fort. Dario errichtete 1671–1673 die Wallfahrtskirche Maria Plain, die der Salzburger Universität zur Betreuung übertragen wurde, und der Münchner Hofbaumeister Gasparo Zugalli schuf die Kajetanerkirche mit dem Kloster sowie die Erhardkirche im Nonntal. Da man die Ankunft des hl. Rupert irrtümlich ins Jahr 582 setzte, wurde 1682 das 1100-Jahr-Jubiläum mit pompösen Feiern begangen. Heinrich Ignaz Franz Biber komponierte dafür die „Missa Salisburgensis", die mit insgesamt fünf Chören im Salzburger Dom aufgeführt wurde. An der unendlich langen Festprozession nahmen die Stadt mit 36 Zünften und Bruderschaften, aber auch die Universität mit Rektor und Professoren teil. In krassem Gegensatz zu diesem prunkvollen Feiern standen etliche Katastrophen, von denen das Land in diesen Jahren betroffen wurde. Bereits 1661 und 1662 hatten schwere Hochwässer Salzburg heimgesucht, 1663 richtete ein Orkan große Schäden in der Stadt an, und 1669 ertranken bei einem Schiffsunglück auf der Salzach 62 Wallfahrer vom Dürrnberg. Der verheerende Bergsturz vom Mönchsberg am 16. Juli 1669, der auf das Gstättenviertel niederging, forderte 220 Menschenleben. Seither helfen die am Mönchsberg tätigen „Bergputzer", eine neuerliche Katastrophe zu verhindern.

Johann Ernst Graf Thun (1687–1709) entmachtete das Domkapitel und wurde zum Vollender des fürstlichen Absolutismus. Seinen zahlreichen Bauten und besonders seinen Stiftungen für höhere Studien und das Schulwesen verdankte er den Beinamen „der Stifter". Als Bauherr brach Johann Ernst mit der italienischen Tradition, entließ den Hofbaumeister Zugalli und verpflichtete 1694 den kaiserlichen Hofarchitekten Johann Bernhard Fischer von Erlach. Dessen Kirchen- und Schlossbauten bilden den krönenden Abschluss in der Baugeschichte der Barockstadt. Fischer schuf das St. Johanns-Spital mit Kirche, das zugleich ein Zeichen für das soziale Engagement des Erzbischofs war, die Dreifaltigkeitskirche, die Ursulinenkirche und die Universitätskirche (Kollegienkirche), die mit ihrem ausschwingenden Mittelteil einen neuen Akzent in der abendländischen Baukunst setzte. 1707–1709 erbaute er das Lustschloss Kleßheim, das erst 1732 fertig ausgestaltet wurde und noch viel später, nämlich unter nationalsozialistischer Herrschaft 1940/41 Gartenparterre und Torbauten erhielt. Johann Ernst ließ auch die Residenz mit Deckengemälden ausstatten und auf dem Turm des Neugebäudes das von Melchior de Haze geschaffene Glockenspiel installieren. Dieses finanzierte der Erzbischof, ebenso wie seine sonstige Bautätigkeit und seine geistlichen Stiftungen, nicht aus angeblichen Gewinnen bei der Ostindischen Handelskompanie, sondern aus den Steuergeldern seiner Untertanen.

Für die Reichskriege gegen die Osmanen und gegen Frankreich hatte Salzburg große finanzielle Opfer gebracht. Im Spanischen Erbfolgekrieg (1701–1714) stellte das Erzbistum ein eigenes Regiment, das fast ein Jahrzehnt im Einsatz war. Erst unter Franz Anton Graf von Harrach (1709–1727) erlebte Salzburg wieder Jahre des Friedens und der inneren Ruhe. Der bescheidene Wohlstand des sinnenfreudigen Bürgertums brachte der Stadt damals den Spottnamen „Schmalzburg" ein. Anstelle Fischers berief der Erzbischof den moderneren Architekten Lukas von Hildebrandt, der die erzbischöflichen Gemächer in der Residenz ausstattete und als Hauptwerk Schloss und Garten Mirabell schuf; die einst prachtvolle Fassade des Schlosses mit dem Mittelturm ist leider dem Stadtbrand 1818 zum Opfer gefallen. Der Kranz von Schlössern und Gärten rund um die Hauptstadt wurde unter Leopold Anton Freiherr von Firmian (1727–1744) vollendet, der für seinen kunstsinnigen Neffen Laktanz am Ufer eines Weihers das Schloss Leopoldskron errichten ließ. Dennoch – die prachtvollen Bauten des Spätbarock konnten nicht darüber hinwegtäuschen, dass in der Zeit des Absolutismus die Bevölkerung streng überwacht und politisch bevormundet wurde. Für Menschen mit anderen Lebensformen war ebenso wenig Platz wie für jene, die anderen religiösen und politischen Vorstellungen anhingen. Die Ausweisung der Salzburger Protestanten 1731/32 war nur der traurige Höhepunkt einer Entwicklung, die schon Jahrhunderte vorher eingesetzt hatte.

Die Vorsorge für schwache, kranke und bedürftige Menschen galt bis weit in die Neuzeit als Aufgabe der Kirche. Während Aussätzige in Leprosenhäusern abgesondert wurden und mit dem Auftreten der großen Pestpandemien eigene Pestspitäler entstanden, waren die vom Erzbischof und den Klöstern seit dem 12. Jahrhundert eingerichteten Armenspitäler nur auf die zeitlich befristete Aufnahme und Betreuung von Pilgern, Armen und Kranken eingestellt. Das Bürgerspital St. Blasius, das Bruderhaus St. Sebastian und andere Stiftungen boten zwar vermögenden Bürgern die Möglichkeit, sich dort als „Pfründner" ihre Altersvorsorge zu sichern, Bedürftige wurden hingegen nur in geringer Zahl als Arbeitskräfte aufgenommen. Das starke Bevölkerungswachstum seit dem Ende des Mittelalters und die sich ständig verschlechternde Ernährungssituation ließen die Zahl der Obdachlosen, Armen und Kranken beständig ansteigen. Dazu kamen viele Bergleute, die durch den Niedergang des Montanwesens ihre Arbeit verloren hatten, und die Kinder von Keuschlern und fahrenden Handwerkern, die kein Zuhause hatten und weder Arbeit noch Brot fanden. In den Städten saßen oder lagen Vaganten, Bettler und Krüppel vor den Kirchenportalen, um Almosen zu erbitten, Hausierer und fahrende Händler boten ihre Waren in aufdringlicher Weise feil. Auf dem Land bildeten sich Banden von Bettlern und Landstreichern, von abgedankten Landsknechten und flüchtigen Aufrührern, aber auch von obdachlosen Jugendlichen, die keinen familiären Rückhalt besaßen. Die Bauern und ihre Familien fühlten sich durch die Vehemenz, mit der die wachsenden Bettlerscharen ihre Forderung nach Almosen vortrugen, gefährdet, besonders wenn zu geringe Gaben mit unverhohlenen Drohungen beantwortet wurden. Unglücksfälle bei Mensch und Tier wurden häufig auf den angedrohten „Schadenzauber" der Bettler und Vaganten zurückgeführt, woraus der Vorwurf der Hexerei resultierte. Die Obrigkeit wusste kein anderes Mittel der „Sozialdisziplinierung", als diese Vorwürfe aufzugreifen und mit drakonischen Strafen gegen das „fahrende Volk" vorzugehen.

Nach ersten Hinrichtungen im 16. Jahrhundert gab es jedoch in Salzburg fast ein Jahrhundert lang kein Todesurteil wegen Hexerei; da begann mit dem Zaubererjackl-Prozess eines der letzten und blutigsten Verfahren in Europa. Aufgrund von Opferstockdiebstählen im Pfleggericht Golling wurde 1675 Barbara Koller, die Witwe eines Abdeckers (Schinders) gefangen genommen, nach Salzburg überstellt, dort unter reichlicher Anwendung der Folter als Hexe überführt, erdrosselt und verbrannt. Ihr Sohn Jakob, allgemein Schinderjackl genannt und später als Zaubererjackl bekannt, konnte sich der Festnahme entziehen, obwohl man 600 Gulden für seine Ergreifung aussetzte. Zwei Jahre später kam mit der Verhaftung von vier Buben, die der Bande des Zaubererjackl angehört hatten, eine ungeheure Lawine ins Rollen. Um ihr eigenes Leben zu retten, denunzierten die Knaben immer neue Personen als Hexen und Zauberer. Im Rahmen des Prozessverfahrens, das in den Jahren 1678–1681 seinen Höhepunkt erreichte, wurde gegen 198 Personen aller Altersstufen Anklage erhoben. Von ihnen wurden 133 hingerichtet, sechs starben im Gefängnis oder beim Transport, einige konnten sich durch Flucht retten. Selbst Kinder im Alter von zehn Jahren wurden enthauptet oder erdrosselt, darunter auch die jugendlichen Denunzianten; nur wer jünger war, hatte Aussicht auf Begnadigung. Die mehrfache Anwendung der Folter hat nur ein einziger blinder Bettler aus Krain ohne Geständnis ertragen.

Den Angeklagten wurden Teufelsbündnis, Teufelsbuhlschaft, Hexentanz, Nachtflug, Schadenzauber an Mensch und Vieh, Wetterzauber, Werwolfzauber, Zauberkunststücke aller Art, Hostienfrevel und viele andere Delikte vorgeworfen. Die Verfolgung richtete sich ausschließlich gegen randständige Bevölkerungsgruppen, die in die ständische Gesellschaft nicht mehr integrierbar waren. Anschuldigungen gegen Geistliche, Vertreter der Obrigkeit oder gesellschaftlich Höhergestellte wurde hingegen nicht nachgegangen. Für den Prozess wurden in Salzburg zusätzliche „Keuchen", darunter auch der Hexenturm, geschaffen, in denen man die Angeklagten unter erschütternden Bedingungen gefangen hielt. Die zum Feuertod Verurteilten wurden meist erdrosselt und dann den Flammen übergeben. Anstelle der Enthauptung durch das Schwert ließ Erzbischof Max Gandolf 1678 ein Fallbeil konstruieren, das als mildeste Hinrichtungsart nur bei Verurteilten unter 14 Jahren zum Einsatz kam. Etwa 70% der in diesem „Hexenprozess" Hingerichteten waren Knaben und junge Männer, hinter der gesamten Aktion stand die Absicht, das Bandenwesen und das unkontrollierbare Bettelvolk soweit wie möglich zu dezimieren. Der Prozess endete schließlich nicht, weil es keine Verdächtigen mehr gab, sondern weil die Kosten für die Fortführung zu hoch wurden.

Auch später ist es, besonders im Lungau, noch zu Anklagen und Hinrichtungen wegen Hexerei gekommen, so nach der „Ramingsteiner Bettlerhochzeit" 1688/89, als neun randständige Personen einen Scherz, der zu einer „schwarzen Hochzeit" umgedeutet wurde, mit dem Leben bezahlten. Die Unduldsamkeit der erzbischöflichen Politik äußerte sich zur selben Zeit in der gewaltsamen Vertreibung protestantischer Bergknappen vom Dürrnberg und in den scharfen Mandaten gegen Zigeuner, die mit Galeerenstrafe und bei erneutem Aufenthalt in Salzburg mit der Hinrichtung bedroht wurden. Obwohl die Hexenprozesse nach 1700 seltener wurden, fand noch am 6. Oktober 1750 in Salzburg die letzte Hinrichtung einer Hexe auf dem Boden des heutigen Österreich statt. Auf der Richtstätte beim heutigen Kommunalfriedhof wurde ein sechzehnjähriges Kindermädchen aus Mühldorf am Inn, Maria Pauerin, die besondere Fähigkeiten als Medium besaß, enthauptet.

Auf religiösem Gebiet war man gegen alle Formen der Ketzerei, so auch gegen die Wiedertäufer, erbarmungslos vorgegangen. Das protestantische Bürgertum hatte bereits im frühen 17. Jahrhundert die Stadt verlassen; im Land vor dem Gebirge, das gut überwacht werden konnte, spielte der evangelische Glaube keine größere Rolle mehr. Anders verhielt es sich in den unzugänglichen Gebirgsgauen, wo wiederholte Visitationen Anzeichen für einen verbreiteten Kryptoprotestantismus ergaben. Etwa 600 evangelische Bauern des Defereggentales an der Südgrenze der Salzburger Herrschaft Windischmatrei, die sich der Missionierung durch Kapuziner widersetzten, wurden 1684 vertrieben, und 1686–1691 emigrierten ca. 70 protestantische Bergknappen vom Dürrnberg. Eine entscheidende Änderung trat jedoch ein, als Erzbischof Leopold Anton Graf Firmian 1728 die Jesuiten ins Land rief und ihnen die Aufgabe der Rekatholisierung übertrug. Das harte Vorgehen

„Salzleckertisch". Tischplatte, bemalt in der zweiten Hälfte des 18. Jahrhunderts, Rathaus Schwarzach. Die Darstellung erinnert an die Geheimversammlung der Salzburger Protestanten am 13. Juli 1731 in Schwarzach, an deren Ende die Teilnehmer ihren Beschluss, sich offen zum Protestantismus zu bekennen, durch das Eintauchen der Finger in ein Salzfass und das Ablecken des Salzes bekräftigten.

der Missionare stieß in den Gebirgsgauen auf heftigen Widerstand und machte die große Zahl der Protestanten offenbar, die sich nun immer freimütiger zu ihrem Glauben bekannten. Nicht weniger als 19.000 Personen unterzeichneten eine Bittschrift, die am 16. Juni 1731 dem *Corpus Evangelicorum*, der Vertretung der protestantischen Reichsstände in Regensburg, überreicht wurde.

Während die Salzburger Protestanten auf die Unterstützung durch ihre Glaubensgenossen im Reich vertrauten, bildete der Erzbischof eine „geheime Religionsdeputation" unter der Leitung des Hofkanzlers Antonio Cristani di Rallo zur Wiederherstellung der Glaubenseinheit. Mit der Veröffentlichung des Emigrationspatents vom 31. Oktober 1731 gab der Erzbischof vor, dem Wunsch nach Auswanderung zu entsprechen. Durch ihr aufwieglerisches Verhalten hätten die protestantischen Bauern jedoch als „Rebellen" die dreijährige Vorbereitungszeit für ihre Emigration, die in den Bestimmungen des Westfälischen Friedens vorgesehen war, verwirkt. Deshalb sollten die „unangesessenen" Knechte und Mägde innerhalb von acht Tagen das Land verlassen, den „angesessenen" Bürgern und Bauern wurde aus besonderer Gnade eine Abzugsfrist von ein bis drei Monaten gewährt. Die Hoffnung der Protestanten auf Hilfe durch das *Corpus Evangelicorum* erfüllte sich nicht. Knechte und Mägde mussten ab dem 24. November 1731, mitten im einsetzenden Winter, die Heimat verlassen und dann in größter Kälte bis zum Jahresende an den Grenzen ausharren, da Bayern und Österreich vorher keinen Durchzug gewährten. Das weitere Schicksal der ca. 5000 „Unangesessenen", die sich vor allem in protestantischen Reichsstädten niederließen, ist kaum erforscht.

146

Großes Aufsehen erregte hingegen die Emigration der Bauern und der wenigen Bürger aus den Gebirgsgauen im Sommer 1732. Am stärksten betroffen waren das Pfleggericht Werfen und der gesamte Pongau. König Friedrich Wilhelm I. von Preußen gewährte dem Großteil der Salzburger Protestanten Aufnahme in Ostpreußen, vor allem im Regierungsbezirk Gumbinnen, für den er dringend Kolonisten benötigte. Die Bedingungen waren jedoch viel härter, als es die Emigranten erwartet hatten; die erhoffte geschlossene Ansiedlung blieb ihnen verwehrt. Eine kleine Gruppe von Salzburger Emigranten wagte sogar den Sprung in die Neue Welt nach Süd-Carolina, wo sie im Gebiet der Uchee-Indianer die Ortschaft Ebenezer gründeten. Das schwerste Schicksal hatten jene 780 protestantischen Bergleute vom Dürrnberg zu erdulden, die sich 1732 für die Auswanderung auf die Halbinsel Cadzand an der niederländischen Küste entschieden hatten. Da für ihre Ankunft kaum vorgesorgt war, fiel ein Großteil der Exulanten Epidemien und Hungersnöten zum Opfer; der Rest verließ die Niederlande und siedelte sich in verschiedenen deutschen Reichsstädten an.

Das Land Salzburg verlor mit der Ausweisung von 22.000 Bauern fast ein Fünftel seiner Gesamtbevölkerung. Obwohl die Wieder-

Maria Steinbacherin aus Werffen

Nunmehr erkenne ich, wie weh den Säugern sey,
wann sie mit Säuglingen die Flucht ergreiffen müßen.
doch ich trag Wieg u: Kind, den Gottes Huld u: Treü
läßt mir auf meiner Reiß sehr reichen Trost zufließen.

Die Emigrantin Maria Steinbacherin aus Werfen mit ihren Kindern. Kupferstich,
Nürnberg 1732.

besiedlung der entvölkerten Gebiete, besonders des Pongaus,
rasch voranschritt, war die Wirtschaftskraft des Landes empfindlich getroffen. Weder für die aufrechten Bauernfamilien und das
Gesinde, die für ihren Glauben die Heimat geopfert hatten, noch

für die Knappen vom Dürrnberg stand ein gleichwertiger Ersatz zur Verfügung. Dank preußischer Unterstützung schritt die Verkaufsabwicklung für die Emigrantenhöfe zwar rasch voran, die gegenreformatorischen Maßnahmen und die strenge Überwachung der Bevölkerung wurden jedoch weiter verschärft. Denunzianten wurden mit Geld belohnt, Briefe von auswärts streng zensuriert und der Buchhandel beinahe lahmgelegt. Erzbischof Leopold Anton erhielt statt der Würde eines Ehrenkardinals, die er sich vom Papst erhofft hatte, nur den Titel „Excelsus"; der Hofkanzler Cristani di Rallo hingegen wurde vom Papst, vom Kaiser und sogar vom König von Preußen mit Ehren überhäuft und hat noch fünfzehn Jahre lang die Salzburger Politik gelenkt. Geheime Evangelische wurden auch weiterhin – besonders im Gasteinertal 1733–1750 – verfolgt und ausgewiesen. Nur in dem unter Salzburger Herrschaft stehenden Zillertal konnte sich eine größere Gruppe von Kryptoprotestanten dank ihrer perfekten Tarnung behaupten. Erst nach dem Übergang des gesamten Zillertals an Tirol traten die Lutheraner im Vertrauen auf das Toleranzpatent Kaiser Josefs II. (1781) an die Öffentlichkeit. Da ihr Gesuch um eine eigene evangelische Gemeinde von Kaiser Ferdinand I. 1837 abgelehnt wurde, weil dieser die Ruhe, Einigkeit und Ordnung im katholischen Tirol erhalten wollte, verließen 416 „Inklinanten" das Zillertal und zogen nach Schlesien, wo sie in der Herrschaft Erdmannsdorf am Fuß des Riesengebirges eine neue Heimat fanden. Es war die letzte ausschließlich aus Glaubensgründen erfolgte Vertreibung auf europäischem Boden! Sowohl die Zillertaler als auch die Salzburger Protestanten verloren 1945 auch ihre zweite Heimat. Viele Nachkommen der Emigranten haben sich seither im „Salzburger Verein" mit Sitz in Bielefeld zusammengeschlossen, der die Verbindung nach Salzburg aufrechterhält.

Noch bevor die Auswirkungen der Protestantenemigration abge-
klungen waren, wurde Salzburg nach dem Tod Kaiser Karls VI.
1740 in den Österreichischen Erbfolgekrieg verwickelt. Vergeblich suchte Erzbischof Leopold Anton die Neutralität zu wahren:
sie wurde weder von den Bayern, deren Kurfürst Karl Albrecht
1742 als Karl VII. zum Kaiser gekrönt wurde, noch von den Öster-
reichern respektiert. Truppen beider Kriegsparteien durchzogen
plündernd das Land und erpressten ihre Einquartierung und Ver-
pflegung. Die Regierung musste sich darauf beschränken, die
Haupt- und Residenzstadt durch zusätzliche Befestigungen und
die Anwerbung von Truppen zu sichern. Die hohen Kosten, die
dem Land in diesen Kriegsjahren erwuchsen, verschlechterten die
finanzielle Situation weiter. Der damals aufgetauchte Plan, Salzburg und die süddeutschen Bistümer zu säkularisieren und unter
Einschluss der Reichsstädte an Karl VII. zu übertragen, stieß nicht

Schloss Hof, Gebäude in einer Vogelschau. Stich nach J. A. Delsenbach um 1725

nur bei den Habsburgern, sondern auch beim Papst auf energischen Widerstand.

Als Erzbischof Leopold Anton in dieser schwierigen Situation starb, wurde in einem gezielten Zusammenspiel des Hofkanzlers Cristani mit dem österreichischen General Bärnklau erstmals die Neutralität Salzburgs aufgegeben, zwei österreichische Bataillone wurden in die Stadt eingelassen und hier dem regierenden Domkapitel unterstellt. Den freundlichen, aber einfältigen Erzbischof Siegmund Christoph Graf Schrattenbach (1753–1771) hat man wegen seines Bemühens um Popularität als gütiger Landesvater und seiner besonderen Kinderliebe in zahlreichen Reimen und Knittelversen verspottet. Seine übertriebene Frömmigkeit stieß bei aufgeklärten Zeitgenossen ebenso auf heftige Kritik wie seine konservative Sittengesetzgebung. In der Hauptstadt ließ er ein allgemeines Zucht- und Arbeitshaus einrichten, dessen Portal die Aufschrift „meide oder leide" (abstine aut sustine) trug. Obwohl armen Leuten wie Dienstboten, Gehilfen und Lohnarbeitern, aber auch einem guten Teil der Handwerker keine Heiratserlaubnis erteilt wurde, ahndete die Obrigkeit den außerehelichen Geschlechtsverkehr und die Zeugung lediger Kinder mit drakonischen Strafen. Aber auch die Zucht- und Schulordnung des Erzbischofs, die Tanzordnung und die Verfügung, bei den Abschlussfeiern der Universität die Theatervorstellungen getrennt für männliches und weibliches Publikum zu halten, illustrieren die ultrakonservative Haltung Schrattenbachs.

Der Siebenjährige Krieg (1756–1763), der zwischen Preußen und Österreich um Schlesien geführt wurde, verschärfte erneut die Finanznöte. Salzburg musste nicht nur ein eigenes Truppenkontingent besolden, sondern auch hohe Zahlungen an Maria Theresia leisten. Zur Deckung dieser Kosten wurden neue Steuern auf Getränke und auf Häuser sowie eine Kopfsteuer eingehoben. Die hohen Aufwendungen für die Hofhaltung des Erzbischofs und dessen sorgloser, bisweilen schlampiger Umgang mit den Finanzen stießen deshalb auf heftige Kritik. Mit Bayern kam es um den Absatz des Halleiner Salzes zu langwierigen Auseinandersetzungen, die in einer umfangreichen verfassungsgeschichtlichen Kontroverse und ausführlichen wissenschaftlichen Streitschriften ihren Niederschlag fanden. Angesichts der großen Getreidekrise, die

1770–1772 ganz Mitteleuropa erfasste, schien auch Salzburg von jener Hungersnot bedroht, die damals Bayern, Böhmen, Schlesien und Mähren heimsuchte. In dieser Situation wurden der Stadt nicht nur von der Landschaft, sondern auch von etlichen reichen Bürgern zinsenlose Darlehen zur Verfügung gestellt.

Der Bürgermeister und Handelsmann Sigmund Haffner d. Ä. streckte damals 200.000 Gulden aus seinem Privatvermögen vor. Die Karriere dieses Mannes zeigt, dass man in Salzburg auch in der krisengeschüttelten Zeit des 18. Jahrhunderts Reichtum und Ansehen erwerben konnte. Der gebürtige Tiroler hatte in das Salzburger Handelshaus Laimprucher eingeheiratet, war 1733 zum Bürger und Faktor aufgenommen worden und erwarb dank seines Geschäftssinns und seiner Energie ein riesiges Vermögen. Er bekleidete 1768–1772 das Amt des Bürgermeisters und durfte zeitweise sogar Münzen prägen. Sein Sohn Sigmund Haffner d. J. überließ nach dem Tod des Vaters die Führung des Handelshauses seinem Schwager Anton Triendl. Leopold Mozart ereiferte sich heftig über die Liebesaffäre zwischen dem jungen Haffner und einer Köchin, der Tochter eines Bierbrauers aus Uttendorf. Nach dem von der Verwandtschaft durchgesetzten Verzicht auf seine geplante Heirat blieb Haffner zeitlebens Junggeselle. Zur Hochzeit seiner Lieblingsschwester Maria Elisabeth mit dem Handelsfaktor Franz Xaver Späth gab er 1776 bei Wolfgang Amadeus Mozart die Haffner-Serenade in Auftrag, und aus Anlass von Sigmunds Erhebung in den Adelsstand zum „Edlen von Imbachhausen" komponierte Mozart 1782 innerhalb von 14 Tagen die Haffner-Symphonie. Durch sein Testament, in dem er 396.000 Gulden für sozial-karitative Zwecke stiftete, wurde Haffner zum „Tröster der Witwen, Vater der Waisen, Retter der Bedrängten, Helfer der Notleidenden ...", während sein Schwager und Erbe, Anton Triendl, die Zurechnungsfähigkeit des Verstorbenen bezweifelte. Die Familien Haffner und Triendl standen an der Spitze eines halben Dutzends wohlhabender Händler und Faktoren, die kraft ihres Vermögens auch das politische Schicksal der Landeshauptstadt bestimmten.

An Erzbischof Siegmund Schrattenbach erinnern von ihm in Auftrag gegebene Bauten und Skulpturen, darunter die von Johann Baptist Hagenauer geschaffene Marienstatue auf dem Domplatz als Ausdruck seiner besonderen Marienverehrung. Um

152

eine Verbindung mit dem Stadtteil Riedenburg zu ermöglichen, wurde 1763–1765 das Neutor durch den Mönchsberg geschlagen und mit aufwendigen Portalbauten versehen. Trotz der den Erzbischof preisenden Inschrift konnte sich der Name Siegmundstor dafür nicht durchsetzen, und auch der Name Siegmundsplatz musste in jüngster Zeit dem Namen des Dirigenten Herbert von Karajan weichen. Zum Nachfolger Schrattenbachs wurde dank der überlegenen österreichischen Diplomatie der Fürstbischof von Gurk, Hieronymus Graf Colloredo (1772–1803/1812), gewählt. Er war ein führender Vertreter der Aufklärung, der nicht einfach das Beispiel Kaiser Josefs II. imitierte, sondern auch Anregungen aus Bayern, Franken, dem Rheingebiet und Italien aufgriff. Seine Absicht war die Schaffung eines geistlichen Musterlandes im Reich, eines Zentrums der Aufklärung im katholischen deutschen Sprach- und Kulturraum. Sein Programm, das er durch umfassende Reformen zu verwirklichen suchte, hat er in seinem Wahlspruch „glücklich ist eine vorausblickende Regierung" (*Providum imperium felix*) zum Ausdruck gebracht. Der Hirtenbrief vom 29. Juni 1782, den Colloredo anlässlich des 1200-Jahr-Jubiläums der vermeintlichen Ankunft des hl. Rupert gemeinsam mit seinem Studienfreund Dr. Johann Michael Bönike verfasste, stellte ein umfassendes, durchaus eigenständiges Programm der katholischen Aufklärung dar.

Das gute Verhältnis Colloredos zu Josef II., der am 31. Juli 1777 „inkognito" nach Salzburg kam, wurde durch die sprunghafte und bisweilen rücksichtslose Politik des Kaisers beeinträchtigt. Colloredo musste einen Großteil des Salzburger Diözesangebietes an die von Josef errichteten Landesbistümer Graz und Klagenfurt sowie an das kurzlebige Bistum Leoben abtreten, vermochte aber die Metropolitanrechte über diese Diözesen zu wahren und die geplante Errichtung eines innerösterreichischen Erzbistums in Graz abzuwehren. Dem bayerisch-belgischen Tauschprojekt, das eine Versetzung Colloredos samt dem Domkapitel an das Erzbistum Lüttich vorsah, um Josef II. im Tausch gegen die österreichischen Niederlande (Belgien) nicht nur Bayern sondern auch Salzburg zu sichern, hat sich der Erzbischof vehement und erfolgreich widersetzt. Unter den geistlichen Reichsfürsten vermochte sich Colloredo eine angesehene Position zu sichern, da er sich als treibende

153

Kraft der episkopalistisch-nationalkirchlichen Bewegung in
Deutschland gegen jede Bevormundung durch den Papst wandte.
Das Bündnis der vier deutschen Erzbischöfe 1786 und die im selben Jahr verabschiedeten „Emser Punktationen" markierten den
größten Erfolg in Colloredos kirchenpolitischen Bemühungen.

In deutlichem Gegensatz zur sprichwörtlichen Sparsamkeit, ja
zum Geiz des Erzbischofs stand seine Vorliebe für Ballveranstal-
tungen, Redouten, Theater, Gastmähler und Schlittenfahrten. Der
Vorwurf, dass er im Vergleich zu seinem Vorgänger Schrattenbach
Musik und schöne Künste vernachlässigt habe, ist unrichtig. Colloredos besondere Vorliebe galt zwar dem Theater, der Erzbischof
selbst war aber ein guter Violinspieler, der Kompositionsaufträge
vergab und für ein reiches Programm an Serenaden, Konzerten,
Opern und Liederabenden sorgte. Den Höhepunkt des Salzburger
Musikschaffens verkörperten damals Johann Michael Haydn, der
seit 1763 in Salzburg wirkte, der aus Augsburg stammende Leopold Mozart und dessen großer Sohn Wolfgang Amadeus.

154

Colloredo beförderte nach dem Tod Schrattenbachs den jungen
Mozart zum besoldeten Hofkapellmeister und gab ihm Gelegenheit zu einer ausgedehnten Konzertreise nach Italien (1771/72).
Da Wolfgang Amadeus in den folgenden Jahren seine Arbeit als
Hofbediensteter immer stärker als Belastung empfand, kündigte
er, als ein neuerlicher Reiseurlaub vom Erzbischof abgelehnt
wurde. Nachdem sich der erhoffte Erfolg weder in Deutschland
noch in Paris einstellte, kehrte Mozart nach Salzburg zurück und
wurde dank der Fürsprache seines Vaters als Hoforganist erneut
eingestellt. Die ausgeprägte Sparsamkeit, ja Kleinlichkeit Colloredos veranlasste Mozart, in bitteren Worten vom Salzburger
„bettl-hof" zu sprechen, wo nach seiner Meinung die Hofmusik
nur aus „liederlichen, versoffenen" und künstlerisch desinteres-
sierten Musikern bestand. Als Mozart auch am Münchner Hof,
in dessen Auftrag er die Oper „Idomeneo" komponiert hatte,
keine Anstellung fand, reiste er im März 1781 direkt nach Wien.
Am 9. Mai reichte er sein Entlassungsgesuch aus erzbischöflichen Diensten ein, am 8. Juni wurde die endgültige Trennung
durch den berühmten Fußtritt des Oberstküchenmeisters Karl
Joseph Graf Arco besiegelt. Ein letzter Aufenthalt, den der jung
vermählte Wolfgang Amadeus mit seiner Frau Konstanze im Kreis

alter Freunde 1783 in Salzburg verbrachte, hat dann den endgültigen Abschied von seiner Vaterstadt doch noch versöhnlich gestaltet. Neben der Musik und dem Theater, das vor allem an der Benediktineruniversität gepflegt wurde, blühten in diesen letzten Jahren der geistlichen Herrschaft auch Literatur und Wissenschaft. So gab der Weltpriester Lorenz Hübner, der 1783 aus München nach Salzburg kam, eine Reihe von Zeitschriften heraus, darunter ab 1788 die *Oberdeutsche allgemeine Litteraturzeitung*. Als Autor ist Hübner durch seine Beschreibung der Stadt und des Landes Salzburg in fünf Bänden hervorgetreten. Der Pädagoge Franz Michael Vierthaler hat sich als Reformer des Salzburger Schulwesens und Gründer der Lehrerbildungsanstalt hervorgetan, und im Bereich der Naturwissenschaften fanden der Hofkammerdirektor Karl Ehrenbert von Moll, dessen hervorragende Bibliothek auch Alexander von Humboldt rühmte, und der Mineraloge und Montanist Caspar M. B. Schroll internationale Beachtung. Der aus Mainz stammende Leibarzt Colloredos, Dr. Johann Jakob Hartenkeil, erwarb sich als Lehrer an der Universität, Reformer des Medizinalwesens und Gründer der Hebammenschule große Verdienste.

In krassem Gegensatz zur Bewunderung, die Colloredo von den führenden Vertretern der Aufklärung entgegengebracht wurde, stand die Ablehnung, ja sogar der Hass, den die einfache Bevölkerung gegen ihren Landesfürsten empfand. Gründe dafür waren einerseits die totale Bevormundung durch immer detailliertere Gesetze, Verordnungen und Vorschriften, andererseits die Rücksichtslosigkeit, mit der sich Colloredo über die verschiedensten Formen der Volksfrömmigkeit, über die Freude an religiösem Brauchtum und an aufwendig gefeierten Festen hinwegsetzte. Die Feiertage wurden reduziert, Passionsdarstellung und Passionsspiele, Wallfahrten und der Osterritt untersagt, Fronleichnamsprozessionen eingeschränkt, Wetterläuten und Wetterschießen, die Weihe von Kräutern und Speisen, die Darstellung der Himmelfahrt Christi und die Heilig-Geist-Tauben wurden abgeschafft, ebenso die Weihnachtskrippen und die Heilig-Grab-Spiele; bei Gottesdiensten war jede Instrumentalmusik verboten und nur mehr deutscher Kirchengesang erlaubt. Auch das Handwerksbrauchtum wurde empfindlich eingeschränkt und den Bru-

derschaften und Zünften die Teilnahme an der Fronleichnams-
prozession untersagt.

Dazu kam, dass der Erzbischof trotz zahlreicher Maßnahmen im
Geist der Aufklärung die Armutsproblematik mit der ständig steigenden Zahl von Bettlern, Landstreichern und Arbeitslosen nicht
in den Griff bekommen konnte. Das Arbeitshaus in Salzburg war
überfüllt und baulich herabgekommen, und alle Versuche, durch
„freiwillige Arbeitsleistungen" die gesunden Bettler und Arbeitslosen zu disziplinieren, scheiterten. Man bekämpfte eben nur die
Auswirkungen der Arbeitslosigkeit, aber nicht deren Ursachen.
Zur Verarmung von Stadt und Land trug die verfehlte Finanzpolitik Colloredos wesentlich bei. Der sparsame Erzbischof konnte zunächst dank kräftiger Steuererhöhungen und neuer Belastungen
die hohen Schulden seines Vorgängers Siegmund rasch tilgen.
Den Grundsätzen einer damals modernen Wirtschaftspolitik entsprechend legte Colloredo nicht nur sein eigenes Vermögen und
staatliche Gelder, sondern auch die Kapitalien der Stiftungen und
Fonds zinsbringend bei der Wiener Stadtbank an. Damit wurden
jedoch außerordentlich hohe Summen nicht für Investitionen im
Land verwendet, sondern der heimischen Wirtschaft entzogen
und ins Ausland transferiert. Es war eine besondere Tragik, dass
mit der Krise und dem Konkurs der Wiener Bank diese Gelder verloren gingen und sich damit die durch den Krieg äußerst ange-
spannte Finanzlage Salzburgs weiter verschärfte.

Dabei schien beim Ausbruch der Kriege gegen das revolutionäre
Frankreich 1792 die Situation in Salzburg noch relativ günstig.
Als sich aber 1796 eine Bedrohung der Hauptstadt durch französische Truppen abzeichnete, dachte Colloredo an Flucht und rief
bei der Bevölkerung durch große Geldsummen, die er als „Flucht-
geld" mitnehmen wollte, Empörung hervor. Salzburg entging
zwar damals und auch im folgenden Jahr der Besetzung, aber in
einem Geheimartikel des Friedens von Campo Formio, den Kaiser
Franz II. 1797 mit der Republik Frankreich schloss, war vorgesehen, dass Salzburg säkularisiert und an die Habsburger übergeben werden sollte, um diese für die Verluste in Italien zu ent-
schädigen. Die österreichischen Truppen erlitten bei Hohenlinden
am 3. Dezember und auf dem Walserfeld vom 12. bis 14. Dezember 1800 schwere Niederlagen. Da Colloredo vom französischen

Erzbischof Hieronymus Graf Colloredo, Öl auf Leinwand von Franz Xaver König, 1772

Familie Mozart. Ölgemälde von Johann Nepomuk Della Croce, 1780/81. Das Bild zeigt Nannerl und Wolfgang Amadeus Mozart am Klavier, in der Mitte das Portrait der kurz zuvor verstorbenen Mutter Anna Maria und rechts Vater Leopold Mozart mit Geige.

General Moreau keine Neutralitätszusage erreichen konnte, bestieg er am 10. Dezember mit seinem Kammerdiener eine schlich-
te Postkutsche und reiste über die Steiermark nach Wien und
weiter nach Brünn ins Exil. Die von ihm eingesetzte Statthalte-
rei-Regierung unter dem Fürstbischof von Chiemsee, Siegmund
Christoph Graf von Zeil-Trauchburg, war in der Folge nicht nur
mit der Besetzung Salzburgs durch französische Truppen, sondern auch mit der enormen Forderung von sechs Millionen Livres
(ca. 2,75 Millionen Gulden) an Kriegskontributionen konfrontiert. Obwohl die Summe später ermäßigt wurde, verursachte die
Zeit der französischen Besetzung Gesamtkosten in der kaum vor-
stellbaren Höhe von mehr als sechs Millionen Gulden. Zugleich
setzte in Salzburg ein Kunstraub großen Stils durch französische
Generäle und Offiziere ein, der später durch Österreicher und
Bayern in ähnlichem Umfang fortgeführt wurde. Darauf ist die
traurige Tatsache zurückzuführen, dass von den großartigen
Kunstwerken, die seit dem Frühmittelalter in Salzburg entstanden waren, nur bescheidene Reste im Land verblieben sind.

159

Colloredo, der auch von seinem fernen Exil aus die Zügel der
geistlichen und weltlichen Herrschaft fest in der Hand hielt, hatte für die Arbeit seiner Statthalter nur Kritik übrig und scheute
sich nicht, in dieser tristen Situation für sich viel Geld aus dem
verarmten Land zu ziehen. Doch trotz aller Verhandlungen gelang es ihm nicht, die Säkularisation Salzburgs zu verhindern,
galten doch die geistlichen Fürstentümer in Deutschland seit
langem als überholte Staatsformen, die keine Existenzberechti-
gung mehr besaßen. Auch in Salzburg hatte sich nicht nur in
den Städten, sondern auch unter der bäuerlichen Bevölkerung
der Widerstand gegen die geistliche Herrschaft verstärkt; er kam
in Protestaktionen wie öffentlich geäußerten Drohungen, Über-
fällen auf Gerichtsgebäude, der Plünderung von Amtskassen sowie dem Anstieg der Wilderei zum Ausdruck.

Im Juni 1802 stand fest, dass Salzburg gemeinsam mit der Fürstpropstei Berchtesgaden sowie dem Großteil der Fürstbistümer
Passau und Eichstätt als Entschädigung für Großherzog Ferdinand von Toskana, einen Bruder Kaiser Franz II., dienen sollte.
Diese Vorgangsweise wurde nach einer „provisorischen" Besitz-
nahme durch österreichische Truppen im August am 23. Novem-

ber durch den „Hauptschluss" der Reichsdeputation in Regensburg gebilligt, der die Säkularisierung aller geistlichen
Fürstentümer des deutschen Reichs festlegte. Vom 11. Februar
1803 datieren sowohl die Abdankungserklärung Colloredos als
weltlicher Herr nach dreißigjähriger Regierung als auch das Besitzergreifungspatent des Großherzogs Ferdinand für das neu
geschaffene „Kurfürstentum" Salzburg. Auf kirchlichem Gebiet
konnte Colloredo in hartnäckigen Verhandlungen erreichen, dass
die 1806 verfügte Unterstellung Salzburgs unter das Erzbistum
Wien unterblieb und Salzburg seinen Rang als geistliche Metropole behauptete. Am weiteren Schicksal des Landes Salzburg hat
Colloredo aber nur so weit Anteil genommen, als es um seine
Einkünfte und Geldforderungen ging. So wurde denn auch 1812
„die Nachricht vom Tode des einstigen Fürsten in Salzburg ohne
Trauer zur Kenntnis genommen".

Seinem eigenen Wunsch entsprechend wurde der Leichnam des
letzten regierenden Fürsterzbischofs von Salzburg im Wiener
Stephansdom beigesetzt. Im Jahr 2003 – zwei Jahrhunderte nach
der Säkularisation Salzburgs – übertrug man die Gebeine Colloredos mit dem Einverständnis der Familie nach Salzburg in die
Gruft der Erzbischöfe unter dem Dom.

160

Nach über einem Jahrtausend war die geistliche Herrschaft in
Salzburg zu Ende. Die kurze Zeitspanne von der Säkularisation
des geistlichen Fürstentums bis zur Neuordnung Europas auf dem
Wiener Kongress brachte einen fünfmaligen Herrschaftswechsel.
Der Eindruck eines ständigen und vollkommenen Niedergangs
aber, den diese Jahre erwecken, ist falsch. Sowohl das kurzlebige
Kurfürstentum Salzburg (1803–1805) als auch die Jahre der Zugehörigkeit zum Kaisertum Österreich (1806–1809) und zum Königreich Bayern (1810–1816) bildeten Stationen eines tiefgrei-
fenden politischen Wandels; an jede davon knüpfte man in
Salzburg stets erneut große Hoffnungen. Erst nach dem Übergang
an Österreich 1816 setzte mit der Aufhebung des Landes Salzburg
eine Phase der Resignation und politischen Apathie ein. Als Kurfürst Ferdinand am 29. April 1803 in Salzburg Einzug hielt, wurde

er mit Jubel empfangen, denn Salzburg wurde Haupt- und Residenzstadt des neuen, wesentlich größeren Kurfürstentums. Das ehemalige Stiftsland erklärte Kaiser Franz II. am 17. Juli zum Herzogtum Salzburg und gliederte es dem Österreichischen Reichskreis ein. Die Leitung des Staatsministeriums übernahm der Obersthofmeister Manfredini, ein prononcierter Josephiner. Reformen in der Verwaltung und im Finanzwesen, die rasch in Angriff genommen wurden, brachten positive Auswirkungen. Die Beamten erhielten bessere Konditionen, Forst-, Post- und Gewerbewesen wurden reorganisiert und einige wichtige Straßen gebaut. Verbesserungen im Schulwesen brachten den gewünschten Erfolg, und für die alte Benediktineruniversität, die in eine staatliche Institution umgewandelt wurde, ging mit der Errichtung einer medizinischen Fakultät 1804 ein langgehegter Wunsch in Erfüllung. Diese hoffnungsvollen Ansätze wurden jedoch durch den erneuten Kriegsausbruch im Keim erstickt. Als starke französische und bayerische Truppen auf Salzburg vorrückten, verließ Kurfürst Ferdinand am 18. Oktober 1805 unter Mitnahme von beträchtlichen Teilen des Domschatzes und der prachtvollen Goldgefäße des Erzbischofs Wolf Dietrich das Land.

Ab November hielten französische Truppen unter Marschall Ney vier Monate lang Stadt und Land besetzt. Zu der enormen Kriegskontribution von sechs Millionen Franken kamen ständige Einquartierungen, Requirierungen, Plünderungen und Zerstörungen. Als Salzburg durch den Frieden von Preßburg am 26. Dezember 1805 dem Kaisertum Österreich angegliedert wurde, war es ein verarmtes, ausgebeutetes Land. Kaiser Franz II. stellte am 12. Februar 1806 das Besitzergreifungspatent noch als erwählter Römischer Kaiser aus, entsagte aber unter dem Druck Napoleons bald darauf dieser Würde und nannte sich dann Franz I. von Österreich. Die Übernahme der Verwaltung erfolgte allerdings erst am 17. März 1806, nach dem Abzug der französischen Besatzung, da der Kaiser die neue Provinz, zu der auch Berchtesgaden gehörte, nicht aus den Händen der Franzosen entgegennehmen wollte. Salzburg büßte damit seine durch viele Jahrhunderte gewahrte Selbstständigkeit ein, der Hof wurde aufgelöst und die Salzburger Regierung den Zentralbehörden in Wien unterstellt. Für den Fortbestand des Landes war der Hinweis der österreichi-

162

schen Verwaltung auf große Sympathien in Salzburg für einen Anschluss an Bayern entscheidend. Angesichts des zunehmenden Gegensatzes zwischen Franz I. und dem bayerischen Kurfürsten Maximilian I. Joseph, den Napoleon 1806 zum König erhob, maß man in Wien dem Herzogtum Salzburg besondere militärische Bedeutung bei. Deshalb wurde mit kaiserlichem Handschreiben vom 25. Juni 1807 die Einsetzung einer eigenen Landesregierung bewilligt.

Trotzdem blieb die Bevölkerung in zwei Parteien gespalten: Die Bauern hatten ihren Reichspatriotismus mit der veränderten Position Kaiser Franz I. vom Römisch-Deutschen Reich unmittelbar auf Österreich übertragen. Die Kriege gegen das revolutionäre Frankreich und der Einfluss des benachbarten Tirol verstärkten die Kaisertreue der Bauern. Der Großteil des städtischen Bürgertums hingegen stand der österreichischen Herrschaft reserviert gegenüber. Der Verlust der Residenzfunktion führte zu einem starken Rückgang der Beamtenzahl, und die neuen Grenzzölle, das Monopol für Tabak und Salz, das Stempelpapier, der Punzierungszwang und weitere Maßnahmen der österreichischen Finanzverwaltung trafen vor allem Kaufleute und Unternehmer. Während sich die Neuerungen im Justizwesen, das den präzisen Gesetzen der Monarchie angeglichen wurde, positiv auswirkten, kam es im Schulwesen zu keinen Verbesserungen. Die medizinische Fakultät wurde aufgehoben, und trotz gewisser Zusagen des Kaisers zeichnete sich das Ende der Universität ab. Der Besitz des Domkapitels und des Bistums Chiemsee wurde eingezogen, und beträchtliche Teile der Abgaben des verarmten Landes flossen nach Wien zur Stärkung der Staatsfinanzen. Der Sicherung vor Kriegseinflüssen diente auch der Abtransport der noch vorhandenen Kunstschätze, der Archivalien und eines Großteils der Handschriften und Bücher nach Wien.

163

Nach der Kriegserklärung Österreichs an Napoleon wurde Salzburg am 29. April 1809 von bayerischen und französischen Truppen besetzt. Marschall Lefèbvre verkündete am 1. Mai, dass Salzburg im Namen Napoleons, des Kaisers der Franzosen, verwaltet werde. Obwohl Napoleon dem Lande eine „väterliche Regierung" versprochen hatte, versuchte die französische Verwaltung nur, möglichst viel aus dem verarmten Salzburg herauszupressen. Die

Bevölkerung wurde durch Einquartierungen, Proviantlieferungen und Naturalleistungen für französische Truppen, aber auch durch Zwangsarbeit für die Stadtbefestigungen, die Napoleon ausbauen ließ, bedrückt. Das Land war aber nur zum Teil in der Hand der Franzosen und der verbündeten Bayern. Österreichische Truppen hielten den Pass Lueg besetzt, und die Landwehr des Pinzgaus und des Pongaus leistete energischen Widerstand. Dabei wurde sie von Tiroler Freiheitskämpfern unterstützt. Es wäre sicher übertrieben, jene Gefechte, die im Juli und im September 1809, besonders um den Pass Lueg, stattfanden, mit dem Tiroler Freiheitskampf zu vergleichen. Treibende Kraft waren auch bei den Kämpfen in Salzburg die erprobten Gefährten Andreas Hofers, Josef Speckbacher und der streitbare Kapuzinerpater Joachim Haspinger, der den Oberbefehl übernahm. Es gab aber auch Salzburger Kommandanten wie Anton Wallner aus Krimml, Johann Panzl aus Mühlbach im Pinzgau und Josef Struber, den Wirt vom Stegenwald, die sich durch persönlichen Mut und umsichtige Führung auszeichneten. Im Frieden von Schönbrunn zwischen Frankreich und Österreich musste Kaiser Franz I. die Tiroler Freiheitskämpfer preisgeben; nun kapitulierten die Abgesandten des Pinzgaus am 19. Oktober 1809, am folgenden Tag wurde auch der Pass Lueg den Bayern übergeben. Das Land war damals allerdings schon derart ausgesogen, dass die verhasste französische Verwaltung nur einen Bruchteil der von Napoleon auferlegten horrenden Kriegskontribution aus ihm herauspressen konnte.

Für den Verzicht auf einen Großteil Südtirols erhielt König Max I. Joseph von Bayern im Vertrag von Frankfurt 1810 die Länder Salzburg und Berchtesgaden, das Innviertel und einen Teil des Hausruckviertels zugesprochen. Daraus wurde unter Einbeziehung des Gerichts Kitzbühel der Salzachkreis gebildet. Als Generalgouverneur residierte Kronprinz Ludwig während der Sommermonate im Schloss Mirabell, wo am 1. Juni 1815 sein Sohn Otto, der spätere König von Griechenland, geboren wurde. Während der bayerische König als neuer Landesherr anlässlich der Besitzergreifung durch seinen Kommissär am 30. September 1810 in der Stadt Salzburg begeistert gefeiert wurde, blieb die Stimmung unter den Bauern der Gebirgsgaue, die noch ein Jahr vorher gegen bayerische Truppen gekämpft hatten, zurückhaltend. Trotzdem erhoffte sich das von Armut, Mangel und Not gezeichnete Land unter der neuen Regierung einen Aufschwung.

Die folgenden drei Jahre brachten einen Ausbau der Straßen, Fortschritte in der Landwirtschaft mit dem Anbau von Zuckerrüben und Tabak, die Trockenlegung von Mooren zur Gewinnung neuer Nutzflächen, Verbesserungen im Schulwesen mit der Einführung der strengen Schulpflicht, die Einführung der Staatspost und ein systematisches Vorgehen gegen den ausufernden Straßenbettel. In einem neuen Arbeitshaus konnte freiwillige Arbeit zur Verringerung der Arbeitslosigkeit geleistet werden, und mit der Zugehörigkeit Salzburgs zur „reichsten Kornkammer Deutschlands" war auch eine Linderung des Hungers gegeben. Manche Maßnahmen der bayerischen Regierung stießen aber auch auf Kritik. Durch den vom allmächtigen Staatsminister Graf Montgelas vertretenen Zentralismus ging die Zahl der Beamten von 650 im Kurfürstentum auf 214 bayerische Staatsdiener zurück, freiwerdende Stellen besetzte man mit Bayern, Schwaben oder Franken. Bereits am 24. Dezember 1810 wurde die Universität geschlossen und an ihrer Stelle ein Lyzeum errichtet. In aller Stille löste man auch die Salzburger Landschaft mit den alten Landständen auf, und das bayerische Pressegesetz führte zu einer deutlichen Einschränkung der Pressefreiheit.

Die anhaltenden Kriege machten auch die hoffnungsvollen Ansätze der bayerischen Verwaltung zunichte. Zum verlustreichen Russlandfeldzug Napoleons, dessen Verbündeter der König von Bayern war, musste Salzburg ein Truppenkontingent stellen. Dazu kam eine Erhöhung der Salzpreise und der Steuern. Der Bündniswechsel Bayerns verhinderte zwar den drohenden Kampf mit Österreich, aber seit dem Vertrag von Ried 1813 und der Pariser Konvention 1814 zeichnete sich der Übergang Salzburgs an die Habsburgermonarchie ab. Bayern versuchte deshalb, aus dem Land in kurzer Zeit noch möglichst viel Gewinn zu ziehen. Entgegen den ausdrücklichen Vertragsbestimmungen wurden öffentliche Güter wie die Brauerei Kaltenhausen, Burgen und Schlösser, Amtsgebäude, Kunstschätze und selbst erzbischöfliche Möbel entweder in bayerischen Besitz transferiert oder verkauft und verschleudert. Noch kurz vor der Abtretung Salzburgs an Österreich gingen die Marmorsteinbrüche in Fürstenbrunn am

Untersberg in den Besitz des bayerischen Kronprinzen über, mit der fadenscheinigen Begründung, der König habe bereits 1813 den Untersberg seinem Sohn geschenkt. Wertvolle Akten- und Archivbestände wurden nach München gebracht und Steuerrückstände noch rasch und unbarmherzig eingetrieben. So war es kein Wunder, dass die Zeit der bayerischen Herrschaft trotz ihres verheißungsvollen Beginns den meisten Salzburgern in unangenehmer Erinnerung blieb.

Im Münchner Vertrag vom 14. April 1816 verzichtete Bayern im Tausch gegen die Pfalz auf Salzburg, behielt aber Berchtesgaden und den „Rupertiwinkel" am westlichen Ufer der Salzach mit den Städten Laufen und Tittmoning, der durch Jahrhunderte die Kornkammer Salzburgs gebildet hatte. Der Streit um die Salzlager am Halleiner Dürrnberg und die bayerischen Saalforste im Pinzgau wurde erst durch die Salinenkonvention des Jahres 1829 endgültig beigelegt. Kaiser Franz I., der bereits am 22. April 1816 das Besitzergreifungspatent ausgestellt hatte, traf am 7. Juni in Salzburg ein und wurde von der Bevölkerung begeistert empfangen. Er zeigte Mitgefühl mit dem schweren Schicksal des Landes und stellte eine

Die Provinz Österreich ob der Enns und Salzburg im Kaiserreich Österreich 1816 – 1850/61

LEGENDE

——— Reichsgrenze

Provinz Österreich ob der Enns und Salzburg 1816 –1850

LEGEND E

― Reichsgrenze
--- Kronlandgrenze
― Kreisgrenze
― Pfleggerichtsgrenze

Mühlkreis

Linz

Innkreis

Mattsee

Weitwörth   Neumarkt   Hausruckkreis

Thalgau   Traunkreis

Salzburg

St. Gilgen

Hallein

Kreis Salzburg   Lofer   Golling
Pfleggerichte   Abtenau
1819–1950   Saalfelden   Werfen

Zell am See   Gold-   Radstadt
egg   St. Johann

Mittersill   Taxen-
bach   Groß-
arl   Tamsweg
Hof-   St. Michael
gastein

167

„väterliche Regierung" in Aussicht. Im riesigen Kaiserstaat Österreich konnte es jedoch für ein so kleines und verarmtes Land wie Salzburg keine Sonderstellung geben. Kurzfristig drohte sogar eine völlige Zerstückelung Salzburgs, denn ein kaiserliches Handschreiben vom 5. Februar 1816 hatte empfohlen, die Gerichte westlich der Salzach an Tirol anzugliedern und das restliche Land zwischen Steiermark und Oberösterreich aufzuteilen. Ein weiteres Handschreiben vom 24. März unterstellte dann das „Herzogthum Salzburg" der oberösterreichischen Regierung in Linz. Damit wurde das frühere Land zum fünften Kreis der „Provinz Oberösterreich und Salzburg". Nachdem bereits 1809 die Herrschaften Windischmatrei und Lengberg an Tirol gefallen waren, wurden jetzt auch das Brixental mit dem Markt Hopfgarten und das Zillertal von Salzburg getrennt und an Tirol angeschlossen. Angesichts der Tatsache, dass sich gerade der Kaiser auf den Erwerb Salzburgs versteift hatte, scheint diese Vorgangsweise merkwürdig. Aber für

Kaiser Franz und seine Berater gab es weder gefühlsmäßige Verbindungen zu Stadt und Land noch besondere wirtschaftliche Interessen, zumal Hallein ohnedies einen Fremdkörper im Verband der österreichischen Salinen bildete.

Entscheidend war der militärische Aspekt: Die bayerische Verwaltung hatte Salzburg als Festungsstadt weiter ausgebaut, und die Salzach hatte als „nasse Grenze" in den Kriegen gegen Napoleon wiederholt eine wichtige Rolle gespielt. Deshalb wurden die Bastionen Salzburgs im Vormärz noch verstärkt und es wurde streng auf Einhaltung des fortifikatorischen Bauverbots geachtet. Die Bürger betrachteten hingegen die Befestigungsanlagen als Fesseln, die keine Möglichkeit zur Stadterweiterung boten.

Als Land war Salzburg in den Augen des Kaisers und der Wiener Zentralbehörden viel zu klein, um den Aufwand einer eigenen Landesverwaltung zu rechtfertigen. Für die Stadt bedeutete der Verlust der Residenz- und Hauptstadtfunktion einen schweren Rückschlag. Ihre Einwohnerzahl sank von ca. 16.000 in der Spätzeit der geistlichen Herrschaft (1796) auf 14.939 unter bayerischer Verwaltung (1811) und auf 11.250 nach der Erwerbung durch Österreich. Dazu kamen zwei schwere Unglücksfälle: Nach dreijährigen Missernten brach 1816/17 eine derartige Hungersnot aus, dass sich die Bewohner Salzburgs *aus gänzlichem Mangel an Brot von gehackten Wurzeln, Brennesseln und Kleien ernähren* mussten und etliche den Hungertod fanden. Zwei Jahre später legte ein verheerender Stadtbrand fast den gesamten Stadtteil am rechten Salzachufer einschließlich des Schlosses Mirabell in Schutt und Asche. Viele Jahre noch ragten die schwarzen Brandruinen in den Himmel, da für Neubauten kein Geld vorhanden war.

Die Salzburger Bürgerschaft hatte die Gefahr, die mit dem Übergang an Österreich drohte, rasch erkannt. Aber ihre beim Huldigungsakt an den Kaiser gestellten Bitten um eine eigene Landesregierung, einen Bischof, die Residenz eines kaiserlichen Prinzen, die Entsumpfung des Pinzgauer Moores und die Wiederherstellung der Landstände und der Universität fanden nur wenig Gehör. Immerhin wurde 1823 das Erzbistum Salzburg wieder errichtet, das Domkapitel 1825 wieder hergestellt. Zur Kirchenprovinz gehörten die Suffraganbistümer Brixen, Trient (seit 1825), Gurk, Seckau, Lavant (1859 nach Marburg/Maribor verlegt) und Leoben. Die Entsumpfungsaktion wurde erst 1832 begonnen, und zu der vom Kaiser versprochenen Wiederherstellung der Landschaft kam es überhaupt nicht. Als man Ende 1816 in einer Bittschrift auf die *zu einem Betteldorf mit leeren Palästen* herabgesunkene Stadt Salzburg verwies, wurde von der Hofkanzlei in Wien die „unziemende Schreibart" gerügt. Die Folge war, dass in der Zeit des „Vormärz" oder „Biedermeier" (1816–1848) jegliches politische Engagement erschlafftc. Es gab in der Stadt Salzburg ungeachtet aller wirtschaftlichen Rezession noch immer ein vermögendes Bürgertum, das sich aber politisch nicht engagierte. Die polizeiliche Überwachung war in Salzburg, das wegen seiner Grenzlage als besonders gefährdetes Gebiet betrachtet wurde, noch drückender als in Linz oder Wien. Auf Bällen mussten die Besucher über Aufforderung eines Kommissars die Maske vom Gesicht nehmen; bereits das Tragen eines Bartes galt als verdächtig.

Für die Unterschichten in Stadt und Land war das Leben im Vormärz alles andere als „biedermeierlich". Die Armut nahm trotz aller Gegenmaßnahmen ständig zu, in einer Woche kamen bisweilen mehr als 700 Bettler ins Haus. In den Jahren 1819/20 wurde ein Fünftel der Stadtbevölkerung, 1822 sogar ein Viertel dauernd oder fallweise unterstützt. Da die meist privaten Armenstiftungen dieser Entwicklung nicht gewachsen waren, wurde der Pauperismus für die Stadt zu einem echten Problem. Auch auf dem Lande verschlechterten sich die Bedingungen für das Gesinde und die mittellosen Personen immer mehr. Die Dienstboten konnten jeweils zu Maria Lichtmeß am 2. Februar, mitten im Winter, aus dem Dienst entlassen werden, und die alten und kranken Leute mussten in Form der „Einlage" für kürzere Zeiträume bei Bauern untergebracht werden. Damit wurde das Bettelunwesen zwar nach außen überdeckt, für die Betroffenen brachte dieses System aber eine totale Abhängigkeit vom Hofbesitzer und schwere psychische Belastungen mit sich.

Zu den von der Arbeit gezeichneten, ausgelaugten und kranken Menschen kam eine große Zahl körperlich oder geistig Behinderter. Da es für sie keine andere Versorgung als Hof und Familie gab, traten sie im Alltag viel stärker in Erscheinung als heute. Mitgefühl für Arme und Behinderte gab es kaum. Die Maler der Romantik, die damals aus weiten Teilen Deutschlands nach Salzburg kamen und hier die Schönheit der Landschaft in ihren Bildern festhielten, aber auch andere Künstler und Schriftsteller empfanden die Angehörigen von Randgruppen und Unterschichten nur als Belästigung, als unerwünschte Störung der romantischen Umgebung. Franz Schubert berichtete anlässlich seines Besuchs in Salzburg 1825: *Auf den Plätzen, deren es viele und schöne gibt, wächst zwischen den Pflastersteinen Gras, so wenig werden sie betreten.* Die verarmte Salinenstadt Hallein hingegen mit ihren engen, raucherfüllten Gassen, verfallenden Häusern und ausgemergelten Bewohnern bezeichnete er als *Ratzenstadtl.* Nach den gescheiterten Bemühungen des Jahres 1816 waren nur noch wenige politische Vorstöße unternommen worden, um die Situation Salzburgs zu verbessern. Die Aktivitäten des Bürgertums konzentrierten sich statt dessen auf den unpolitischen Bereich der Kultur und fanden in der Gründung von Vereinen und Institutionen wie dem Museum (1834), dem Dommusikverein (1841), dem Salzburger Kunstverein (1844), der Landwirtschaftsgesellschaft (1846), der Liedertafel (1847) und in der Errichtung des Mozart-Denkmals

Die „Kassuppengesellschaft". Aquarell von Paul Schelhorn, um 1820.

(1842) ihren Niederschlag. Politisch engagiert war nur die „Kassuppen-Gesellschaft", eine Vereinigung deutschpatriotisch gesinnter Bürgersöhne, der auch liberal eingestellte Persönlichkeiten wie die späteren Bürgermeister Matthias Gschnitzer und Alois Spängler angehörten. Den größten Einfluss besaß jedoch der Advokat Dr. Alois Fischer, der 1829 aus Tirol nach Salzburg zugezogen war. Seinem Engagement war es vor allem zu danken, dass schon vor der März-Revolution 1848 das Salzburger Bürgertum aus seiner Lethargie erwachte und die Forderungen nach der Errichtung eines eigenen Kronlandes Salzburg und einer landständischen Verfassung erneuert wurden.

Im Revolutionsjahr 1848 trat dann der „Patriotische Verein Iuvavia" mit einer eigenen Kandidatenliste für die Wahl zur deutschen Nationalversammlung an die Öffentlichkeit. Es kam zur Aufstellung einer freiwilligen Nationalgarde und eines Studentenkorps. Dr. Fischer und Bürgermeister Gschnitzer wurden gemeinsam mit Franz Peitler und Dr. Josef Ritter von Lasser in den österreichischen Reichsrat gewählt. Fischer avancierte im Dezember 1848 als erster Bürgerlicher zum Landeschef für Oberösterreich und Salzburg. In dieser Funktion nahm er entscheidenden Anteil an der Errichtung des Kronlandes Salzburg. Während im Verfassungsentwurf von Kremsier ein „Herzogthum Salzburg samt Innviertel" unter den Ländern des Kaiserreichs vorgesehen war, nahm die „Oktroyierte Verfassung" vom 4. März 1849 Salzburg ohne das Innviertel unter die Kronländer der Monarchie auf. Am 30. Dezember wurde die Landesverfassung erlassen, und am 1. Januar 1850 nahm die neue Landesverwaltung ihre Tätigkeit auf. In der Stadt Salzburg sicherten das provisorische Gemeindegesetz vom 17. März 1849 und vor allem das Gemeindestatut vom 9. Juni 1850 die Vorherrschaft des Großbürgertums.

Das politische Wiedererwachen kam in Großkundgebungen zum Ausdruck. An der Fahnenweihe der Nationalgarde auf dem Neuhauser Feld nahm am 8. Oktober 1848 fast das gesamte Bürgertum teil. Das Fahnen- und Gesangsfest der Salzburger Liedertafel auf dem Mönchsberg zog am 29. Mai 1849 mehr als 5000 Besucher in seinen Bann. Über diese Aufbruchsstimmung legte sich aber rasch der Raureif des Neoabsolutismus. Die Nationalgarde wurde schon 1851 aufgelöst, und die Errichtung des Salzburger

Landtags zog sich noch bis 1861 hin. 1860 kam es sogar zu einer erneuten, wenn auch nur kurzfristigen Unterstellung des Kronlandes Salzburg unter die Verwaltung der Linzer Landesregierung. An die Jahrzehnte der Zugehörigkeit Salzburgs als fünfter Kreis zu Oberösterreich erinnern übergeordnete Behörden für Salzburg mit Sitz in Linz wie das Oberlandesgericht, die Post- und Telegraphendirektion (bis 1997) und die Direktion der Bundesbahnen. Erst das Februarpatent 1861, der Erlass einer Salzburger Landesordnung durch Kaiser Franz Josef am 26. Februar und die Wahl des ersten Salzburger Landtags beendeten diese schwierigste Phase in der neueren Geschichte des Landes Salzburg.

Unter dem Doppeladler | 15

Salzburg als Kronland der Habsburgermonarchie

Die wichtigste Errungenschaft des Revolutionsjahres 1848 war die Befreiung der Bauern von den Jahrhunderte währenden Bindungen an geistliche und weltliche Grundherren. Den Initiativantrag dazu hatte Hans Kudlich im Reichstag eingebracht, der endgültige Text wurde vom Salzburger Abgeordneten und späteren Minister Joseph Freiherr von Lasser formuliert. Auch nach der Niederschlagung der Revolution wurde die Bauernbefreiung von der Regierung in Form der „Grundentlastung" durchgezogen. Während die Grundherren auf ein Drittel ihrer bisherigen Einkünfte verzichteten, lösten die Bauern und der Staat in den folgenden Jahrzehnten je ein weiteres Drittel durch Zahlungen bzw. Obligationen ab. Mit dem Ende der Grundherrschaft lagen Verwaltung und Gerichtsbarkeit erstmals ungeteilt in der Hand des Staates. Das erforderte eine neue Administration, die bei der Einrichtung des Kronlandes Salzburg 1849/50 verwirklicht wurde. Als Chef der staatlichen Verwaltung stand der dem Adel entstammende Landespräsident an der Spitze der Landesregierung. Diese war vor allem für die Umsetzung der Gesetze und Verordnungen aus Wien verantwortlich. Die gesetzgebende Körperschaft für den autonomen Bereich des Landes war der nach dem Interessensprinzip zusammengesetzte Landtag, dem der Erzbischof mit Virilstimme sowie 25 Mandatare in vier Kurien angehörten. Der Großgrundbesitz stellte fünf Abgeordnete, die Handelskammer zwei, die Städte und Märkte stellten zehn und die Landgemeinden acht Vertreter. Das Wahlrecht war jedoch nicht allgemein, sondern an eine bestimmte Steuerleistung gebunden. Mit der Landtagswahlordnung 1909 wurde die Zahl der Mitglieder auf 39 erhöht und eine vierte „allgemeine Kurie" eingeführt, die den Einzug von Sozialdemokraten in den Landtag brachte. Das Vollzugsorgan für die Landtagsbeschlüsse und Träger der autonomen Verwaltung war der Landesausschuss unter dem Vorsitz des Landeshauptmanns. Dieser stand bis zum Ende der Monarchie deutlich im Schatten des Landespräsidenten. Obwohl das Kronland Salzburg bereits am 1. Januar 1850 administrativ eingerichtet worden war, trat – bedingt durch die Zeit des Neoabsolutismus – der Landtag erst am 6. April 1861 zusammen; die selbstständigen Landesbehörden nahmen am 15. Mai ihre Arbeit auf.

Das Kronland war zunächst in drei politische Bezirke gegliedert, die ihren Sitz in der Stadt Salzburg (für Flachgau und Tennengau), in St. Johann (für Pongau und Lungau) und Zell am See (für den Pinzgau) hatten. Weitere Bezirkshauptmannschaften entstanden 1867 in Tamsweg für den Lungau und 1896 in Hallein für den Tennengau. Die 22 Pfleggerichte wurden in Bezirksgerichte umgewandelt, denen – gemäß dem Prinzip der Trennung von Justiz und Verwaltung – nur mehr die Rechtspflege oblag. Politische Administration und Finanzverwaltung, die vorher ebenfalls zu den Aufgaben der Pfleggerichte gezählt hatten, wurden von den Bezirkshauptmannschaften wahrgenommen. Auf der Ebene der lokalen Verwaltung wurden mit dem provisorischen Gemeindegesetz vom 17. März 1849 insgesamt 155 Ortsgemeinden geschaffen, deren Zahl sich jedoch bis heute durch Gemeindezusammenlegungen auf 119 verringert hat. Zu den Ge-

Französische Soldaten im Kreuzgang des Klosters St. Peter 1809. Aquarell eines unbekannten Malers, Mitte 19. Jh.

Josef Mayburger, Abendstimmung an der Salzach gegen Mülln. Öl auf Leinwand, zweite Hälfte 19. Jh.

Die Bastionen der Stadtbefestigung kurz vor dem Abbruch, um 1863. Im Hintergrund rechts das „Fünfhaus" als erster Bau der gründerzeitlichen Stadterweiterung.

meinden zählen auch Städte und Märkte, nur die Landeshauptstadt Salzburg als Statutarstadt besitzt ähnliche Kompetenzen wie die Bezirkshauptmannschaften.

Obwohl Salzburg das kleinste und bevölkerungsschwächste Land des österreichischen Kaiserstaates war, gewann es durch seine Grenzlage für den Kaiser und die Dynastie der Habsburger an Bedeutung. So wurde die Stadt nach und nach zu einem Treffpunkt verschiedenster hochgestellter Persönlichkeiten: Nachdem bereits Kaiser Franz I. 1822 mit Zar Alexander I. in Salzburg zusammengetroffen war, wurden 1853 der junge Franz Joseph I. und seine Braut, Prinzessin Elisabeth von Bayern, hier zusammengeführt. Die

Eröffnung der Kaiserin-Elisabeth-Westbahn von Wien nach Salzburg und der anschließenden Bahnstrecke nach München bot 1860 den Anlass für eine Zusammenkunft Franz Josephs mit König Max II. von Bayern. Nach der Niederlage gegen Preußen bei Königgrätz 1866, die zur Auflösung des Deutschen Bundes führte, trafen 1867 die Kaiser Napoleon III. von Frankreich und Franz Joseph I. in Salzburg zusammen. Der Gegensatz zu Preußen währte jedoch nur kurz, und am 6. September 1871 hatte die Salzburger Bevölkerung Gelegenheit, die Kaiser von Deutschland und Österreich in ihrer Stadt zu feiern. Erzherzog Ludwig Viktor, der jüngste Bruder des Kaisers, residierte ab 1862 als stadtbekannte Persönlichkeit im Schloss Kleßheim, und Großherzog Ferdinand IV. ließ nach dem Verlust der Toskana (1859) den „Toskanatrakt" der Salzburger Residenz ab 1867 zum dauernden Wohnsitz für seine Familie umgestalten. In der Umgebung der Stadt siedelten sich zahlreiche Adelige an, besonders in Parsch und Aigen. Erzherzog Eugen erwarb die Burg Hohenwerfen, in der er seine Sammlungen unterbrachte, und der Thronfolger Franz Ferdinand ließ Schloss Blühnbach mit dem umgebenden Tal vom Hofärar ankaufen, um dort seiner Jagdleidenschaft zu frönen.

Die wirtschaftliche Entwicklung des Kronlandes Salzburg war in den traditionellen Bereichen von einer deutlichen Rezession geprägt. Am stärksten betroffen war davon das traditionsreiche Berg- und Hüttenwesen. Der Staat sah sich infolge zunehmender Verschuldung gezwungen, die Werke teils stillzulegen, teils an private Investoren zu veräußern, die ihrerseits nur wenig Erfolg hatten: Die Eisenwerke in Dienten und Flachau wurden 1864 und 1866 geschlossen, das Walz- und Hammerwerk Ebenau 1875 stillgelegt, und auch die Lungauer Eisengewerkschaft mit ihren Werken in Mauterndorf und Bundschuh ging trotz beachtlicher Investitionen in ihre Modernisierung im Jahr 1880 zugrunde. Der Kupferbergbau wurde 1863 im Großarltal, 1876 in Hüttau und 1878 in St. Johann eingestellt, das Arsenik-Berg- und Hüttenwerk Rotgülden 1879 aufgegeben, und der Goldbergbau in Rauris fand trotz des Engagements von Ignaz Rojacher, der es vom Knappen zum Unternehmer gebracht hatte, 1889 ein Ende. An größeren Betrieben überdauerten diese Krisenzeit nur die Eisengewerkschaft Sulzau-Werfen mit ihren Qualitätsprodukten, der Kupferbergbau

178

in Mitterberg und die Gewerkschaft Radhausberg, die den Goldbergbau in Gastein mit mäßigem Erfolg betrieb.

Von den Auswirkungen der industriellen Revolution war die Salinenstadt Hallein besonders betroffen. Die Schließung der Steck-
nadelfabrik, die Modernisierung des Sudbetriebs, die Umstellung
auf Kohlefeuerung und das Ende der Salzschifffahrt durch die
Eröffnung der Bahnstrecke Salzburg-Hallein (1871) – all das
raubte vielen Salinenarbeitern, Schoppern, Küfern und Kleizlern,
Rechenarbeitern und Schiffleuten die Arbeit. Zum Ausgleich eröffnete der Staat 1869 die Tabakfabrik, die 1880 bereits 300
(größtenteils weibliche) Arbeitskräfte beschäftigte. Die Gründung der Zellulosefabrik im Jahr 1891 brachte der Stadt weitere
Arbeitsplätze. Zu den wenigen Beispielen erfolgreicher Wirtschaftsbetriebe zählten die Aluminiumhütte in Lend, die Glaser-
zeugung in Bürmoos sowie die Ziegel-, Marmor- und Zementin-
dustrien, die vom Bauboom der Gründerzeit profitierten.

Arbeiter beim Verlegen von Straßenbahnschienen auf dem Mirabellplatz in Salzburg.

Auch die Entwicklung der Salzburger Landwirtschaft blieb unter dem österreichischen Durchschnitt. In der Viehzucht konnte die rückläufige Zahl der Rinder durch die Verbesserung der Rinderrassen und der Zuchtbedingungen nur teilweise aufgewogen werden. Auch die Anbauflächen für Getreide gingen zurück, weshalb Salzburg stärker als zuvor auf Importe angewiesen war. Lediglich der Kartoffelanbau gewann ab 1830 zunehmend an Bedeutung. Der insgesamt negative Trend konnte weder durch die Errichtung von Raiffeisenkassen, die günstige Kredite für die Landwirtschaft zur Verfügung stellten, noch die Eröffnung der Landwirtschaftsschule in Oberalm (1908) aufgehalten werden.

Die wirtschaftliche Rezession wurde jedoch durch den raschen Aufschwung des Fremdenverkehrs kompensiert. Bad Gastein und Zell am See errichteten großzügige Hotelbauten für ihre Gäste aus ganz Europa. Die Zahl der Nächtigungen im Land Salzburg stieg von 119.302 im Jahre 1895 auf 248.740 im Jahre 1912. Als besondere Attraktionen für den Tourismus entstanden nach Schweizer Vorbild Zahnradbahnen auf den Gaisberg (1887), auf den Schafberg (1893) sowie die Standseilbahn auf die Festung Hohensalzburg (1892). Die Dampftramway, die seit 1896 von Salzburg zur Landesgrenze am Hangendenstein führte, wurde 1908 als „Rote Elektrische" bis Berchtesgaden und weiter zum Königssee verlängert; mit der Salzkammergut-Lokalbahn fuhr der Kaiser bereits im Eröffnungsjahr 1893 nach Bad Ischl. Zunehmenden Anteil am Fremdenverkehr gewann der Alpinismus, der damals eine erste Blüte erlebte. Auf dem Sonnblick wurde 1886 das höchstgelegene Observatorium Europas eröffnet; da sich der Österreichische Alpenverein in großdeutscher Gesinnung mit dem Deutschen Alpenverein verband, kamen neben Bergsteigern aus Österreich auch zahlreiche deutsche Alpinisten nach Salzburg.

Auch ein verbessertes kulturelles Angebot sollte die Anziehungskraft Salzburgs erhöhen, wobei vor allem Wolfgang Amadeus Mozart bedenkenlos vermarktet wurde. Seit 1877 fanden Salzburger Musikfeste statt, die nach der Jahrhundertwende größere Bedeutung erlangten und als Vorstufe der Salzburger Festspiele gelten. Der Plan eines Mozart-Festspielhauses auf dem Mönchsberg gelangte aber aus Kapitalmangel nicht zur Durchführung.

Dafür war es der 1880 gegründeten „Internationalen Stiftung Mozarteum" zu verdanken, dass 1910–14 mit internationaler Finanzhilfe das Mozarteum als gefälliger Bau im Jugendstil errichtet wurde.

Wichtigste Grundlage für den Fremdenverkehr, aber auch für die Einbindung Salzburgs in den österreichischen und deutschen Wirtschaftsraum war der Anschluss der Stadt an das Eisenbahnnetz: Auf die Eröffnung der Westbahnstrecke 1860 folgten 1874 die Gisela-Bahn von Salzburg nach Innsbruck und 1909 die Tauernbahn, die Salzburg auch eine Verbindung nach Triest, dem Haupthafen der Monarchie, eröffnete. Der Erschließung des Landes diente eine Reihe von Schmalspurstrecken wie die Murtalbahn, die seit 1895 den Lungau mit der Steiermark verband, die Lokalbahn nach Oberndorf und Lamprechtshausen (1896) und die Pinzgauer Lokalbahn nach Krimml (1898). Die wiederholten Versuche zur Einrichtung einer Personenschifffahrt auf der Salzach scheiterten hingegen jeweils nach kurzer Zeit.

Hotel d l'Europe. Kolorierter Stahlstich nach Georg Pezolt, um 1870.

Mit der Auflassung der Stadt als Festung und der Aufhebung des fortifikatorischen Bauverbots durch Franz Joseph 1860 setzte in Salzburg die Gründerzeit ein. Da die Stadt nicht über das nötige Kapital verfügte, gewann man 1861 den Bauunternehmer Karl Schwarz für das Projekt der Salzachregulierung. Das Bauland, das er durch umfangreiche Aufschüttungen am rechten Salzachufer gewann, konnte er gewinnbringend verkaufen. Als der Kaiser anlässlich der fünfzigjährigen Zugehörigkeit Salzburgs zu Österreich 1866 die Befestigungen zwischen dem Mirabelltor und dem Linzertor an die Stadt schenkte, schritt man unverzüglich an den Abriss der Bastionen und die Planung einer „Neustadt" auf dem Areal zwischen dem Mirabellplatz und dem Bahnhof. Leider fielen damals auch die meisten alten Stadttore der Spitzhacke zum Opfer, als letztes und ungeachtet aller Proteste im Jahr 1894 das Linzertor. In den Jahren 1872–1878 erreichte die Stadterweiterung mit dem Bau von ca. 100 Gebäuden einen ersten Höhepunkt. Nach einer Unterbrechung durch die Wirtschaftskrise setzte 1888 erneut eine rege Bautätigkeit ein, die bis zum Ersten Weltkrieg anhielt.

Nach dem Vorbild von Wien war man bestrebt, auch in Salzburg eine „Ringstraße" zu schaffen, und kopierte mit dem Bau der Faber- und Hellerhäuser genau den Stil der Wiener Gründerzeit. Die beiden Baumeister Ceconi, Vater und Sohn, konnten den Stadtteil Schallmoos fast zur Gänze gestalten. Aber auch die Riedenburg und Lehen wurden vom Bauboom erfasst. Als städtische Großbauten entstanden Schulen und Kasernen, das Stadttheater, das Kurhaus, die Irrenanstalt, die Staatsgewerbeschule und 1903–1908 das Justizgebäude. Neben der eisernen „ärarischen Hauptbrücke" stellten seit 1859 die Karolinenbrücke (Nonntaler Brücke) und seit 1902 die Ludwig-Viktor-Brücke (Lehener Brücke) zusätzliche Verbindungen zwischen den Stadtteilen an beiden Flussufern her. Die fortschreitende Modernisierung wurde im Bau der Tramway (ab 1884), in der Errichtung eines Elektrizitätswerkes (1888), in der Eröffnung der elektrischen Straßenbahn (1909) und im Bau des Wiestalkraftwerks (1913) sichtbar. Die Zahl der Einwohner stieg von 23.810 im Jahre 1887 auf 33.689 im Jahre 1910. Ein großer Teil der Neubürger stammte aus Wien, Niederösterreich und Böhmen. Das Interesse der Stadt an ihrer Identität und Geschichte kam in der Gründung der Gesellschaft für Salzburger

Der königlich-bayerische Dampfer „Prinz Otto" legt 1875 in Salzburg an.

Landeskunde (1860) und des Verschönerungsvereins (1862), des heutigen Stadtvereins, zum Ausdruck.

Den anderen Slädten und Märkten des Landes war – abgesehen von einigen Fremdenverkehrsorten – ein ähnlicher Aufschwung wie der Landeshauptstadt verwehrt. Manche von ihnen wurden von verheerenden Bränden heimgesucht wie Saalfelden 1853, Radstadt 1865, Mauterndorf 1866 und Neumarkt 1879. Schwere Hochwässer, die 1897 und 1899 auch in der Hauptstadt großen

Schaden anrichteten, führten zur Verlegung des verwüsteten Marktes Oberndorf an der Salzach. Der 1901 begonnene Bau von Neu-Oberndorf zog sich aber aus Geldmangel über Jahrzehnte hin. Vom Bau der Eisenbahn profitierten vor allem Bischofshofen und Schwarzach, das den alten Markt St. Veit ablöste, sowie die Seekirchner, die nun mit ihrem Käse den Wiener Markt direkt beliefern konnten.

Von größter Bedeutung war in dieser Epoche die Formierung politischer Lager und Parteien, die mit der Revolution 1848 einsetzte und in der konstitutionellen Ära (1861–1918) rasch voranschritt. Die nach dem österreichisch-ungarischen Ausgleich 1867 gewährte Versammlungsfreiheit und das liberale Vereinsgesetz haben diese Entwicklung gefördert. In den beiden ersten Jahrzehnten des Kronlandes bestimmte das von Großgrundbesitzern und Unternehmern dominierte liberale Lager fast uneingeschränkt die Politik. Durch das Zensuswahlrecht besaßen die Li-

Eröffnung der Tauernbahn im September 1905. Kaiser Franz Joseph in Bad Gastein im Gespräch mit Bürgermeister Straubinger.

beralen sowohl im Landtag als auch im Gemeinderat der Hauptstadt die Mehrheit. Als sich anlässlich der Landtagswahlen 1870 erstmals politische Parteien formierten, erreichten die Liberalen 16 Mandate, die Konservativen, die in den Landgemeinden und teilweise auch in den Märkten dominierten, stellten zehn Abgeordnete. Auch die ersten Landeshauptleute, Josef Freiherr von Weiß (1861–1872) und Hugo Graf Lamberg (1872–1880), kamen aus dem liberalen Lager. In der Stadt Salzburg bestimmte das liberale Großbürgertum die Politik bis zum Ende der Monarchie. Zwar gelang es 1895 einem Bündnis von Deutschnationalen und Klerikal-Konservativen, als „Vereinigte Christen" die Mehrheit zu erzielen, doch schon im folgenden Jahr übernahm der liberale „Bürgerklub", der vor allem wirtschaftliche Interessen verfolgte, die Macht und konnte sie bis 1918 behaupten.

Der liberalen Politik war es auch zuzuschreiben, dass neben der so lange dominanten katholischen Kirche andere Konfessionen in Salzburg Fuß fassen konnten. Am 29. März 1863 wurde die Evangelische Pfarrgemeinde Salzburg gegründet. Bereits 1867 konnte für sie die stattliche Christuskirche am rechten Salzachufer geweiht werden. Die Gemeinschaft der Altkatholiken erhielt vor allem aus dem deutschnationalen Lager Zustrom. Obwohl in deutschnationalen Zeitungen die antisemitischen Formulierungen um die Jahrhundertwende beängstigende Formen annahmen, kam es 1911 zur Bildung der israelitischen Kultusgemeinde Salzburg unter dem gelehrten Rabbiner Adolf Altmann.

Nachdem die Vorstellung der Liberalen von einem ungehemmten Aufschwung der kapitalistischen Wirtschaft durch die Wirtschaftskrise 1873 erschüttert worden war, erwuchs ihnen im „Kulturkampf" mit dem katholisch-konservativen (später christlichsozialen) Lager ein ernster Gegner. Die liberalen österreichischen Maigesetze von 1868, die Aufkündigung des Konkordats von 1855 durch die österreichische Regierung im Jahr 1870, die Unterstellung der Volksschulen unter staatliche statt unter kirchliche Kontrolle, die Regelung der interkonfessionellen Verhältnisse und die Maßnahmen zur Liberalisierung der Ehe („Notzivilehe") provozierten heftige katholische Proteste. Bereits 1870 wurde der „Katholisch-politische Volksverein" in Salzburg gegründet, und auch auf dem Land entstanden zahlreiche konservative Vereine. Die offenen

Gegensätze wurden zwar nach der Wahl Albert Eders zum Erzbischof 1876 beigelegt, aber die Konservativen übernahmen bei den Wahlen 1878 mit 18 Abgeordneten gegenüber zehn Vertretern der Liberalen die Vorherrschaft im Landtag. Entscheidend dafür war, dass sie damals und auch noch bei den Wahlen 1884 die politisch dominante Kurie der Großgrundbesitzer ganz mit ihren Vertretern besetzen konnten. Der wiederholte Machtwechsel zwischen Liberalen, die sich zeitweise die Unterstützung der Deutschnationalen sichern konnten, und Konservativen bei den folgenden Landtagswahlen spiegelte sich in der Parteizugehörigkeit der Landeshauptleute. Nach dem katholisch-konservativen Karl Graf Chorinsky (1880–1890) wechselten der liberale Albert Ritter von Schumacher (1890–1897 und 1902–1909) und der konservative Prälat Alois Winkler (1897–1902 und 1909–1918) einander zweimal im Amt ab. Der Kulturkampf lebte seit der Jahrhundertwende, ausgelöst durch die „Los von Rom-Bewegung" und den Abfall von der katholischen Kirche, in geänderter Form wieder auf. Er kam auch in der Auseinandersetzung um eine katholische Universität, deren Errichtung man seit 1848 anstrebte, zum Ausdruck. Als Gegenbewegung gegen den „Katholischen Universitätsverein" entstand 1901 der antiklerikale „Salzburger Hochschulverein", der ab 1903 Hochschul-Ferialkurse in Salzburg abhielt, die sich eines regen Zuspruchs erfreuten. Prominente deutsche Wissenschafter wie Max Planck, Theodor Mommsen und Max Weber sprachen sich gegen eine katholische Universität aus. Das katholische Lager antwortete mit der Abhaltung katholisch-katechetischer Kurse; auch wenn die angestrebte Universitätsgründung vorerst unterblieb, zeigte der militante Katholizismus doch eine erstaunliche Mobilisierungskraft. So kamen 1910 mehr als 15.000 Besucher zum fünften Marianischen Kongress nach Maria Plain. Wichtigstes Ergebnis dieser Entwicklung war 1907 die Gründung der Christlichsozialen Partei Salzburgs, die bei den Landtagswahlen 1909 mit 21 Mandaten gegenüber 15 Vertretern der Deutschfreiheitlichen und zwei Sozialdemokraten die Mehrheit erreichte und auch den Landeshauptmann stellte.

Das deutschnationale Lager war zwar in Salzburg stark vertreten, blieb aber im Gegensatz zu den durch eine straffe Führung disziplinierten Massenparteien der Christlichsozialen und der Sozialdemokraten immer in verschiedene Gruppierungen aufgesplittert. Sein Einfluss zeigte sich besonders im Vereinswesen, wo der Deutsche Schulverein, der Verein Südmark und der Salzburger Turnverein zu den mitgliederstärksten Verbindungen zählten. Der Salzburger Advokat Dr. Julius Sylvester, anfangs ein Gefolgsmann Schönerers, brachte es zum Reichstagsabgeordneten und 1911 zum Präsidenten des österreichischen Abgeordnetenhauses. Die von ihm publizierte Zeitschrift „Der Kyffhäuser" übte sich in antisemitischer Hetzpropaganda. Politisches Gewicht erlangte außer Sylvester jedoch nur Georg Lienbacher, der ursprünglich aus dem katholisch-konservativen Lager kam und mit seiner deutsch-konservativen „Mittelpartei" vor allem bei der bäuerlichen Bevölkerung beachtliche Erfolge erzielte.

Die Formierung der Arbeiterschaft wurde maßgeblich von der nivellierenden Wirkung der industriellen Revolution ausgelöst. Handwerksgesellen, Manufaktur- und Fabrikarbeiter, Berg- und Hüttenarbeiter, häusliche Dienstboten, landwirtschaftliche Knechte und Mägde verschmolzen zu einer neuen Klasse von Lohnarbeitern auf Lebenszeit. Ihr politischer Zusammenschluss in der Sozialdemokratischen Partei war auch in Salzburg ein langer und mühevoller Prozess. Der 1868 gegründete „Arbeiter-Bildungs-Verein", der auf der Idee der Selbsthilfe beruhte, und die seit 1872 entstandenen Fachvereine wurden 1874 wegen „staatsgefährlicher Propaganda" aufgelöst. Anders wäre es nicht möglich gewesen, der *größer und größer werdenden sozialdemokratischen Hydra ernstlich und mit Erfolg beizukommen.* Bereits 1871 hatte es die erste Streikbewegung gegeben, bei der sich aber nur die Schuhmacher eine Lohnerhöhung erkämpfen konnten.

Die Arbeitszeiten schwankten damals zwischen elf und 16 Stunden täglich, erst 1895 wurde eine Normalarbeitszeit von elf Stunden gesetzlich festgelegt. Der 1879 gegründete „Allgemeine Arbeiter-Verein für Salzburg und Umgebung" konzentrierte sich auf die vergebliche Forderung eines Acht-Stunden-Arbeitstages und den Kampf um das Streikrecht. In den Jahren 1900–1914 fanden 54 Streiks statt. Die erste Maikundgebung 1890 war Zeichen einer langsamen politischen Konsolidierung. Nachdem Jakob Prähauser 1896 zum ersten Landesparteisekretär bestellt wurde, entwickelte er bis 1899 die Landesparteiorganisation und bis 1901 ein neues Parteistatut. Als Parteiorgan erschien seit

187

UNTER DEM DOPPELADLER

1899 die „Salzburger Wacht". Zur ersten sozialdemokratischen Demonstration für ein allgemeines und gleiches Wahlrecht am 28. November 1905 versammelten sich mehr als 10.000 Menschen. Die Einführung der vierten „allgemeinen Wählerkurie" ermöglichte 1909 den Einzug von zwei Sozialdemokraten in den Landtag. Im Vergleich zu den Sozialdemokraten fanden die Bemühungen des katholischen Lagers, das 1903 den „Christlichsozialen Arbeiterverein" ins Leben rief, und auch der Deutschnationalen, die 1908 den „Bund deutscher Arbeiter" und 1913 den „Allgemeinen deutschen Gewerksverein" gründeten, in der Arbeiterschaft nur geringen Zuspruch.

Ungeachtet aller politischen Differenzen wurde seit der Jahrhundertwende Kaiser Franz Joseph I. immer stärker zur Identifikationsfigur für Land und Reich. Die silberne Hochzeit des Kaiserpaares wurde auch in Salzburg groß gefeiert, anlässlich der „Kaisertage" 1901 wurde in Gegenwart des Monarchen das Denkmal für die ermordete Kaiserin enthüllt, und am großen Festzug zum 60-jährigen Regierungsjubiläum 1908 in Wien nahm auch eine stattliche Salzburger Abordnung teil. Die Verbundenheit mit der Dynastie der Habsburger kam in der Benennung von Schulen, öffentlichen Gebäuden, Straßen, Plätzen und Brücken sowie ganzer Stadtviertel nach Mitgliedern des Kaiserhauses zum Ausdruck. Die Ermordung des Thronfolgers in Sarajevo 1914 löste deshalb unter den Salzburgern als guten Patrioten große Empörung aus, so dass selbst die Sozialdemokraten, die kurz zuvor noch zum Frieden gemahnt hatten, von der allgemeinen Kriegseuphorie erfasst wurden.

Die Siegeszuversicht erfuhr jedoch mit der Fortdauer des Ersten Weltkriegs und seinen vielen Gefallenen eine deutliche Dämpfung. Eines der ersten Opfer war Salzburgs größter Lyriker, Georg Trakl, der – seelisch gebrochen vom Tod auf den Schlachtfeldern – am 3. November 1914 im Garnisonsspital von Krakau verschied. Von 49.000 Salzburgern, die zum Kriegsdienst eingezogen wurden, kehrten fast 6000 nicht mehr zurück. Andererseits waren in großen Lagern in Grödig, St. Leonhard und Bürmoos zahlreiche Wolhynier, Galizier und Ruthenen, ab 1915 auch Italiener interniert. Russische Kriegsgefangene kamen im Kupferbergbau und in der von Arbeitskräften entblößten Landwirtschaft zum Einsatz.

Bereits 1915 mussten Karten für den Bezug von Brot und Mehl ausgegeben werden, in den beiden letzten Kriegsjahren hungerten große Teile der Bevölkerung. Knapp vor Kriegsende kam es am 19. September 1918 zu einer großen Hungerdemonstration auf dem Mozartplatz und zu Plünderungen in der Altstadt. Angesichts der bevorstehenden Kapitulation konstituierte sich Ende Oktober ein paritätisch besetzter Exekutivausschuss des Salzburger Volksrates, dessen drei Präsidenten Lackner, Ott und Preußler am 2. November im Auftrag der Provisorischen Nationalversammlung in Wien die Regierung übernahmen. Am 3. November 1918 kam es zur Bildung einer provisorischen Landesversammlung. Die Frage, wie es nach dem Zerfall der Habsburgermonarchie weitergehen sollte, schien damals kaum lösbar.

Die zwei Jahrzehnte vom Ende des Ersten Weltkriegs bis zur Machtergreifung der Nationalsozialisten (1918–1938) zählen zu den schwierigsten Epochen in der Geschichte Österreichs. In jenen Ländern, die nach der Zerstückelung der Habsburgermonarchie durch die Siegermächte übriggeblieben waren, herrschte die Überzeugung, dass die Republik „Deutschösterreich" als eigener Staat nicht lebensfähig sei und der Anschluss an Deutschland die einzige Lösung darstelle. Da dieser Anschluss zunächst verwehrt blieb, entstand mit der Ersten Republik ein Staat, den keiner wollte und an den kaum jemand glaubte. Die Radikalisierung der politischen Lager und der zunehmende Einfluss der bewaffneten Wehrverbände erhöhten die Gewaltbereitschaft in der Bevölkerung und führten zu einer Serie schwerer Zusammenstöße und zu mehrfachen Umsturzversuchen. Ab 1929 verschärfte die

Weltwirtschaftskrise mit dem rapiden Anstieg der Arbeitslosigkeit die Situation. Die Ausschaltung des Parlaments (1933) und der Sozialdemokratischen Partei (1934) führte zur Errichtung des autoritären „austrofaschistischen" Ständestaats, der im Februar 1938 mit der Machtergreifung der Nationalsozialisten sein Ende fand. Dass sich die Situation Salzburgs in diesen schwierigen Jahren vergleichsweise günstig gestaltete, war vor allem zwei Umständen zu danken: einerseits der Zusammenarbeit der drei politischen Lager im Interesse des Landes und andererseits der pragmatischen, auf wirtschaftliche Ziele ausgerichteten Politik von Landeshauptmann Dr. Franz Rehrl (1922–1938).

Die Auflösung des alten Herrschaftssystems, der verbreitete Hunger sowie drohende Plünderungen erzwangen in Salzburg bei Kriegsende einen Klassenkompromiss und einen Konsens der politischen Lager. Am 6. April 1919 fanden die ersten Landtagswahlen nach dem allgemeinen und gleichen Wahlrecht statt, das auch für Frauen galt. Sieger waren die Christlichsozialen mit 45% der Stimmen vor den Sozialdemokraten mit knapp 30% und den deutschnationalen Parteien mit 25%. Das Kräfteverhältnis zwischen den drei politischen Lagern änderte sich bis zu den letzten freien Landtagswahlen 1932 nur wenig. Die Christlichsozialen blieben unangefochten die stimmenstärkste Partei und erreichten bei den Landtagswahlen meist zwischen 40 und 50% der Stimmen. Nur 1922, als sie eine obskure Wahlgemeinschaft mit dem Freiheitlichen Bauernbund und den Nationalsozialisten eingingen, konnten sie sich mit fast 57% die absolute Mehrheit sichern.

Die Christlichsoziale Partei wurde im November 1918 auf Initiative des katholischen Bauernbundes neu gegründet und sollte alle großen katholischen Verbände zu einer Volkspartei zusammenschließen. Wichtigstes Ziel der Partei, in der einzelne Verbände ihre Selbstständigkeit als „Standesorganisationen" behielten, war die Durchsetzung der christlichen Weltanschauung in allen Bereichen des öffentlichen und wirtschaftlichen Lebens. Kernorganisationen bildeten der Bauernbund, die Frauenbewegung und die Arbeiterbewegung; dazu kam ein bunte Palette kirchlicher Vereine. Obwohl die Christlichsozialen den Anspruch stellten, eine „Volkspartei" zu bilden, waren in ihr Frauen und

Arbeiter nur schwach vertreten, überproportional hingegen öffentliche Berufe und Repräsentanten der katholischen Kirche. Die Parteiführung lag 1918–1922 in den Händen von Johann Lackner, dem Präsidenten des Katholischen Bauernbundes, 1922–1938 beim Rechtsanwalt und Nationalratsabgeordneten Dr. Rudolf Ramek, der 1928 kurzzeitig Bundeskanzler wurde. Die dominante Persönlichkeit in Salzburg war und blieb jedoch Landeshauptmann Dr. Franz Rehrl.

Die Sozialdemokraten erreichten im Landtag zwischen 30 und 35% der Stimmen, erst 1932, als sie auf weniger als 26% sanken, wurden sie von den deutschnationalen Parteien übertroffen. Im Gegensatz zu den Christlichsozialen verkörperten sie den Typ der Mitgliederpartei, bei der zwei Drittel der Wähler auch die Parteimitgliedschaft besaßen. Ihre Hochburgen waren die industriellen Ballungsräume in der Stadt Salzburg und ihrer Umgebung, in Hallein, Bischofshofen, Schwarzach, Lend und Saalfelden sowie die Bergbauzentren Mühlbach und Badgastein. Auf dem Land hingegen konnten die Sozialdemokraten, speziell in den Gebirgsgauen, kaum Fuß fassen; so gab es im Lungau 1929 nur 44 Parteimitglieder. Gering blieb ihr Anhang auch unter Akademikern, Beamten und Gewerbetreibenden. In Arbeitergesangsvereinen, Arbeitersportvereinen und Arbeiterbildungsvereinen entwickelten die Sozialdemokraten eine eigene Subkultur, die in den Feiern zum 1. Mai ihren stärksten Ausdruck fand. Mit den Kinderfreunden, den Freidenkern oder dem Bestattungsverein „Die Flamme" eröffneten sie eine kulturelle Offensive gegen die katholische Kirche. Die Parteiführung lag 1918–1934 in der Hand von Robert Preußler, der als Landeshauptmannstellvertreter mit Franz Rehrl kollegial zusammenarbeitete. Ab 1927 gerieten die Sozialdemokraten zunehmend in die Defensive, wofür die steigende Arbeitslosigkeit verantwortlich war – in manchen Orten waren 80 bis 90% der Parteimitglieder ohne Beschäftigung –, aber auch das offensive Vorgehen der Heimwehr und die Abwendung der bürgerlichen Parteien vom Weg der Demokratie.

Das deutschnationale Lager blieb auch in der Zeit der Ersten Republik gespalten. Während sich die bürgerlichen Gruppierungen 1920 in der Großdeutschen Volkspartei zusammenschlossen, gründeten die deutschnationalen Bauern den Landbund. Ideologisch waren diese Parteien vor allem dem Kampf gegen den Marxismus und dem Bemühen um eine Expansion des Deutschtums verbunden; der Antisemitismus nahm in Salzburg deutlich schärfere Formen an als bei der Wiener Parteileitung. Der zwar abgeschwächte aber beständige Antiklerikalismus der Deutschnationalen wurde dadurch verstärkt, dass man im Wesentlichen um dieselben Wählerschichten warb wie die Christlichsozialen. Im Landtag stellten die Deutschnationalen mit einem Stimmenanteil von ca. 20% die dritte Kraft. Sie waren zwar in den Parteikonsens eingebunden, aber nicht als gleichberechtigter, sondern nur als „Juniorpartner"; die wichtigen Entscheidungen trafen Christlichsoziale und Sozialdemokraten. Lediglich in der Stadt Salzburg besaßen die Deutschnationalen trotz ihrer geringeren Mitgliederzahl einen größeren Einfluss, da sie Schlüsselpositionen in Wirtschaft und Verwaltung, an den Schulen, in der Presse und in einflussreichen Vereinen besetzten. So wurde es möglich, dass sie 1928–1935 dank der Unterstützung der Sozialdemokraten mit Max Ott den Bürgermeister stellten. In der Landesparteileitung, wo sich 1918–1934 vier Obmänner ablösten, gab es keine Konstanz. Ab 1931 verließ im Rahmen eines Generationenkonflikts vor allem die Jugend die Großdeutsche Volkspartei und wanderte zu den Nationalsozialisten ab. Der Mitgliederschwund war so eklatant, dass von der Parteileitung 1932 sogar die Parteiauflösung beantragt wurde. Als diese unterblieb, bildete man eine Kampfgemeinschaft mit der NSDAP.

Einigkeit herrschte bei allen drei Parteien über die Notwendigkeit eines Anschlusses an Deutschland. Eine von der Bundesregierung in Wien untersagte Volksabstimmung fand am 29. Mai 1921 als „Privatveranstaltung" ohne politische Konsequenzen statt. Damals stimmten 98.986 Salzburger für den Anschluss, nur 889 waren dagegen. Die Versuche zur Zusammenfassung aller nichtsozialdemokratischen Parteien zu einem Bürgerblock in den Jahren 1920–1922 scheiterten. Die christlich-nationale Wahlgemeinschaft, die bei den Landtagswahlen 1922 einen durchschlagenden Erfolg errang, blieb eine Ausnahme. Mit der Wahl von Dr. Franz Rehrl zum Landeshauptmann setzte jedoch eine Phase der Konsenspolitik ein, die bis 1933 währte und in einem deutlichen Kontrast zur Entwicklung in der Bundespolitik stand. Ausschlaggebend dafür war, dass in Salzburg eine große politisch engagierte Arbeiterklasse fehlte und statt dessen erfolgreich die Einheit von Bürgern, Bauern und Arbeitern propagiert wurde. Das Verhältnis der Parteiführer war von gegenseitigem Respekt geprägt, und Landeshauptmann Rehrl, der zum demokratisch-republikanischen Flügel der Christlichsozialen Partei gehörte, fand immer wieder die Unterstützung oder zumindest die Zustimmung der Sozialdemokraten. Auch die in der Landesverfassung vorgeschriebene Wahl der Landesregierung nach dem Verhältniswahlrecht, die alle drei Parteien an der Regierung beteiligte, förderte die Konsensbildung. Die Regierungszeiten wurden stets voll ausgeschöpft und die meisten Beschlüsse, auch die Verabschiedung der Budgets und die Wahl der Landesregierung, einstimmig gefasst.

Angesichts der Arbeitslosigkeit, die ab 1929 stark zunahm, war Rehrls Politik vor allem auf die Schaffung von Arbeitsplätzen ausgerichtet. Nach dem Bau des Bärenwerkes in Fusch an der Glocknerstraße erfolgte die Planung für den Bau der Tauernkraftwerke trotz heftigster Widerstände. 1928 konnte die Bahn auf die Schmittenhöhe in Zell am See eröffnet werden, im folgenden Jahr wurde die Gaisbergstraße in der Stadt Salzburg ihrer Bestimmung übergeben (und zugleich die Zahnradbahn eingestellt). Als größtes unter allen Bauvorhaben wurde die Großglockner-Hochalpenstraße fertiggestellt und am 1. Juli 1935 feierlich eröffnet. Rehrl erkannte aber auch frühzeitig die Bedeutung der Salzburger Festspiele. Auf seine Initiative hin wurde 1926 das Gesetz über die Bildung des Fonds zur Förderung des Fremdenverkehrs in Salzburg erlassen und 1936 ein Gesetz zum Schutz der Salzburger Festspiele verabschiedet.

Die Idee der Salzburger Festspiele reicht ins 19. Jahrhundert zurück. Für die Musikfeste, die ab 1877 in Salzburg stattfanden, war schon 1890 ein Mozart-Festspielhaus geplant worden, aber nicht zur Ausführung gelangt. Der Schauspieler und Regisseur Max Reinhardt legte im April 1917 eine Denkschrift zur Errichtung eines Festspielhauses vor, die Salzburg zum Treffpunkt für Kunstfreunde aus aller Welt machen sollte. Am 1. August 1917 gründete der Jurist Friedrich Gehmacher, Vorsteher der internationalen Mozartgemeinde, mit Unterstützung des Kritikers Heinrich Damisch die Salzburger Festspielhaus-Gemeinde in Wien mit

Aufführung des Jedermann mit Werner Krauss, Tod, Johanna Terwin-Moissi, Buhlschaft, 1920.

einem Zweigverein in Salzburg. Kaiser Karl stimmte noch kurz vor dem Ende der Monarchie im Herbst 1918 der Einführung von Festspielen in Salzburg zu. Hugo von Hofmannsthal, der seit 1919 neben Reinhardt, Richard Strauss und Franz Schalk dem „Kunstrat" angehörte, legte in der anonym publizierten Schrift „Die Salzburger Festspiele" Idee und Programm fest. Nach seiner Vorstellung sollte Salzburg als Festspielort zum Symbol der Versöhnung einer vom Krieg zerrissenen und entzweiten Generation werden. Ein umfassendes Programm sollte Oper und Schauspiel gleichermaßen berücksichtigen.

Am 22. August 1920 führte Max Reinhardt auf einer Bretterbühne vor dem Salzburger Dom, die aus den Baracken der Kriegsgefangenenlager in Grödig zusammengezimmert war, Hofmannsthals „Jedermann" auf. Im folgenden Jahr wurde das Programm um Konzerte und Ballettveranstaltungen erweitert, 1922 Hofmannsthals „Das Salzburger große Welttheater" in der Kollegienkirche inszeniert. Die Errichtung eines Festspielhauses in Hellbrunn fiel jedoch der Inflation zum Opfer, und die Festspiele schlitterten in eine ernste Krise; 1923 und 1924 wurden sie abgesagt. Erst neue Statuten für die Salzburger Festspielhaus-Gemeinde und die gezielte Förderung durch Landeshauptmann Rehrl sicherten einen erfolgreichen Neustart. Als die Festspiele 1931 durch die Notverordnung in Deutschland und ab 1933 durch die Tausend-Mark-Sperre erneut bedroht waren, konnte der Entfall des deutschen Publikums durch erfolgreiche Werbung in ganz Europa und Übersee zumindest teilweise wettgemacht werden.

197

Die Reitschule im Bereich der Hofstallkaserne wurde 1925 als provisorisches Festspielhaus adaptiert und im folgenden Jahr durch den Architekten Clemens Holzmeister umgestaltet. Der Dirigent Arturo Toscanini, den man 1934 für die Festspiele gewann, machte 1936 seine weitere Mitarbeit von einem neuen Festspielhaus abhängig. Daraufhin baute Holzmeister 1937 das heutige „Kleine Festspielhaus" völlig um und fügte ein eigenes Bühnenhaus an. Ein weiterer Aufführungsort wurde 1926 mit der Felsenreitschule erschlossen. Dort spielte man in der von Holzmeister errichteten „Faust-Stadt" 1933–1937 Goethes „Faust". Max Reinhardt, der 1918 Schloss Leopoldskron erwarb und bis 1937 zu einem interna-

Clemens Holzmeister erläutert seine Umbaupläne für das Salzburger Festspielhaus; links neben ihm Max Reinhardt.

tionalen Treffpunkt machte, brachte seine wichtigsten Inszenierungen aus Berlin und Wien nach Salzburg. Im Bereich der Oper, wo man sich auf die Wiener Philharmoniker und das Ensemble der Staatsoper stützte, gelangten vor allem die Werke Mozarts und Stücke von Richard Strauss zur Aufführung; daneben zählten Beethovens „Fidelio" und seit 1933 auch Opern von Richard Wagner zum Repertoire der Festspiele. Toscanini verschaffte 1935 Giuseppe Verdis Werken Eingang in Salzburg, sagte aber nach dem Berchtesgadener Treffen des Bundeskanzlers Schuschnigg mit Hitler im Februar 1938 seine weitere Mitwirkung an den Festspielen ab.

Die 1929/30 einsetzende Weltwirtschaftskrise traf Salzburg mit voller Wucht und wurde durch vorhandene Strukturschwächen wie die Überschuldung des Fremdenverkehrs und eine massive Agrarkrise noch verstärkt. Bedeutende Wirtschaftsunternehmen, darunter der Kupferbergbau in Mühlbach am Hochkönig, die Glasindustrie in Bürmoos und zeitweise auch die Zellulosefabrik in Hallein mussten schließen; der Viehabsatz nach Deutschland ging auf ein Zehntel zurück und zahlreiche land- und forstwirtschaftliche Betriebe wurden zwangsversteigert. Gleichzeitig erlebte der Fremdenverkehr durch die restriktiven Maßnahmen Deutschlands einen argen Einbruch. Die Zahl der unterstützten Arbeitslosen stieg von 4757 im Jahre 1928 auf 12.020 im Jahre 1932 und erreichte 1933 mit 13.116 ihren Höhepunkt. Am 1. April dieses Jahres waren 41,2% der Arbeiter und 12,3% der Angestellten arbeitslos, im Durchschnitt des Jahres mit 31,9% fast ein Drittel der Gesamtbevölkerung. Hinter diesen nüchternen Zahlen verbergen sich Not und Elend unvorstellbaren Ausmaßes, wovon Stadt und Land gleichermaßen erfasst wurden. Der Unmut der Bevölkerung machte sich am 4. Oktober 1931 bei einem Treffen in St. Johann Luft, an dem etwa 4000 Bauern und Gewerbetreibende teilnahmen: „... wir wollen nicht Bettler und Sklaven sein, wir wollen freie deutsche Bauern bleiben! Weg mit der gottverfluchten Misswirtschaft der heute noch herrschenden Parteien! Weg mit diesem Parlament und seiner Regierung! ..." Auch die Gehälter der Landesbediensteten konnten damals nur mehr in Raten, die durch Kredite der Banken zwischenfinanziert waren, ausbezahlt werden. Die Landesregierung versuchte, durch Arbeitslosenküchen, Wärmestuben, Notstandsarbeiten, Winterhilfen und andere Aktivitäten zumindest dem Hungertod vorzubeugen. Die Arbeitslosigkeit führte bei den Betroffenen zu einer Minderung des Selbstwertgefühls, das Vertrauen in die alten Parteien ging verloren; verzweifelt suchte jeder Einzelne nach einem Ausweg aus der Krise. Davon profitierten extreme, zur Gewalt bereite Gruppierungen: zuerst die Heimwehr und dann die Nationalsozialisten.

Eine Besonderheit der Ersten Republik war die Preisgabe des staatlichen Gewaltmonopols zugunsten von Wehrverbänden, die immer stärker aufrüsteten. Die Heimwehr, deren Anfänge bis zum Ende des Ersten Weltkriegs zurückreichen, erlangte in Salzburg zunächst keine größere Bedeutung. Erst nach dem Brand des Wiener Justizpalastes am 15. Juli 1927 nahmen ihre Aktivitäten zu: Sie veranstaltete Kundgebungen und große Aufmärsche, bei den Wahlen 1930 und 1932 kandidierte sie als eigene Partei. Während die nationalen Teile der Heimwehr bis 1933 direkt zu den Nationalsozialisten übergingen, schloss sich der „vaterländische Rest" eng an Bundeskanzler Dollfuß und Vizekanzler Fürst Starhemberg an, der auch die Führung der Salzburger Heimwehr übernahm. Am 8. Februar 1934 überreichte eine Delegation der Heimwehr der Salzburger Landesregierung ein komplettes Programm der „kalten Machtergreifung". Der damals geforderte Rücktritt des Landeshauptmanns wurde zwar durch die Ereignisse der folgenden Tage verhindert, aber als Vertreter der Heimwehr musste der Arzt Dr. Alois Wagenbichler als Landeshauptmann-Stellvertreter in die Regierung aufgenommen werden. Die Konflikte mit der Heimwehr dauerten noch zwei Jahre an, bis 1936 auch dieser Wehrverband offiziell aufgelöst und in die Frontmiliz übergeführt wurde.

200

Im Gegensatz zur Heimwehr war der 1923 gegründete Republikanische Schutzbund eine Parteiformation. Der Eisenbahner Karl Emminger, langjähriges Mitglied der Landesregierung und zuletzt auch Präsident der Arbeiterkammer, hielt den Schutzbund streng auf der sozialdemokratischen Parteilinie. Angesichts der Aufrüstung der Heimwehr erfolgte ab 1929 eine forcierte militärische Ausbildung und eine verstärkte illegale Bewaffnung. Das Vertrauen Emmingers, „auf dem festen Boden des Rechtes und der Gerechtigkeit zu stehen", erwies sich jedoch als Illusion. Nach der Ausschaltung des Parlaments durch die Regierung Dollfuß 1933 wurden zunächst der Republikanische Schutzbund aufgelöst und öffentliche Versammlungen der sozialdemokratischen Partei verboten. Am 12. Februar 1934 verhaftete man in Absprache mit der Wiener Zentrale auch in Salzburg die Landesparteileitung und die lokalen Parteiführungen. Während die Anhängerschaft der Sozialdemokraten – abgesehen von kleineren Protestaktionen – ruhig blieb, erreichte Landeshauptmann Rehrl nach kurzer Zeit die Enthaftung der sozialdemokratischen Führer. Die Parteijugend war jedoch von der kampflosen Unterwerfung und der Beschlagnahme des Parteivermögens einschließlich der Arbeiterheime schwer enttäuscht und wanderte teilweise zur KPÖ ab.

Auf die Ausschaltung des Parlaments und der Sozialdemokratischen Partei folgte im Mai 1934 die Errichtung des autoritären Ständestaates unter Bundeskanzler Engelbert Dollfuß. Auch in Salzburg erließ die Landesregierung eine neue Landesverfassung auf ständischer Grundlage, die am 22. November 1934 in Kraft trat. Der Landeshauptmann wurde nicht mehr gewählt, sondern vom Bundespräsidenten ernannt; es war erneut Franz Rehrl, der nach einem heftigen Konflikt mit Bundeskanzler Dollfuß seine Position durch ein Treuetelegramm zu festigen suchte. Der Landeshauptmann ernannte den Landeshauptmannstellvertreter, der nun Landesstatthalter hieß, und die vier Landesräte; das Amt der Landesregierung wurde in die Landeshauptmannschaft umgewandelt. Der Salzburger Landtag setzte sich aus „Ständevertretern" zusammen, die der Landeshauptmann als Repräsentanten von Berufs-

Erste offizielle Überquerung des Tauernmassivs auf der halbfertigen Trasse der Großglockner-Hochalpenstraße am 22. September 1934 durch Landeshauptmann Dr. Franz Rehrl (am Steuer) und Dipl. Ing. Franz Wallack (am Beifahrersitz).

gruppen ernannte. Trotz der persönlichen Erfolge Rehrls, die in der Eröffnung der Großglockner-Hochalpenstraße und dem glanzvollen Festspielsommer 1935 gipfelten, war sein politischer Rückhalt in der Bevölkerung in den Jahren des autoritären Ständestaates viel geringer als in der demokratischen Zeit zuvor. Auch die 1933 erfolgte Gründung der Vaterländischen Front als Zwangsorganisation zur Mobilisierung der Massen zeitigte nicht den gewünschten Erfolg: 1937 waren zwar 67,4% der Salzburger Wahlberechtigten in der Vaterländischen Front organisiert, die Anteilnahme in der Bevölkerung blieb jedoch gering. Das zeigte sich beim Aufstieg der Nationalsozialisten, den weder der Landeshauptmann noch die Vaterländische Front verhindern konnten.

Die 1926 gegründete Ortsgruppe Salzburg der NSDAP blieb zunächst klein und unbedeutend; erst durch die Weltwirtschaftskrise, die sie propagandistisch geschickt ausnützte, und den Aufstieg Adolf Hitlers in Deutschland erlebte sie einen Aufschwung. Im Jahre 1932 verfügten die Nationalsozialisten über 4612 Mitglieder, es wurde ein eigener Gau Salzburg errichtet, und 1933 gab es bereits 123 Ortsgruppen. Als 1932 sechs Nationalsozialisten in Uniform und mit „Heil Hitler" in den Salzburger Landtag einzogen, war es dort mit der relativ ruhigen Atmosphäre vorbei. Die Nationalsozialisten nahmen vor allem das System des politischen Konsenses aufs Korn und überschwemmten den Landtag mit einer Flut von Anträgen, um damit Propaganda für ihre Partei zu machen. Nach dem Verbot der politischen Tätigkeit der NSDAP im Juni 1933 und der Stilllegung ihrer Mandate kehrte zwar im Landtag wieder Ruhe ein, dafür begann in Salzburg der Naziterror auf der Straße. Böllerschüsse und Bombenanschläge, das Abbrennen von Hakenkreuzfeuern, das Hissen von Hakenkreuzfahnen und das Ausstreuen von propagandistischen Flugzetteln zählten zum täglichen Repertoire. Nachdem die Tausend-Mark-Sperre den Salzburger Fremdenverkehr bereits schwer getroffen hatte, sollte der permanente Terror den Ständestaat wirtschaftlich in die Knie zwingen und die Festspielstadt Salzburg in eine „düstere Bombenstadt" verwandeln. Die Regierung antwortete mit drakonischen Strafmaßnahmen, so mit der Einweisung illegaler Nationalsozialisten in das Anhaltelager Wöllersdorf in Niederösterreich und mit der häufigen Verhängung

202

der Todesstrafe, die allerdings nie vollstreckt wurde. Während im September 1934 bereits 689 Nationalsozialisten aus Salzburg in den Gefängnissen einsaßen, setzte sich ein Teil der NS-Prominenz mit Gauleiter Scharizer an der Spitze nach Bayern ab.

Der Widerstand der Nationalsozialisten gegen den autoritären Ständestaat erreichte im ersten Halbjahr 1934 mit zahlreichen Terroranschlägen, die auch einige Menschenleben kosteten, den Höhepunkt. Zwei Tage nach der Ermordung des Bundeskanzlers Engelbert Dollfuß unternahm der SA-Führer des Flachgaues, Friedrich Kaltner, am 27. Juli 1934 einen Putschversuch. In Lamprechtshausen, Mattsee, Seekirchen, Seeham, Berndorf und Liefering besetzten die Putschisten jeweils den Gendarmerieposten und das Postamt, verhafteten Anhänger des Regimes und warteten auf weitere Anweisungen. Der dilettantische Aufstandsversuch, bei dem sowohl von den Putschisten wie auch von der Heimwehr unverhältnismäßig brutal vorgegangen wurde, forderte allein in Lamprechtshausen neun Todesopfer, im ganzen Land kamen etwa zwanzig Menschen ums Leben. 28 Putschisten aus Lamprechtshausen wurden zu langjährigen Kerkerstrafen verurteilt, jedoch bereits 1936 wieder freigelassen.

Nach dem Scheitern der Strategie des Terrors begannen die Nationalsozialisten mit der Unterwanderung und Zersetzung des Regierungsapparats. Die politische Führung übernahmen Vertreter des angesehenen bürgerlichen Lagers wie der Mattseer Notar Dr. Franz Hueber und der Salzburger Rechtsanwalt Dr. Albert Reitter. Der Versuch der Regierung, den Nationalsozialismus durch das Juliabkommen 1936 zu zähmen, scheiterte nicht zuletzt an der schlechten wirtschaftlichen Situation. Überdies hatten die Nationalsozialisten ihre getarnten Stützpunkte im Salzburger Turnverein, in der Evangelischen Gemeinde, in der Bausparkasse Wüstenrot und beim Salzburger Volksblatt. Mit dem 1937 errichteten Volkspolitischen Referat erreichten sie sogar eine Vertretung innerhalb der Vaterländischen Front. Entscheidend aber war, dass die politischen und vor allem die wirtschaftlichen Erfolge des nationalsozialistischen Regimes in Deutschland mit dem raschen Rückgang der Arbeitslosigkeit auch in Salzburg große Hoffnungen auf eine bessere Zukunft weckten. Als am Abend des 21. Februar 1938 die Führer der Va-

203

terländischen Front noch ihr Bekenntnis zu Bundeskanzler Kurt Schuschnigg und Österreich ablegten, marschierten die Nationalsozialisten mit dem illegalen Gauleiter Anton Wintersteiger offen auf; Angehörige des Bundesheeres und der Polizei nahmen bereits in ihren Uniformen an der Demonstration teil. Während am Abend des 11. März 1938 in Wien Bundespräsident Miklas noch zögerte, den Nationalsozialisten Arthur Seyß-Inquart zum Bundeskanzler zu ernennen, hatten in Salzburg die illegalen Nationalsozialisten bereits die Macht ergriffen. Am Vormittag des folgenden Tags fuhren unter dem Jubel der Bevölkerung deutsche Truppen in die Stadt Salzburg ein; erst dann ernannte Seyß-Inquart als Kanzler den Salzburger Gauleiter Wintersteiger zum Landeshauptmann, um die Ereignisse nachträglich zu legalisieren.

Die Machtergreifung der Nationalsozialisten wurde in Salzburg mit euphorischem Jubel begrüßt. Der langgehegte Wunsch nach einem Anschluss an Deutschland, den noch 1929 alle Parteien mit der Gründung des „Österreichisch-Deutschen Volksbundes" unterstützt hatten, war in Erfüllung gegangen. In dem gespaltenen Verhältnis zwischen der Zugehörigkeit zum Staat Österreich und dem Bekenntnis zum deutschen Volkstum hatte 1938 die deutsche Identität die Oberhand gewonnen. Schon seit dem Vormärz galt das Deutsche als Muster der Modernität, und der rasche Rückgang der Arbeitslosigkeit im nationalsozialistischen Deutschland hatte auch in Salzburg die Hoffnung auf eine bessere Zukunft geweckt. Zum Zeitpunkt des Anschlusses waren bereits 30 bis 40% der Salzburger Bevölkerung Sympathisanten des NS-Regimes, und die am

10. April durchgeführte Volksabstimmung, die zu einem Volksfest wurde, ergab 99,7% für den Anschluss; nur 463 Salzburger stimmten dagegen.

Viele Maßnahmen der neuen Machthaber stießen in breiten Kreisen der Bevölkerung auf Zustimmung: Man machte mit Kriminellen kurzen Prozess, sah den richtigen Platz der Frau im Haus und bei den Kindern und förderte nur mehr allgemein verständliche und nicht „entartete" Kunst. Befehlen und Gehorchen als Grundprinzipien jeder Gesellschaft wurden durch eine klare Führungshierarchie, durch den Glanz der Uniformen, durch Aufmärsche und militärische Lieder zum Ausdruck gebracht. Populäre Musikstücke wie das „Horst-Wessel-Lied" oder „Lilli Marlen" stärkten das Ge-

Rede von Hermann Göring auf dem Residenzplatz in Salzburg am 2. April 1938.

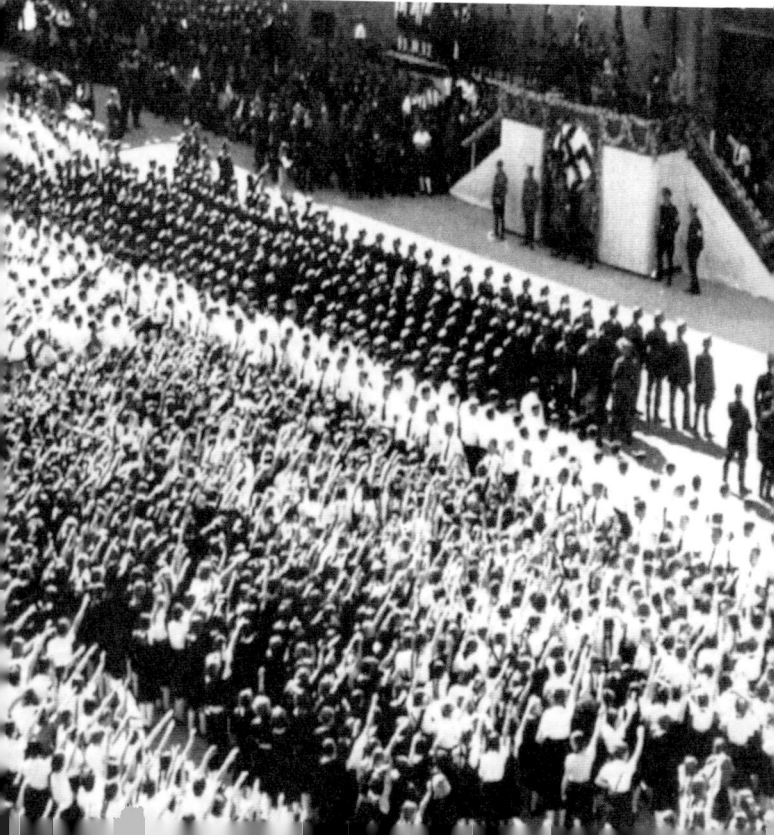

Die Erweiterung des Salzburger Stadtgebietes 1935 und 1939

LEGENDE

- Stadtgebiet bis 1935
- Erste Stadterweiterung 1935
- Zweite Stadterweiterung 1939
- Ankauf von der Gemeinde Bergheim 1950

0   500m   1km

meinschaftsgefühl und erzeugten bis zum Kriegsende mehr Zusammenhalt als alle Durchhalteparolen. Einen besonderen Stellenwert besaß in Salzburg der Führermythos. Er verschmolz mit alten Sehnsüchten des Volkes wie der Sage vom schlafenden Kaiser Karl im Untersberg und wurde durch die großen Anfangserfolge weiter gestärkt. Dazu kam die Präsenz Hitlers und anderer Nazigrößen in

Adolf Hitler in Salzburg, April 1938.

der Stadt Salzburg und der weiteren Umgebung: Bei den Festspielen, im Hotel „Österreichischer Hof", im Schloss Kleßheim, auf dem Obersalzberg und im Schloss Fuschl. Der Führermythos hielt auch deutlich länger als der Respekt vor der Partei, um sich erst sehr spät, kurz vor dem Kriegsende, ins Gegenteil zu verkehren.

Im wirtschaftlichen Bereich verliefen die Anfänge der nationalsozialistischen Herrschaft durchaus erfolgreich. Das ganze Land wurde von einem Modernisierungsschub erfasst. Der Bau der Reichsautobahn, für die Adolf Hitler den Spatenstich am Walserberg vornahm, schuf 15.000 neue Arbeitsplätze; innerhalb eines Jahres konnte die Arbeitslosenrate von 23,3% auf 3,8% gesenkt werden. Auch die Industrialisierung schritt rasch voran, die Zahl der in der Industrie Beschäftigten wuchs um 74%. Durch erfolgreiche Rationalisierungsmaßnahmen wurden zahlreiche Arbeiter freigesetzt, die in der Rüstungsindustrie zum Einsatz kamen. Die neue Leistungsgesellschaft mündete damit in Kriegsleistung, auch wenn dies ein Großteil der Bevölkerung zunächst nicht wahrnahm.

Das bürgerliche Lager war in Salzburg traditionell großdeutsch eingestellt und zählte einschließlich der Intelligenz zu den bedingungslosen Anhängern des neuen Regimes. Im Sinne einer nationalsozialistischen „Volksgemeinschaft" bemühte man sich aber auch um jene Gruppen, in denen deutliche Vorbehalte vorhanden waren: die christlichsozialen Bauern und die sozialdemokratischen Arbeiter. Unter dem Eindruck der raschen Vollbeschäftigung und des steigenden Lebensstandards entfielen 1938 fast 30% der Parteieintritte auf Arbeiter. Den Prinzipien einer modernen Sozialpolitik für die „Volksgenossen" entsprach die Einführung der Altersversicherung und die Verbesserung von Fürsorgeinstitutionen wie Mütterberatung, Kindergarten und Kinderbeihilfe. Auch Maßnahmen zur Durchbrechung alter Klassenschranken wie die Abschaffung der bürgerlichen Titel, die Einziehung von Bürgersöhnen zum Reichsarbeitsdienst und das Haushaltsjahr für höhere Töchter stießen bei den Arbeitern auf Zustimmung. Die Beschneidung von Rechten, die sich die Arbeiter in der Ersten Republik erkämpft hatten, sollte durch Ideologie und Kultur kompensiert werden. Es gab Betriebswettkämpfe, und als Ersatz für fehlende Lohnerhöhungen verschönerte man die Arbeit durch die Einrichtung von Kantinen, durch Werkpausenkonzerte und Theaterabonnements für Arbeiter.

Auch die Aktivitäten der Freizeitorganisation „Kraft durch Freude" (KdF) stießen auf breite Zustimmung. Die sozialdemokratischen Kernschichten der Arbeiterschaft gingen aber nicht zu den Nationalsozialisten über, sondern passten sich bloß äußerlich an und waren im Übrigen bestrebt, ihre wahre Gesinnung nicht zu verraten. Wirklich sicher sein konnte sich das Regime der Arbeiter nie und nahm deshalb in Krisenzeiten Kommunisten und prononcierte Sozialdemokraten vorsorglich in Haft.

Auch auf dem Land produzierte die Modernisierung mit der Einführung von Traktoren und Erntemaschinen zahlreiche Arbeitslose; das führte zu einer gesteigerten Mobilität und damit bei jüngeren Bauernsöhnen und Landarbeitern zu einer Lösung aus der engen Bindung an Kirche und Familien. Die Salzburger Bauern erhielten Zugang zum großen deutschen Markt, wurden aber zugleich einer strengen Marktordnung unterworfen. Auch die Gebirgsbauern mussten sich dem Wettbewerb stellen und ihre Produktion auf den Bedarf der urbanen Zentren ausrichten. Gleichzeitig wurden Zwangsversteigerungen untersagt und die hohen Schulden durch den Staat und die Banken abgedeckt und in langfristige Darlehen umgewandelt. Die beachtlichen Aufbaudarlehen und -zuschüsse für die Bauern wurden zu einem Drittel für den Kauf moderner Maschinen und Geräte verwendet. Das Erbhofgesetz, welches mittlere und große Bauern bevorzugte, sollte vor allem die Ernährungswirtschaft im Krieg absichern. Das Regime griff aber auch bewusst auf Traditionen der Volkskultur zurück und gestaltete große Feiern wie Maibaumaufstellen und Erntedank, um damit die Kirchenfeste zu übertrumpfen. Trotzdem war die Stimmung in bäuerlichen Kreisen eher ablehnend. Das freie Eigentumsrecht der Bauern wurde durch Erbhofgesetz, Umschuldung und Marktordnung eingeschränkt, die Landflucht verknappte die Arbeitskräfte, und die Lohnkosten für Landarbeiter stiegen steil an. Die Bauern lehnten den Kirchenkampf der Nationalsozialisten ebenso ab wie den ideologischen Zwang, die Ausdehnung der politischen Öffentlichkeit in das Haus hinein und die ständigen Hofkontrollen, die ihrem Selbstbewusstsein zuwiderliefen. Im Gegensatz zur gut organisierten sozialdemokratischen Arbeiterschaft stellten die Bauern aber nie eine ernstzunehmende Gefahr für das Regime des Dritten Reichs dar.

210

Bücherverbrennung durch die Hitlerjugend auf dem Residenzplatz am 30. April 1938.

Gleich nach dem Anschluss wurde die Gleichschaltung mit Deutschland vollzogen. Illegale österreichische Nationalsozialisten und reichsdeutsche Funktionäre besetzten die Spitzenpositionen, dafür wurden Beamte und Politiker, die sich für den Austrofaschismus engagiert hatten, vom Dienst suspendiert und wanderten ins KZ. Altlandeshauptmann Franz Rehrl wurde dreimal inhaftiert, zuletzt ab 1944 im KZ Ravensbrück und dann im Berliner Gefängnis Moabit. Insgesamt 63 Gendarmen wurden gemaßregelt, der Stadtkommandant von Salzburg, Oberst Stochmal, 1942 in Auschwitz erschossen und der Heimwehrführer Johann Facinelli aus Bischofshofen in Dachau ermordet. Sehr rasch setzte auch die Ausgrenzung von Personen ein, die nicht in die „deutsche Volksgemeinschaft" passten. Asoziale, Bettler und Sandler kamen in Arbeitslager. Zigeuner setzte man fest, dann internierte man sie in einem KZ-artigen Lager in Maxglan, um sie schließlich nach Auschwitz in die Gaskammern zu verfrachten. Die Juden wurden zunächst aus dem Berufsleben hinausgedrängt, als Beamte entlassen, als Rechtsanwälte und Ärzte aus den Kammern ausgeschlossen. Bei Judengeschäften folgte auf die Stigmatisierung durch Aufschriften die „Arisierung". In der „Reichskristallnacht" vom 9. zum 10. November 1938 wurden in der Stadt Salzburg sieben jüdische Geschäfte zerstört, die Synagoge geplündert und verwüstet und sämtliche männliche Juden verhaftet. Da die meisten von ihnen auswanderten, überlebten sie den Holocaust. So könnte Gauleiter Rainer bereits 1939 stolz nach Berlin melden, dass sein Gau judenfrei sei. Allerdings zählte man noch 1941 67 Juden, die als Zwangsarbeiter beim Kraftwerksbau im Stubachtal oder in Kaprun eingesetzt waren.

Die Spekulationen um die Zukunft des Landes Salzburg beendete Adolf Hitler am 23. Mai 1938 durch seinen Entscheid für den Fortbestand als Reichsgau. Der Lungau, der zunächst abgetrennt werden sollte, blieb bei Salzburg, das als einziger Gau keine Grenzveränderungen erfuhr. Durch das Ostmarkgesetz vom 14. April 1939 wurde das ehemalige Bundesland Salzburg in den kleinsten aller Reichsgaue umgewandelt. Seine Position wurde jedoch durch eine Reihe von Sonderkompetenzen aufgewertet. Neben dem Wehrkreiskommando XVIII, das auch für die Länder Steiermark, Kärnten, Tirol und Vorarlberg zuständig war, befand sich in Salzburg der Sitz eines höheren SS- und Polizeiführers. Die Einrichtung des Reichsgaus sollte am 30. September 1939 abgeschlossen sein, verzögerte sich aber durch den Krieg bis zum 1. April 1940. Der aus Kärnten stammende, überaus ehrgeizige Gauleiter Dr. Friedrich Rainer, der bestrebt war, Salzburg zu einem Mustergau zu machen, vereinte nach seiner Ernennung zum Reichsstatthalter im April 1940 größere Macht in seiner Hand als je zuvor ein Landeshauptmann. Ihm unterstanden auch die Sonderverwaltungen der Reichsfinanz-, Reichsbahn- und Reichspostverwaltung, nur die Justiz war ausgenommen. Als seine Vertreter fungierten in der staatlichen Verwaltung Regierungspräsident Dr. Albert Reitter, im Bereich der Selbstverwaltung ein Gauhauptmann und für Parteiangelegenheiten ein stellvertretender Gauleiter. Für den wirtschaftlichen Sektor war der erfahrene Fachmann Dr. Erich Gebert als Gauwirtschaftsberater und Gaukommissar für Wirtschaftsangelegenheiten zuständig. Landesrat Karl Springenschmid tat sich als nationalsozialistischer Volksschriftsteller, aber auch durch seine unerhört scharfen Angriffe gegen die Kirche hervor: „Ich hoffe, dass wir in zwei Jahren soweit sind, dass kein Kind mehr getauft wird, und ich verfluche den Tag, an dem mich meine Eltern haben taufen lassen".

Als Rainer im Herbst 1941 den um Oberkrain erweiterten Reichsgau Kärnten übernahm, ernannte Adolf Hitler am 18. November den Reichsstudentenführer Dr. Gustav Adolf Scheel zum neuen Gauleiter. Mit ihm, dem Arzt und Sohn eines evangelischen Pfarrers aus Rosenberg in Baden, hielten in Salzburg ein höflicherer Umgangston und ein toleranterer Stil Einzug, besonders gegenüber der Kirche. So wie Rainer war auch Scheel aus der SS hervorgegangen. Als jedoch das Wüten der Gestapo nach 1942 seinen Höhepunkt erreichte, setzte sich Scheel mutig für die wegen Hochverrats zum Tode verurteilen Salzburger ein und konnte mehrfach eine Umwandlung von Todesstrafen in Haftstrafen erreichen; der Sozialdemokrat und spätere Bürgermeister von Salzburg Anton Neumayr wurde auf Scheels Intervention hin aus der Haft im KZ entlassen. Scheel besaß bis zuletzt das Vertrauen des Führers und war im Testament Hitlers vom 29. April 1945 als Kultusminister vorgesehen.

In der Landeshauptstadt wurde der christlichsoziale Bürgermeister Richard Hildmann, der seit 1935 einen radikalen Sparkurs verfolgt hatte, vom stellvertretenden Gauleiter Anton Giger als „Oberbürgermeister der Gauhauptstadt" abgelöst. Noch in der Zeit des Ständestaats war am 1. Juli 1935 durch die Einbeziehung der Gemeinden Maxglan und Gnigl-Itzling sowie Teilen von Aigen, Morzg, Leopoldskron, Bergheim und Hallwang das Gebiet der Stadt Salzburg von 8,8 km² auf 24,9 km² verdreifacht und die Einwohnerzahl von 40.232 auf 63.275 erhöht worden. Gleichzeitig hatte man allerdings auch die Schulden der neuen Stadtteile in das große Defizit des städtischen Haushalts einbeziehen müssen. Das neue Regime hegte mit Salzburg große Pläne. Bereits am 1. Jänner 1939 trat die Eingemeindung von Aigen, Leopoldskron und Morzg sowie von Teilen von Siezenheim und Wals in Kraft, mit der das Stadtgebiet auf 67 km² wuchs und die Bevölkerungszahl auf 77.170 Einwohner stieg. Das Bemühen um den Ausbau der Stadt zu einem kulturellen und wissenschaftlichen Zentrum nationalsozialistischer Prägung erbrachte 1939 die Erhebung des Konservatoriums Mozarteum zur „Hochschule für Musik". Die Vorbereitungen zur Etablierung einer SS-Universität gediehen jedoch nur bis zur Einrichtung einiger Institute des SS-eigenen „Ahnenerbes". Holzmeisters Festspielhaus wurde vom „Reichsbühnenbildner" Benno von Arent mit neobarockem Stuck zu einem „Vorstadtkino" umgestaltet. Die Pläne eines überdimensionalen Gauforums auf dem Kapuzinerberg und des riesigen Armeekommandos für den Wehrkreis XVIII auf dem Mönchsberg, die teilweise auf Hitlers persönliche Vorstellungen zurückgingen und Dom und Festung in den Schatten stellen sollten, kamen glücklicherweise nicht mehr zur Ausführung.

Kurz nachdem Adolf Hitler im Sommer 1939 zweimal die Salzburger Festspiele besucht hatte, erfolgte am 1. September 1939 der Überfall auf Polen. Mit dem Kriegszustand änderte sich in den folgenden Jahren das Klima im Land entscheidend; Kriegsgegner wurden isoliert, verhaftet und hingerichtet. Auf einem Appell in Salzburg erklärte der Reichsorganisationsleiter Dr. Robert Ley vor 15.000 Menschen unverhohlen: *Wer den Nationalsozialismus nicht will, stirbt.* Obwohl bereits 1939 Lebensmittelkarten eingeführt wurden, blieben die Einschränkungen bei der Zivilbe-

Das von Otto Strohmayr und Otto Reitter geplante „Gauforum" auf dem Imberg (Kapuzinerberg), 1942.

völkerung zunächst gering, und die Partei konnte sich als Ernäh-rer des Volkes präsentieren. Um einer Missstimmung vorzubeu-gen, wurden Versammlungswellen inszeniert, die jedes Dorf erfassten. In den ersten Kriegsjahren florierte auch die Bauwirt-schaft. Neben Bauten für die Wehrmacht wurden Häuser für die Südtiroler Optanten errichtet und große Kraftwerksbauten in Angriff genommen. Tatsächlich war in Salzburg, das kaum über Rüstungsindustrie verfügte, bis zum Herbst 1944 fast nichts vom Krieg zu bemerken. Als „Gau der guten Nerven" war das Land vor allem zur Erholung vorgesehen. Der Festspielbetrieb reduzierte sich im Laufe des Kriegs auf Veranstaltungen für Soldaten und

Kriegsversehrte, der mondäne Kurort Bad Gastein wurde zur „Lazarettstadt" für kriegsverwundete deutsche Soldaten.

Trotz aller Parolen und Versprechungen wuchsen, besonders seit der Kriegswende 1942, Unzufriedenheit und Widerstand. Die Arbeiterschaft war über nicht eingehaltene Versprechungen empört. Die sozialdemokratische Solidarität lebte wieder auf, man sammelte Geld für Inhaftierte, sorgte für die Verbreitung illegaler Schriften, informierte sich durch das Abhören von Feindsendern und desavouierte das Regime durch politische Witze und die Verbreitung schädlicher Gerüchte. Gemeinsame Bergwanderungen boten Gelegenheit zu konspirativen Gesprächen in entlegenen Almhütten, zum Absingen alter revolutionärer Lieder, zum Schriftenaustausch und zur Weitergabe von Nachrichten. Als besonderes Widerstandsnest erwies sich die Reichsbahn, bei der ab 1942 insgesamt 150 Verhaftungen vorgenommen und 28 Todesurteile vollstreckt wurden. Durch einen eingeschleusten Gesta-

Das Schicksal russischer Gefangener im „Markt Pongau" zeigt mit aller Deutlichkeit die Unmenschlichkeit des Nazi-Regimes.

po-Agenten konnte eine Gruppe „Revolutionärer Sozialisten"
enttarnt werden.

Obwohl Gauleiter Scheel bei Reichsleiter Martin Bormann interve-
nierte, wurden damals acht Eisenbahner hingerichtet. Im ländlichen
Bereich waren die lokalen Honoratioren wie Ärzte, Notare, Richter
und Lehrer rasch zum Nationalsozialismus übergegangen. Die tra-
ditionelle bäuerliche Machtelite blieb hingegen resistent, scharte
sich um den Pfarrer und hielt trotz aller Verbote am religiösen
Brauchtum und den Kirchenfeiern fest. So wurde die Pinzgauer
Wallfahrt nach Heiligenblut 1940 zwar von der Gestapo verboten,
aber trotzdem fanden sich 94 „Alleingänger" dazu ein. Offene Opposition gab es nur selten, aber gegen die Entfernung der Kruzifixe
aus den Schulen erhob sich ein breitgestreuter Protest. Wichtigstes
Propagandainstrument der Kirche blieb die Predigt, wo man in
zweideutigen Formulierungen die Zustände im Dritten Reich an-
prangerte. Dafür waren die Priester auch die am stärksten verfolgte
Berufsgruppe. Insgesamt 74 Priester und 16 Theologen wurden
verhaftet, zehn landeten im KZ, und drei von ihnen fanden den
Tod. Erzbischof Sigismund Waitz gab seine Loyalität gegenüber
dem Regime nach vielen Repressalien erst mit dem Hirtenbrief vom
15. Oktober 1941 auf: „Wo es sich um irdische Dinge handelt, können wir dulden und schweigen. Wo es aber um den Glauben geht,
dort gibt es kein Weichen, sondern nur ein Stehen oder Sterben."

Gewisse Auswirkungen des Krieges waren im gesamten Land schon
bald zu sehen. Seit 1940 konnte die Landwirtschaft nur durch den
Einsatz von 7000 Fremdarbeitern aufrechterhalten werden. Ab
1941 lebten neben 4000 Optanten aus Südtirol auch 12.000 „Volksdeutsche" aus der Bukowina im Reichsgau Salzburg; dazu kamen in
den folgenden Jahren 2500 Bombenflüchtlinge. Da Hitler im Marxismus seinen Hauptfeind erblickte, war das Schicksal russischer
Kriegsgefangener besonders hart. Von den Insassen des Gefan-
genenlagers St. Johann, das damals „Markt Pongau" hieß, fanden
über 3500 durch Hunger, Erfrieren, Folterung und Erschießung
den Tod. Der tiefe Antikommunismus und die Furcht vor der „Gefahr aus dem Osten" sorgten bis zum Kriegsende noch für den
letzten Zusammenhalt. Man fürchtete sich weniger vor dem Zusammenbruch als davor, dass die Russen vor den Amerikanern
kommen würden.

217

Vernebelung der Altstadt am 29. Oktober 1944 mit dem am 16. Oktober bombardierten Dom.

Trotz dieser Entwicklung traf der erste Bombenangriff amerikanischer Flugzeuge am 16. Oktober 1944 die Gauhauptstadt wie ein Blitz aus heiterem Himmel. Das Kaiviertel wurde fast total zerstört, Mozarts Wohnhaus lag in Trümmern, und die Kuppel des Doms war eingestürzt. Im Verlauf von insgesamt 15 Fliegerangriffen wurden 46% der Häuser beschädigt und 547 Zivilisten getötet. Die Bevölkerung drängte sich beinahe täglich in den viel zu engen Kavernen und Luftschutzkellern zusammen, etwa 500 Säuglinge und Kleinkinder büßten durch Sauerstoffmangel ihr Leben ein. Thomas Bernhard hat diese angsterfüllte Situation in seinen autobiographischen Werken drastisch beschrieben. Hoffnungen auf den „Endsieg" machte sich damals auch in Salzburg trotz der Legendenbildung um die „Alpenfestung" niemand mehr.

Anfang 1945 begann im Reichsgau Salzburg die Invasion; Tausende Flüchtlinge vor der Roten Armee, vor allem Ungarn, Kroaten und Slowaken strömten ins Land. Aber auch politische Prominenz flüchtete hierher. Die ungarische faschistische Regierung kam mit dem gesamten Kronschatz nach Mattsee, das Diplomatische Corps aus Berlin brachte sich nach Gastein in Sicherheit, und der seiner Ämter enthobene Reichsmarschall Hermann Göring zog sich auf die ererbte Burg Mauterndorf im Lungau zurück. Wehrmachtsstäbe und SS-Einheiten verschanzten sich in den Gebirgstälern, und die Salzburger NS-Prominenz flüchtete auf abgelegene Almen. Die Stadt Salzburg blieb trotz der Parole vom Endkampf vor der gänzlichen Zerstörung bewahrt: Gauleiter Scheel hatte noch am 17. April 1945 in Salzburg das Standrecht verhängt. Bevor er sich Ende April zu den SS-Truppen im Gebirge absetzte, trug er aber dem Kampfkommandanten Oberst Hans Lepperdinger auf, die Stadt kampflos zu übergeben. Dieser erklärte „die letzte deutsche Stadt zur offenen Stadt", nahm Kontakt mit den vorrückenden amerikanischen Truppen auf und vollzog am 4. Mai 1945 die Übergabe. Fast 10.000 Salzburger hatten als Wehrmachtsangehörige den Tod gefunden. Dazu kamen 547 Tote bei den Fliegerangriffen, 67 Todesurteile waren vom Sondergericht verhängt worden; die Zahl der Zigeuner, Juden und Widerstandskämpfer, die im KZ umkamen, ist nicht bekannt, aber mit Sicherheit groß. Berücksichtigt man noch die Opfer unter den Kriegsgefangenen – allein bei den Russen waren es über 3500 – dann forderte die nationalsozialistische Herrschaft in Salzburg etwa 15.000 Tote. Das „Tausendjährige Reich", das man so euphorisch begrüßt und in das man so große Hoffnungen gesetzt hatte, endete nach sieben Jahren mit Tod und Zerstörung.

Der Einmarsch amerikanischer Truppen am 4. Mai 1945 rief bei der Salzburger Bevölkerung unterschiedliche Emotionen hervor. Zunächst war man erleichtert darüber, dass der Nazi-Terror vorüber war und nicht die gefürchtete Rote Armee, sondern hauptsächlich amerikanische Truppen das Land besetzten. Andererseits war der Tag der Befreiung für alle jene Männer, die bis zuletzt in der deutschen Wehrmacht gekämpft hatten, auch ein Tag der Niederlage. Das Land war einerseits von einer Schreckensherrschaft befreit und zugleich von fremden Truppen besetzt. Widerstandsgruppen, die sich kurzfristig in den einzelnen Gemeinden formierten, sicherten den kampflosen Einmarsch der Amerikaner. Fanatische Nationalsozialisten, die immer noch weiterkämpfen wollten, wurden entweder beruhigt, gefangen genommen oder erschossen. Altbürgermeister und Gemeindepolitiker aus der Zeit der Ersten Republik oder des Ständestaates traten wieder an die Spitze der Lokalverwaltung. In der Bevölkerung griff ein leiser Optimismus Platz, getragen von einem neuen Österreichbewusst-sein und einer deutlichen Distanzierung von den Deutschen.

Das XV. amerikanische Armeekorps, das in Salzburg einrückte, war auf die Besetzung Österreichs nicht entsprechend vorbereitet. Zu-nächst galt es, Ordnung und Sicherheit wiederherzustellen.

> Zwei Soldaten der amerikanischen Besatzungstruppen auf der Terrasse des Café Tomaselli verteilen Süßigkeiten an bloßfüßige Salzburger Schulkinder.

Unmittelbar bei Kriegsende hatten Plünderungen eingesetzt, und besonders die Fremdarbeiter begingen nicht nur aus Hunger, sondern auch aus Rachegefühlen Diebstähle und Raubüberfälle, Morde und Vergewaltigungen. Da die amerikanische Verwaltung auf Informationen aus der Bevölkerung angewiesen war, die häufig von selbsternannten Widerstandskämpfern kamen, unterliefen ihr personelle Fehlentscheidungen. So wurde der Salzburger Polizeipräsident Dr. Josef Daspelgruber erst nach einiger Zeit als Nazi enttarnt, und in der Stadt Salzburg rief die erneute Einsetzung Richard Hildmanns, der im autoritären Ständestaat Bürgermeister gewesen war, Verärgerung hervor. Die traditionellen Parteien, die sich wieder konstituierten, konnten sich gegen die Ansprüche von Vertretern der Widerstandsbewegung durchsetzen. Am 23. Mai 1945 wurden der Christlichsoziale Dr. Adolf Schemel zum Landeshauptmann und der Sozialdemokrat Anton Neumayr zu seinem Stellvertreter ernannt. Mit dem Einrücken der berühmten „Regenbogen-Division" unter Generalmajor Harry J. Collins in Salzburg kam es im Juli 1945 zu einer durchgreifenden Verbesserung der Situation. Als Sitz des US-Hauptquartiers erhielt Salzburg eine Sonderstellung: es wurde zum zweiten Brennpunkt Österreichs und zeitweise auch als Sitz der Bundesregierung in Erwägung gezogen, falls der Druck der Sowjets im Osten zu groß werden sollte.

221

Die Präsenz der Amerikaner, die nicht nur Finanzhilfe brachten, sondern auch durch ihren persönlichen Konsum die Wirtschaft ankurbelten, ließ Salzburg in den Augen der Ostösterreicher zum „Goldenen Westen" werden. Amerikanischer Lebensstil machte sich in Salzburg breit, die Soldaten brachten Kaugummi, Schokolade, Nylonstrümpfe, Coca Cola, Musik und amerikanische Filme, die im Non-Stop-Kino gezeigt wurden. In Salzburger Nachtclubs erklang Jazzmusik, in die Umgangssprache fanden rasch Amerikanismen Eingang, und die Salzburger lernten die moderne angelsächsische Literatur kennen, aber auch die Werke österreichischer Emigranten, die von den Nazis vertrieben worden waren. Die Salzburg-Seminare über amerikanische Kultur, die 1947 im Schloss Leopoldskron eingerichtet wurden, bestehen bis heute. Auch das heimische Kulturleben kam wieder in Schwung. Bereits im Sommer 1945 fanden die ersten Festspiele der Nachkriegszeit statt, und am Salzburger Landestheater waren, bedingt durch die politischen Verhältnisse, so viele prominente Künstler tätig wie nie zuvor.

Dieser positive Eindruck darf jedoch nicht über die enormen Schwierigkeiten hinwegtäuschen, mit denen sowohl die amerikanische Besatzungsmacht als auch die Salzburger Landesregierung in den ersten Nachkriegsjahren konfrontiert waren. Schon vor dem Kriegsende hatte ein ungeheurer Flüchtlingsstrom eingesetzt, der bis 1947 nicht mehr abriss. Im gesamten Land hielten sich über 100.000 Flüchtlinge auf, womit um 40% mehr Menschen als vor dem Krieg ernährt werden mussten. Für die meisten Flüchtlinge bedeutete das ein jahrelanges Lagerleben in primitiven Baracken. Viele Kinder hatten ihre Eltern verloren und waren auf die Betreuung durch die Fürsorge angewiesen. Im Juli 1945 zählte man allein in der Stadt Salzburg mehr als 66.000 Flüchtlinge. In 16 Flüchtlingslagern lebten etwa 31.000 Personen, davon 2000 „Reichsdeutsche", 27.000 Volksdeutsche sowie andere Ausländer. Noch im Jahre 1947 hielt der Zustrom an, so dass trotz des Abtransports der Zwangsarbeiter die Zahl der Flüchtlinge anwuchs.

Zum bunten Spektrum der Personen, die nach Salzburg gekommen waren, zählten prominente Nationalsozialisten aus Deutschland und Österreich, die hier untertauchen wollten, sowie eine große Zahl reichsdeutscher Flüchtlinge, für die ab dem 4. Oktober 1945 die Parole „heim ins Reich" galt: sie erhielten ab diesem Zeitpunkt keine Lebensmittelkarten. Viel größer war die Zahl der Volksdeutschen, die sich sowohl in der Stadt Salzburg als auch in einzelnen Landgemeinden zusammenfanden. Der Verlust der Heimat und die oft schrecklichen Ereignisse bei der Vertreibung waren nicht geeignet, sie zu Gegnern des Nationalsozialismus werden zu lassen. In Salzburg aber erwiesen sie sich als innovationsfähig und arbeitswillig und hatten wichtigen Anteil am ökonomischen Wiederaufbau. Während sich die zahlenmäßig größere Gruppe der Donauschwaben vor allem am Stadtrand von Salzburg ansiedelte, zog der Großteil der Siebenbürger Sachsen nach ersten Niederlassungen in Anthering, Bergheim, Bürmoos und Elixhausen zusammen und errichtete ab 1956 die Siedlung Sachsenheim bei Elixhausen.

Ein besonderes Problem bildete die große Zahl der DPs (Displaced Persons), der „versetzten Personen". Unter diesem Begriff fasste man Zwangsarbeiter, Kriegsgefangene, aber auch rassisch und politisch Verfolgte zusammen. Bei Kriegsende gab es bereits mehr als 11.000 DPs, vor allem Russen, Jugoslawen und Ukrainer, sowie auch etwa 900 Juden. Ihre Zahl wuchs 1946 auf mehr als 47.000 Personen an. Da zu den DPs sowohl Verfolgte als auch Parteigänger des Dritten Reiches zählten, gerieten sie alle in Misskredit. Tatsächlich waren sie überproportional an Verbrechen und an dem in Salzburg blühenden Schleichhandel beteiligt, die Verbrechensrate insgesamt stieg steil an. Die empörte Bevölkerung verlangte den Abtransport aller DPs, und Landeshauptmann Hochleitner musste im Frühjahr 1947 auf einer Pressekonferenz gegen eine allgemeine Diskriminierung dieser Personen protestieren: die Hälfte aller DPs, so Hochleitner, stünden in einem Arbeitsverhältnis und leisteten der Salzburger Wirtschaft wertvolle Dienste.

Ein fast unlösbares Problem bildete die „Entnazifizierung". Die amerikanische Besatzung konzentrierte sich zunächst auf die Jagd nach der NS-Prominenz, auf die Verhaftung von Angehörigen der SS und der Gestapo sowie auf die Säuberung der Behörden. Bis zum Juni 1948 wurden insgesamt 4553 Personen aus dem öffentlichen Dienst entfernt, und diese Rate von 32 % entsprach ziemlich genau dem österreichischen Durchschnitt. Am gravierendsten war der Umbruch in der Stadt Salzburg. Dort wurden vom Mai 1945 bis zum März 1946 nicht weniger als 1909 der insgesamt 2077 städtischen Bediensteten entlassen – ein Anteil von 92 %! Etwa die Hälfte davon waren Parteimitglieder. Beim Land ging man behutsamer vor. Dort gab es unter den 1700 Beamten und Angestellten insgesamt 624 Parteigenossen oder Anwärter. Von ihnen wurden 482 Personen auf Druck der Amerikaner entlassen, aber 142 „minderbelastete" Beamte blieben im Dienst; sie waren als Fachleute unersetzlich. Besonders hoch war der Anteil der Nationalsozialisten unter den Richtern und Lehrern. Von 44 Richtern im Land waren 30 Parteimitglieder, unter den Lehrern des Flachgaus zählten 70% zu den Parteigenossen. Da im Jänner 1946 trotz riesiger Schulklassen bereits 220 Volks- und Hauptschullehrer fehlten, begann die amerikanische

223

Besatzung Lehrer wieder einzustellen, die sie zuvor suspendiert hatte. Ab 1948 wurde dann die Wiedereinstellung belasteter Personen im öffentlichen Dienst generell lockerer gehandhabt. Am 8. August 1945 war verfügt worden, dass sich jeder ehemalige Nationalsozialist registrieren lassen musste. Die Unterscheidung zwischen einer Kategorie von dezidierten Nationalsozialisten (A) und „Mitläufern", deren Beurteilung unsicher schien (U), erwies sich jedoch als sehr schwierig. Die meisten Nationalsozialisten ließen sich falsch registrieren, um als Minderbelastete wieder rascher Fuß fassen zu können. Es war bezeichnend, dass 1948 der Leiter der Registrierungsstelle beim Stadtmagistrat Salzburg selbst als illegaler Nationalsozialist nachgewiesen wurde, der „vergessen" hatte, sich selbst zu registrieren. Das Nationalsozialistengesetz vom Februar 1947 wurde hingegen vehement abgelehnt. Auch jene Lehrer, die zwar als belastet galten, aber von einer Sonderkommission zugelassen worden waren, sollten damals entlassen werden. Die Nationalsozialisten schlüpften entweder bei den politischen Parteien unter, wo eine Mitgliedschaft die Möglichkeit auf ein erfolgreiches Entregistrierungsverfahren eröffnete, oder sie suchten im Schoß der Kirche Zuflucht. Zu einer wirklichen Aufarbeitung des Nationalsozialismus kam es in Salzburg nicht. Während der harte Kern eingekerkert oder verschwunden war, verhielten sich die weiteren ehemaligen Parteigenossen möglichst unauffällig. Niemand fühlte sich für die Verbrechen des NS-Regimes verantwortlich. Noch 1948 ergab eine Umfrage in Salzburg mit 43,2% eine deutlich höhere Zustimmung zum Nationalsozialismus als in Wien und Linz. Das große Gefangenenlager für belastete deutsche Wehrmachtsangehörige, das bei Kriegsende in Glasenbach eingerichtet wurde (Camp Marcus W. Orr) stand unter der Verwaltung des amerikanischen Geheimdienstes (CIC). Die 12.000 Insassen waren zwar einer harten Behandlung ausgesetzt, wurden aber relativ gut ernährt und betreut. Da insgesamt nur 46 Menschen in diesem Lager starben, ist der Vergleich mit einem KZ sicher verfehlt. Hingegen schweißte der negative Solidarisierungseffekt, der im Lager einsetzte, die Häftlinge zusammen, das Festhalten am Nationalsozialismus wurde nicht nur konserviert, sondern durch die Kameradschaft noch verstärkt.

Die Ernährungslage war in Salzburg dank amerikanischer Hilfe zunächst deutlich besser als im Osten. Aber bereits im Sommer 1946 kam es zu einer drastischen Verschlechterung. Die Nahrungsmittelzuteilung sank auf 1040 Kalorien pro Tag – als durchschnittlich erforderlicher Wert gelten 2600 Kalorien für erwachsene Menschen –, und Salzburg bildete damit das Schlusslicht in ganz Österreich. Die Bevölkerung hungerte, und die Stimmung war deprimiert. Der Schleichhandel, der in Stadt und Land blühte, musste geduldet werden, wollte man nicht eine Katastrophe heraufbeschwören. Am 30. Mai 1946 notierte ein Salzburger in seinem Tagebuch: *Wir sind schon auf KZ-Rationen angelangt;* drei Monate später hielt er fest: *Es geht überall abwärts und viele Leute wollen auswandern, da hier die Zukunftsaussichten so miserabel sind.* Der Landeshauptmann richtete verzweifelte Briefe an die Militärregierung, und die sozialistischen Vertrauensmänner hatten alle Hände voll zu tun, die Arbeiter zu beruhigen. Zur anhaltenden Krise des politischen Systems trug auch das Scheitern der Staatsvertrags-Verhandlungen bei, das Ansehen der politischen Parteien war auf den Nullpunkt gesunken.

Die Wiederherstellung der Demokratie war in Salzburg auf gravierende Schwierigkeiten gestoßen. Zunächst mussten sich die Politiker aus der Zeit vor dem Nationalsozialismus, die erneut in die Politik einstiegen, mit den Vertretern der Widerstandsgruppen arrangieren; diese konnten größtenteils in die Parteien integriert werden. Eine Sonderstellung beanspruchten allerdings die Insassen der ehemaligen Konzentrationslager, die sich im KZ-Verband zusammenschlossen. Auf Druck der amerikanischen Militärregierung mussten auch die Kommunisten, die in Salzburg nie eine nennenswerte Rolle gespielt hatten, in die antifaschistische Koalition aufgenommen werden. Für die beiden großen Parteien bedeutete das Jahr 1934 eine tiefe Kluft. Während die Sozialisten nicht bereit waren, die Gewaltmaßnahmen des autoritären Ständestaates mit Parteiauflösung, Gefangensetzung von Parteimitgliedern und Beschlagnahme des Parteivermögens zu vergessen, beriefen sich die Christlichsozialen auf den engagierten Kampf von Dollfuß und Schuschnigg gegen den Nationalsozialismus und machten sich zu Anwälten einer forcierten Österreich-Ideologie.

Die Absicht der Amerikaner, nicht nur eine Entnazifizierung, sondern auch eine Entfaschisierung durchzuführen, war gegen ehemalige Mitglieder der Heimwehr und ähnlicher Verbände gerichtet und traf damit einen Teil der neuen ÖVP-Elite. Gerade die „vaterländisch" Gesinnten waren 1938 als erste von den Nationalsozialisten verfolgt worden. Die ÖVP drohte deshalb mit einem Wahlboykott und erreichte, dass von einer Verfolgung der Faschisten nicht mehr gesprochen wurde. Daraufhin kam es bald zu einem Konsens zwischen ÖVP und SPÖ, während die Kommunisten nur notgedrungen mitgeschleppt wurden. Die Sozialistische Partei Österreichs (SPÖ), die sich bereits am 3. Mai 1945 wieder konstituiert hatte, bildete eine disziplinierte, zentralistisch organisierte Partei, deren Wiederaufbau, gestützt auf die alten Strukturen, problemlos vor sich ging. Unter dem Parteiobmann Franz Peyerl erreichte man rasch die Mitgliederzahlen der Vorkriegszeit. Gewisse Probleme ergaben sich allerdings mit jenen Parteifunktionären, die nach 1934 dem Druck des Ständestaates nachgegeben hatten. Da viele einstige Mitglieder zur KPÖ abgewandert waren, vollzog sich ein deutlicher Linksruck, und eine Ideologie revolutionärer Entschlossenheit machte sich breit.

Auch die Neubegründung der christlich-sozialen Volkspartei war am 7. Mai 1945 problemlos vollzogen worden. Auf Wunsch der Wiener Parteiführung erhielt die gesamte Partei den Namen „Österreichische Volkspartei" (ÖVP). Die Landespartei in Salzburg war jedoch alles andere als gefestigt. Speziell ab dem Jahr 1947 häuften sich die Krisen, und bis 1949 wechselten einander fünf Parteiobmänner ab. Als Bundeskanzler Figl 1947 den Rücktritt von Landeshauptmann Hochleitner wegen einer umstrittenen Einbürgerung erzwang, verfügte die ÖVP weder über einen Landeshauptmann noch über einen Parteiobmann noch einen Parteisekretär. Es gab heftige Konflikte zwischen den einzelnen Bünden, und die Parteileitung lag mit dem Landeshauptmann, mit dem Landtagsclub und mit der Bundesführung in Streit. Auch zwischen antifaschistischen KZ-lern und NS-freundlichen Kriegsteilnehmern kam es zu Auseinandersetzungen. Erst Landeshauptmann Josef Klaus konnte aus diesem zerstrittenen Haufen eine gefestigte Partei formen.

Die Kirchenprovinz Salzburg

LEGENDE

- ♗ Sitz eines Erzbischofs
- ♗ neue Bischofssitze
- ♗ alte Bischofssitze
- ▨ Kirchenprovinz Salzburg
- ⸱⸱⸱⸱ Salzburger Landesgrenze

Erzdiözese Wien

♗ Linz

♗ St. Pölten

♗ Wien

♗ Eisenstadt

Salzburg ♗

Feldkirch ♗

Innsbruck ♗

Diözese Innsbruck

Erzdiözese Salzburg

Diözese Graz – Seckau

♗ Seckau

♗ Graz

Diözese Klagenfurt – Gurk

♗ Gurk

♗ Klagenfurt

Diözese Feldkirch

Diözese Innsbruck

Bereits am 24. Mai 1945 hatte die Landesregierung mit der Erklärung, dass Salzburg voll und ganz hinter der Regierung Renner in Wien stehe und ihre verfassungsmäßige Weisung erwarte, ein deutliches Zeichen gesetzt. Diese Aktion, die dem Einfluss der Sozialdemokraten zuzuschreiben und gegen den Willen der Amerikaner erfolgt war, half mit, den Zerfall Österreichs in eine östliche und eine westliche Hälfte zu verhindern. Auch bei der Länderkonferenz in Salzburg am 26. September 1945 sprach sich Salzburg als erstes Bundesland für die Wiederherstellung der Republik Österreich und für die Anerkennung der Staatsregierung Renner in Wien aus. Die Landtagswahlen am 25. November 1945 brachten der ÖVP mit 15 Mandaten die absolute Mehrheit, die SPÖ entsandte zehn Vertreter und die KPÖ einen in den Landtag. Zum Landeshauptmann wurde Dipl. Ing. Albert Hochleitner von der ÖVP bestellt, der aber zwei Jahre später aus dem Amt scheiden musste. Auf ihn folgte Josef Rehrl, der Bruder des früheren Landeshauptmanns Franz Rehrl, der im Jänner 1947 verstorben war. Trotz Hunger und Not stellten sich erste Erfolge beim Wiederaufbau ein: Die Staatsbrücke wurde 1949 nach achtjähriger Bauzeit für den Verkehr freigegeben, und der Aufrichtung des Kreuzes auf der wiederhergestellten Kuppel des Salzburger Domes kam symbolische Bedeutung zu.

Eine erneute Wende brachte jedoch der Wiedereintritt des nationalen Lagers in die Parteienlandschaft. Bereits 1948 hatte ein

Wettlauf der Parteien um die ehemaligen Nationalsozialisten, die wieder zur Wahl zugelassen wurden, eingesetzt. Die Journalisten Viktor Reimann und Herbert Kraus gründeten 1949 in Salzburg den Verband der Unabhängigen (VdU), der bei den Landtagswahlen am 5. Oktober 1949 erstmals antrat und auf Anhieb fünf Mandate erreichte. Damit erhielt die neue Partei einen Regierungssitz und wurde neben der ÖVP mit zwölf Mandaten und der SPÖ mit neun Mandaten zur dritten politischen Kraft im Lande. Die Spaltung der Partei im Jahre 1954 wirkte zwar auch auf das Land Salzburg zurück – bei den Wahlen fiel man von 31.553 auf 22.787 Stimmen und von fünf auf vier Mandate –, die „Freiheitliche Partei Österreichs" (FPÖ), wie sie seit 1956 hieß, konnte aber ihre Beteiligung an der Landesregierung, von einer kurzen Unterbrechung abgesehen, bis 1999 behaupten.

Bau des 1955 fertiggestellten Tauernkraftwerks Glockner-Kaprun.

Nach dem Verlust der absoluten Mehrheit der ÖVP löste der Halleiner Rechtsanwalt Dr. Josef Klaus am 1. Dezember 1949 Josef
Rehrl als Landeshauptmann ab. Unter ihm kam es nicht nur zu
einer raschen Konsolidierung der ÖVP, sondern auch zu einer
zielgerichteten, um Konsens bemühten Zusammenarbeit aller
drei Parteien im Landtag, die als „Salzburger Klima" zu einem
Begriff werden sollte. Klaus profitierte mit seiner erfolgreichen
Finanz- und Wirtschaftspolitik auch von einem Aufschwung, der
bereits 1948 eingesetzt hatte. Dank der umfangreichen Mittel,
die Salzburg aus dem Marshallplan erhielt, kam zunächst die
Bauwirtschaft auf Hochtouren, aber auch die Gewerbliche Wirtschaft und der Fremdenverkehr entwickelten sich günstig. In den
Bau des Tauernkraftwerks Kaprun, das 1955 gleichsam als Symbol des Wiederaufbaus fertiggestellt wurde, investierte man in
den Jahren 1947 bis 1954 1,8 Milliarden Schilling; davon stammten mehr als 1,3 Milliarden aus Mitteln des Marshallplans.

Zum wirtschaftlichen Wiederaufstieg kam der politische Erfolg.
Den Höhepunkt stellte der Österreichische Staatsvertrag dar, der
am 15. Mai 1955 in Wien unterzeichnet wurde. In Salzburg löste
dieses Ereignis nicht nur Begeisterung, sondern auch Befürchtungen aus. Die amerikanischen Besatzungstruppen hatten durch
ihren Konsum und durch ihre wirtschaftlichen Investitionen – in
Siezenheim war mit „Camp Roeder" die größte Kaserne Mitteleuropas errichtet worden – wesentlich zur Stabilisierung der
Salzburger Wirtschaft beigetragen. Die amerikanischen Soldaten
vermittelten in der Zeit des kalten Krieges und eines verstärkten
Antikommunismus auch ein Gefühl der Sicherheit. Wegen der
zunehmenden Gegensätze in Ostmitteleuropa mit dem Aufstand
in der DDR und der Berlin-Krise hielten viele Salzburger die Anwesenheit amerikanischer Truppen für unabdingbar. Deshalb rief
der Abzug der Amerikaner im Herbst 1955 nicht nur ein Gefühl
der Befreiung, sondern auch Sorge um die politische und wirtschaftliche Zukunft des Landes wach.

Bau des Großen Festspielhauses nach Plänen von Clemens Holzmeister im März 1958

In der bewegten Geschichte von Stadt und Land gab es nie zuvor derart gravierende Änderungen wie in den friedlichen Jahrzehnten seit der Unterzeichnung des Österreichischen Staatsvertrags. Die Landeshauptstadt, deren Bevölkerung sich unter Berücksichtigung des Wachstums der Umlandgemeinden verdoppelte, präsentiert sich als internationale Kulturmetropole. Der Andrang an Touristen ist speziell zur Festspielzeit so groß, dass die Stadtbürger die Fußgängerzone in der Altstadt möglichst meiden. Die Wunden, die der Zweite Weltkrieg mit seinen Bombenangriffen dem Antlitz der Stadt zugefügt hatte, sind längst vernarbt, und die „Jahrhundertbauten" übertreffen in ihren Dimensionen auch die großen Gebäude der Gründerzeit. Waren 1955 in den Straßen der Stadt vor allem Fahrräder, Motorroller und nur wenige Autos zu sehen, so stauen sich heute zu den Stoßzeiten trotz großzügiger Straßenbauten die Blechlawinen. Nicht weniger tiefgreifend ist der Wandel im Land, in das man seit dem Inkrafttreten des Schengener Abkommens 1998 ohne Grenz-kontrolle einreisen kann. Auf Autobahnen und Fernstraßen wälzt sich ein enormer Personen- und Schwerverkehr; Landes- und Bundes-politiker führen einen verzweifelten Kampf, um die überbordende Verkehrslawine gegen den Druck der Europäischen Union in Grenzen zu halten, während sich der Unmut der Anrainer in Blockaden der Autobahn Luft macht.

Aber auch demographisch brachte das vergangene Jahrhundert Ent-wicklungssprünge wie noch keines zuvor. Verfügte Salzburg ab 1816 neben der Landeshauptstadt nur über die beiden Städte Hallein und Radstadt, zu denen 1928 noch Zell am See kam, so zählt das Land heute elf Stadtgemeinden – eine Veränderung, die ihre Entsprechung in der Berufs- und Siedlungsstruktur der Bevölkerung findet: Am Beginn des 20. Jahrhunderts waren noch fast zwei Drittel in der Land- und Forstwirtschaft beschäftigt, heute leben drei Viertel der Menschen in städtischen Ballungsräumen, mehr als die Hälfte in der Landeshauptstadt und ihrer Umgebung, die Zahl der Voll-erwerbsbauern ist auf weniger als 2% der Berufstätigen zurückge-gangen. Die frühere Vielfalt der Landschaft ist einem zwar saftigen, aber monotonen Grün gewichen, seit der Getreideanbau aufgrund wissenschaftlicher Erkenntnisse fast gänzlich aufgegeben wurde und neben Viehzucht und Milchwirtschaft nur noch die Forstwirtschaft einen größeren Stellenwert besitzt. Die vermeintlich von bäuerlichen Traditionen geprägte, in Wahrheit aber von städtischen Vereinen stilisierte Landestracht, die noch in der Ersten Republik stark propa-giert wurde, tragen heute vor allem Politiker, um damit ihr Landes-bewusstsein zu dokumentieren, daneben noch Touristen als „Souve-nir". Erst in den letzten Jahren ist es zu einer gewissen Renaissance der Tracht gekommen, die man zu allen Anlässen bis hin zur Hochzeit tragen kann. Gab es 1955 noch einzelne Bauernhöfe ohne elektri-schen Strom, so verfügen heute die meisten landwirtschaftlichen Betriebe über modernste Ausstattung bis hin zu PC und Internet-Anschluss, selbst entlegenste Almen werden über die „Satelliten-Schüssel" mit einer Vielzahl von Fernsehprogrammen und den jeweils neuesten Nachrichten versorgt, und das Smartphone ist längst zum wichtigsten Spielzeug geworden.

Betrachtet man die großen Veränderungen im Detail, so fällt der gesellschaftliche Wandel am stärksten ins Gewicht. Die Bevölkerung

Festspielauffahrt, Aquarell von Georg Jung, 1929.

Salzburg. Ölgemälde von Oskar Kokoschka, 1950.

Bevölkerungs-, Geburten- und Wanderungsbilanz; 1981 - 2011; Land Salzburg

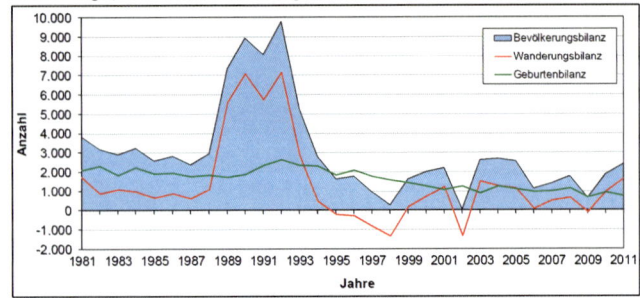

Quelle: Statistik Austria; Statistik des Bevölkerungsstandes, Statistik der natürlichen Bevölkerungsbewegung, Wanderungsstatistik

Salzburgs stieg im letzten Jahrhundert von 192.763 Einwohnern (1900) auf 534.122 (2012) und hat sich damit beinahe verdreifacht. Seit 1951, als 327.232 Einwohner gezählt wurden, ist die Bevölkerung um 206.890 Personen oder 63,2 % gewachsen. Aus dem Rahmen fielen dabei die Jahre des Balkankriegs 1989–1993, als durch die große Zahl der Flüchtlinge ein jährlicher Bevölkerungszuwachs von 8.000–10.000 Menschen verzeichnet wurde. Während Salzburg im Jahrzehnt 1991–2001 mit einer Bevölkerungszunahme von 6,8 % (36.962 Menschen) noch an der Spitze der österreichischen Bundesländer stand, knapp gefolgt von Tirol (6,7 %), betrug der Zuwachs 2002-2011 nur noch 3,3 % (17.072 Personen). Damit rangiert Salzburg an sechster Stelle der neun Bundesländer, während Wien mit 10,2 % (160.113 Menschen) deutlich den ersten Platz einnimmt. Regional gesehen war die Bevölkerungszunahme ungleich verteilt. Da die Landeshauptstadt Salzburg mit 148.521 Einwohnern (2012) die durch den Mangel an Baugrund gesetzten Grenzen des Wachstums erreicht hat, konzentrierte sich die Zunahme vor allem auf die umgebenden Gemeinden des Flachgaus, dessen Bevölkerung im letzten Jahrzehnt um 5,7 % (2012) stieg und der in absehbarer Zeit die Stadt Salzburg übertreffen wird. Während der Tennengau mit 6,2 % den stärksten Zuwachs verzeichnete und es auch im Pongau mit 1,2 % und im Pinzgau mit 0,8 % einen leichten Anstieg gab, musste der Lungau mit -2,3 % einen eindeutigen Bevölkerungsverlust hinnehmen. Die Geburtenbilanz ist seit 1971 rückläufig, und dieser Trend hat sich in den letzten Jahren noch deutlich verstärkt. Mit einem Überhang von 771 Geburten im Vergleich zu den Todesfällen (2011) war das Ergebnis zwar noch positiv, das aber nur

Tourismus und Architektur in den 1970er-Jahren: Skiliftstation von Gerhard Garstenauer in Sportgastein.

dank der größeren Kinderzahl bei den Familien ausländischer Gast-arbeiter. Nach einer aktuellen Prognose wird die Bevölkerung Salz-burgs aufgrund einer positiven Wanderungsbilanz noch bis zum Jahr 2045 zunehmen und in der Folge rückläufig sein.

Die 70.504 Ausländer (2012) stellen mittlerweile 13,2 % der Gesamt-bevölkerung. Davon stammen 38,4 % aus den Nachfolgestaaten des ehemaligen Jugoslawien, 22,7 % kamen aus Deutschland und 9,3 % aus der Türkei. In den letzten Jahren standen die Zuwanderer aus Deutschland klar an der Spitze. Bei anderen Ausländern bedarf es oft vieler Jahre, um sie zu integrieren, doch ähnlich wie bei den Volks-deutschen nach dem Ende des Zweiten Weltkriegs ist auch bei Ser-ben, Kroaten, Bosniern, Ungarn und Tschechen dieses Problem meist mit der nächsten, im Land geborenen Generation gelöst. Schwieriger vollzieht sich die Integration von Gastarbeitern muslimischen Glau-bens, speziell der Türken, deren Zahl in den letzten Jahrzehnten deutlich angewachsen ist. Die mitunter selbst gewählte Isolierung und Ghettobildung mancher Muslime wird gegenwärtig durch stei-gende Vorbehalte und Animositäten in der Bevölkerung, die aus den internationalen Terroranschlägen fundamentalistischer Gruppen resultieren, noch verstärkt. Eine sozialräumliche Segmentierung der Gesellschaft in Herkunftsgruppen ist bisher aber ausgeblieben. Größere Probleme erwachsen jedoch aus dem deutlichen Bildungsgefälle.

In der Aufteilung nach Geschlechtern blieben die Veränderungen gering; die Frauen sind mit 51,4 % (2012) und einem Überhang von rund 15.000 Personen leicht in der Mehrheit. Gravierende Verschie-bungen ergaben sich hingegen in der Familien- und Altersstruktur. Die Zahlen der ledigen bzw. verheirateten Personen halten sich annä-hernd die Waage; rechnet man auch Verwitwete und Geschiedene hinzu, dann sind die Eheleute deutlich in der Minderzahl. Im letzten Jahrzehnt gab es durchschnittlich 2.203 Eheschließungen pro Jahr. Sie sind in den letzten Jahren nach einer langen Zeit des Rückgangs wieder leicht gestiegen. Die Möglichkeit zur Begründung eingetrage-ner Partnerschaften, die auch in Salzburg seit dem 1. Januar 2010 besteht, fiel mit 17 Paaren (2011) nicht ins Gewicht. An den insge-samt 219.284 Privathaushalten (2001, seither gibt es keine Zählung mehr) haben die „Singles" einen Anteil von gut 30 %. Unter den Ehepaaren stehen jene ohne Nachwuchs deutlich an der Spitze. Die durchschnittliche Kinderzahl (unter 15 Jahren) beträgt zwar noch 1,38, dieser Wert wird jedoch vor allem durch kinderreiche Gastarbeiterfamilien erreicht und liegt bei der alteingesessenen Bevölkerung deutlich niedriger.

Sieht man von manchen kinderreichen Familien der ländlichen Bevölkerung ab, dann lässt sich eine Entwicklung vom 6- bis 8-Personenhaushalt am Beginn des 20. Jahrhunderts über die Familie mit zwei bis drei Kindern um die Jahrhundertmitte bis zur Partnerschaft mit Haustier am Beginn des dritten Jahrtausends verfolgen. Gründe für diesen Wandel sind nicht nur die fehlende Bereitschaft zum Konsumverzicht, sondern auch die ständig gestiegenen Kosten für die Erziehung und Ausbildung von Kindern, die in den letzten Jahren trotz des allgemeinen Wohlstands zu einem Ansteigen der Armut bei kinderreichen Arbeiter- und Bauernfamilien geführt haben. Diesem Problem wurde zuletzt durch den Ausbau der Kinderbetreuung und ein flächendeckendes Netz von Kindergärten gegengesteuert.

Ein weiterer Grund für den Rückgang der Geburtenbilanz ist die begrüßenswerte Emanzipation der Frauen, die in den letzten Jahrzehnten immer größere Fortschritte gemacht hat. In Salzburg sind mehr als die Hälfte aller Studierenden weiblichen Geschlechts, und Frauen haben sich als Ärztinnen, Richterinnen, Staatsanwältinnen und Managerinnen in Berufssparten etabliert, die früher fast ausschließlich Männern vorbehalten waren. Ebenso sind sie in Spitzenpositionen von Politik und Wissenschaft immer stärker vertreten, haben Zugang zum Gemeinderat und zur Stadtregierung der Landeshauptstadt (seit 1964), zum Landtag und zur Landesregierung gefunden, seit etlichen Jahren stellen sie auch eine Bezirkshauptfrau. Mit Mag. Gabi Burgstaller (SPÖ) gab es erstmals eine Landeshauptfrau (2004–2013), seit 2013 steht mit Dr. Brigitta Pallauf (ÖVP) eine Präsidentin an der Spitze des Salzburger Landtags und in der Landeshauptstadt amtiert mit Christine Homola eine Vizebürgermeisterin. Die lange und teure Ausbildungszeit hat jedoch zur Folge, dass Frauen erst in höherem Alter Nachwuchs bekommen oder im Interesse des Berufs überhaupt auf Kinder verzichten. Diese Problematik kann wohl nur dadurch gelöst werden, dass sich langfristig eine neue Form der Partnerschaft mit gleichen Rechten und Pflichten für beide Eheleute allgemein durchsetzt. Stadt und Land Salzburg sind bemüht, diesen Problemen durch die Einsetzung von

Frauenbeauftragten und den Ausbau von Institutionen zur Kinderbetreuung Rechnung zu tragen. Die Einrichtung von Frauenhäusern
soll einen besseren Schutz von Frauen und Müttern ermöglichen.

Einschneidende Änderungen ergaben sich auch in der Altersstruktur
der Salzburger: 90.266 (16,9 %) von ihnen waren 2012 über 65 Jahre
alt, womit die Zahl der Pensionisten und Rentner die der Kinder
unter 15 Jahren bereits deutlich übertrifft. Durch diesen Trend hat
die stark wachsende Gruppe der Senioren einen wesentlich größeren Stellenwert innerhalb der Gesamtbevölkerung erlangt und auch
ein stärkeres Selbstbewusstsein entwickelt. Die stark gestiegene
Lebenserwartung beträgt derzeit für Männer 79 und für Frauen 84
Jahre. Eine Prognose für die nächsten vier Jahrzehnte geht bei Kindern unter 15 Jahren von einem Rückgang um 21 %, bei den Senioren über 60 Jahren hingegen von einer Steigerung um 120 % aus.
Deren Anteil wird von derzeit 16,9 % auf 33 % der Gesamtbevölkerung ansteigen und ihr Verhältnis zu den Erwerbstätigen wird sich
von 26 % auf 63 % erhöhen – eine enorme Herausforderung für die
Sozialpolitik des Landes.

Hauptmerkmal der politischen Entwicklung ist die Aufweichung
und Auflösung der traditionellen Lager und Parteien. Die Zahl jener
Wähler, die sich ihr Leben lang an eine Partei gebunden fühlen, ist
stark zurückgegangen, jene der Wechselwähler, die ihre Entscheidung jeweils nach der aktuellen politischen Situation treffen, hat in
demselben Maß zugenommen. Das wird besonders an den starken
Unterschieden in den Ergebnissen bei Nationalratswahlen, Landtagswahlen, Gemeinderatswahlen und den Wahlen zum Europäischen Parlament deutlich. Die entsprechenden Zahlen zeigen bei
allen Wahlen der letzten Jahre, dass der immer wieder diskutierte
Einfluss der Bundespolitik auf das Land wohl weit überschätzt wird,
und dass die Wähler nach einem viele Jahrzehnte währenden Lern-
prozess mündig geworden sind.

Betrachtet man die Salzburger Landtagswahlen in der Zweiten
Republik, dann konnte die ÖVP ihre Position als stimmen- und man-
datsstärkste Partei fast sechs Jahrzehnte lang unangefochten
behaupten. Maßgeblich für diese lange Dominanz war die Tatsache,
dass es dem energischen Josef Klaus (1949–1961) gelungen war,
den Einfluss der mächtigen Bünde – des Bauernbundes (ÖBB), des
Arbeiter- und Angestelltenbundes (ÖAAB) und des Wirtschaftsbun-

des (ÖWB) – zurückzudrängen und sich als Landeshauptmann die notwendige Autorität zu sichern. Daran konnten seine profilierten Nachfolger Hans Lechner und Wilfried Haslauer erfolgreich anknüpfen: Die absolute Mehrheit in der Regierung erreichte die ÖVP 1974 nach Jahren einer erfolgreichen Landespolitik unter Hans Lechner und nochmals 1989. Einen einmaligen Höhepunkt stellten die Landtagswahlen 1984 dar, als die ÖVP unter Wilfried Haslauer, der sich im Zenit seiner Popularität befand, die absolute Mehrheit an Stimmen, Mandaten und Regierungssitzen erringen konnte. Bei den Landtagswahlen 2004 büßte die ÖVP ihre Spitzenposition ein und fiel mit 37,9 % der Stimmen deutlich hinter die SPÖ (45,4 %) zurück. Die Wahlen 2009 brachten mit 36,5 % nochmals einen leichten Rückgang an Stimmen, die Zahl der Mandate blieb mit 14 gleich, aber der Abstand zur SPÖ verringerte sich auf knappe 2,9 %.

Der Stimmenanteil der Sozialisten schwankte zwischen 30 und 40 % und fiel nur 1994 mit 27 % unter diesen. Die SPÖ stellte den Wahlergebnissen entsprechend bis 1979 drei der sieben Regierungsmit-

241

Unter Landeshauptmann Josef Klaus (1949 – 61) schritt der Wiederaufbau rasch voran.

glieder, erst dann sank ihr Anteil. Bei den Landtagswahlen 2004 konnte die SPÖ mit 45,4 % der Stimmen und 17 Mandaten einen in dieser Höhe kaum erwarteten Sieg verbuchen und erstmals eine Landeshauptfrau stellen. Die Spitzenposition konnte 2009 behauptet werden, aber das Ergebnis von 39,4 % (15 Mandate) bedeutete einen herben Rückschlag. Der Stimmenanteil der Freiheitlichen lag 1954–1979 zwischen 12 und 18 %, sie stellten damit jeweils ein Regierungsmitglied. Nach einem Tief bei den Landtagswahlen 1984 (8,7 %) verlor die FPÖ ihren Regierungssitz, legte aber 1989 auf über 16 % und bei den folgenden Wahlen auf fast 20 % zu; von 1994 bis 1999 stellte sie sogar zwei Mitglieder der Landesregierung. Nachdem durch die Spaltung der Partei herbeigeführten Absturz auf 8,7 % im Jahr 2004 konnte die FPÖ bei den Landtagswahlen 2009 wieder 13 % der Stimmen und damit fünf Mandate für sich verbuchen. Eine Novität bedeutete der Einzug der Bürgerliste Salzburg-Land in den Landtag, die 1989 zwei Mandate erreichte. Mit drei Mandaten bei den Wahlen 1994 und zwei Mandaten 1999 vermochte die Bürgerliste, verbunden mit den Grünen, ihre Position im Landtag zu behaupten, ebenso bei den Wahlen 2004 (8 %) und 2009 (7,4 %), ein Regierungsmitglied stellte sie bisher jedoch nicht.

Seit dem Regierungsantritt von Landeshauptmann Josef Klaus war die erfolgreiche Zusammenarbeit im Landtag und in der Landesregierung von der Konsensbereitschaft der drei Parteien getragen; maßgeblich dafür war nicht allein das in der Landesverfassung verankerte Proporzsystem, sondern der gegenseitige Respekt der Mandatare im Landtag und das oft freundschaftliche Verhältnis unter den Mitgliedern der Landesregierung. Nicht umsonst beschwor Wilfried Haslauer in seiner Abschiedsrede als Landeshauptmann eindringlich das Festhalten an der politischen Zusammenarbeit und am „Salzburger Klima". Dennoch kam es seit dem Beginn der 90er Jahre zu einer deutlichen Verschlechterung des politischen Klimas, die sich in scharfen Verbalattacken nicht nur im Landtag, sondern auch in den Medien und der Öffentlichkeit entlud. Dieser neue, wesentlich aggressivere Umgangston hat zeitweise auch vor der Person des Bundespräsidenten nicht haltgemacht. In Salzburg kulminierten die Spannungen im Herbst 1997, als erstmals der Landtag einem Regierungsmitglied das Vertrauen entzog und es zur Amtsenthebung kam.

Aufgrund dieser Entwicklung wurde das bis dahin geltende Proporz-system abgeschafft. Von 1999 bis 2004 setzte sich die Salzburger Landesregierung aus vier Mitgliedern der ÖVP und drei Mitgliedern der SPÖ zusammen, von 2004 bis 2013 war das Verhältnis umge-kehrt; die FPÖ war trotz ihrer sieben (1999) und dann fünf Land-tagsmandate (2009) in der Landesregierung nicht mehr vertreten. Die Landtagswahlen 2013 brachten eine ganz neue Konstellation: Die ÖVP stellt drei Regierungsmitglieder, die Grünen ebenfalls drei und das Team Stronach ein Mitglied. Die SPÖ als zweitstärkste Partei ist in der Landesregierung ebenso wenig vertreten wie die an vierter Stelle rangierende FPÖ. Von den 36 Mandaten im Salzburger Land-tag entfallen 11 auf die ÖVP, 9 auf die SPÖ, 7 auf die Grünen, 6 auf die FPÖ und 3 auf das Team Stronach.

Da die Entwicklung der Landespolitik von 1949 bis 1989 durch drei dominante Landeshauptleute bestimmt war, ist es üblich geworden, von der „Ära Klaus" (1949–1961), der „Ära Lechner" (1961–1977) und der „Ära Haslauer" (1977–1989) zu sprechen. Unter dem Rechtsanwalt Dr. Josef Klaus, der als junger „Quereinsteiger" die Regierung übernahm, schritt der Wiederaufbau rasch voran, die Nachkriegs-Hungerjahre wurden von einem zunächst langsamen, aber stetigen Wirtschaftsaufschwung abgelöst. Nach dem Tauern-kraftwerk Glockner-Kaprun, das bis heute den Stolz der Salzburger Energiewirtschaft darstellt, wurde das Große Festspielhaus nach Plänen von Clemens Holzmeister errichtet und 1960 feierlich eröff-net; die Fertigstellung des Flughafens Salzburg-Maxglan im selben Jahr brachte den Anschluss an die große weite Welt – die kleine Welt wurde dagegen gering geachtet und 1957 die beliebte Salz-kammergut-Lokalbahn nach Bad Ischl eingestellt. Mit dem Sender auf dem Gaisberg hielt 1956 das Fernsehen Einzug, die Weihe des wiederaufgebauten Doms 1959 zeigte die endgültige Überwindung der Kriegsschäden an, und mit der Erhebung des Mozarteums zur Musikakademie 1953, der Gründung der „Schule des Sehens" durch den Maler Oskar Kokoschka, woraus später die Internationale Som-merakademie für Bildende Kunst hervorging, sowie der Eröffnung der Residenzgalerie wurden auch im kulturellen Bereich bleibende Initiativen gesetzt. Josef Klaus, der sich durch seine ebenso sparsame wie effiziente Wirtschaftsführung ausgezeichnet hatte, avancierte 1961 zum Finanzminister, 1964 zum Österreichischen Bundeskanzler

243

und leitete von 1966 bis 1970 die erste Einparteienregierung der Zweiten Republik. Nach dem Verlust der absoluten Mehrheit zog sich Klaus aus allen politischen Ämtern zurück und starb 2001 im 91. Lebensjahr.

Dipl. Ing. DDr. Hans Lechner (1961–1977) war neben Franz Rehrl der am längsten amtierende Landeshauptmann. Obwohl kein großer Rhetoriker, wurde der aus Graz stammende, füllige Politiker immer mehr zum allseits beliebten Landesvater. Ausschlaggebend dafür waren seine persönliche Bescheidenheit und seine unbestreitbare politische Integrität. Nach dem Wiederaufbau unter Klaus setzte unter Lechner die Phase des „Wirtschaftswunders" ein, die in den siebziger Jahren erstmals zu einer Überhitzung der Konjunktur führte. Für Lechner bedeutete es einen persönlichen Erfolg, dass nach jahrzehntelangen Planungen und Diskussionen 1962 die Salzburger Universität wieder errichtet wurde, allerdings nicht mehr als kirchliche, sondern als staatliche Einrichtung. Die Universität gliederte sich in eine theologische, eine juridische, eine philosophische und

244

Hans Lechner (re.) übergab 1977 nach 16 Jahren das Amt des Landeshauptmannes an Wilfried Haslauer.

– zumindest nach dem Wortlaut des Gesetzes – auch in eine medizinische Fakultät. Es blieb ein Wermutstropfen, dass die zugesagte Errichtung der medizinischen Fakultät, mit der Lechner auch den Ausbau der Landeskrankenanstalten akkordierte, nicht realisiert wurde. Die jahrzehntelangen Bemühungen kirchlicher Kreise um eine katholische Universität führten schließlich zur Gründung des Internationalen Forschungszentrums für Grundfragen der Wissenschaft in der Edmundsburg am Mönchsberg. Seit 2008 beherbergt dieses Gebäude das Salzburg Center of European Union Studies der Universität Salzburg sowie das Stefan Zweig Centre, das sich rasch als ein Ort für Literatur, Kunst und Wissenschaft profilierte. Bedeutende Summen wurden unter Lechner in den Ausbau des Straßennetzes und des Fremdenverkehrs investiert. Wichtige Etappen bildeten die Eröffnung der neuen Gerlos-Straße (1963), der Straße über den Felbertauern (1967) und vor allem der 52 km langen Scheitelstrecke der Tauernautobahn am 21. Juni 1975. Die 1964 fertiggestellte Gletscherbahn von Kaprun auf das Kitzsteinhorn erschloss erstmals ein Ganzjahresskigebiet. Lechner legte aus gesundheitlichen Gründen 1977 sein Amt zurück und starb am 10. Juni 1994.

Ihm folgte Dr. Wilfried Haslauer, der bereits als Vizebürgermeister der Stadt Salzburg, als Landesparteiobmann der ÖVP und Landeshauptmannstellvertreter politische Erfahrung gesammelt hatte. Im Gegensatz zu seinem Vorgänger von eher schmächtiger Statur betrachtete sich der historisch versierte Landeshauptmann gleichsam als Nachfolger der alten Fürsterzbischöfe und entfaltete ein fast barockes Zeremoniell. Nach Jahrzehnten einer legeren Amerikanisierung erlebten Anzug und Krawatte ebenso wie höfliche Umgangsformen eine Renaissance. Als glänzender Rhetoriker hatte Haslauer nicht nur bei Politikern des In- und Auslands und vor akademisch gebildetem Publikum Erfolg, sondern fand auch in der breiten Bevölkerung Anklang. Zeichen dafür war der überwältigende Wahlsieg des Jahres 1984. Ein besonderes Anliegen war Haslauer die Förderung des Salzburger Landesbewusstseins. Diesem Ziel dienten die Gestaltung großer Landesfeste wie „900 Jahre Festung Hohensalzburg" (1977), das Jubiläum der Erzabtei St. Peter (1982) oder das Fest zum 1200. Todestag des hl. Virgil (1984). Während die zunächst durchaus erfolgreichen Landesausstellungen 1994 zu Ende gingen, wurde die Reihe großer Jubiläen mit den Mozartjahren 1991 und 2006, dem

245

Paracelsus-Jahr 1993, dem 1300-Jahr-Jubiläum der Ankunft des hl. Rupert (1996) und dem Jubiläum 1200 Jahre Erzbistum Salzburg (1998) fortgesetzt. In der begleitenden Veranstaltung internationaler Symposien und der Herausgabe wissenschaftlicher Publikationen haben diese Feste und Jubiläen einen dauernden Niederschlag gefunden. Unter Haslauer entstanden die „Jahrhundertbauten" in der Landeshauptstadt – die Naturwissenschaftliche Fakultät am Rand des Grünlandes von Freisaal (1986), die Bundespolizeidirektion an der Alpenstraße (1985) und die Finanzlandesdirektion in Salzburg-Aigen (1987). Haslauer bemühte sich auch um die gezielte Förderung der Salzburger Wirtschaft, speziell um die Ansiedlung von High-Tech-Betrieben. Die Errichtung des Sony-Werkes in Anif-Niederalm, die über Vermittlung des Dirigenten Herbert von Karajan zustande kam, war eine wichtige Etappe auf diesem Weg. Bereits 1991 konnte ein zweites Werk in Thalgau eröffnet werden.

Haslauer musste jedoch auch erleben, dass eine kritische, durch Bürgerinitiativen sensibilisierte Bevölkerung nicht mehr bereit war, ihre Umwelt dem Primat des wirtschaftlichen Wachstums zu opfern. Der Widerstand, der sich 1988 gegen den Bau der zweiten Tunnelröhren durch den Radstädter Tauern und den Katschberg im geplagten Lungau formierte und den angereisten Landespolitikern mit unerhörter Schärfe entgegenschlug, führte zur Absetzung dieses bereits durchfinanzierten Großbauvorhabens. Die Volksabstimmung über das Atomkraftwerk Zwentendorf, die in Salzburg 1978 fast 57 % Gegenstimmen brachte, hatte im Ausland zunächst Erstaunen und Häme hervorgerufen. Der Super-GAU im Atomreaktor von Tschernobyl am 25. April 1986 zeigte jedoch wenige Jahre später, wie berechtigt die Ängste in Österreich waren. So nahm es nicht Wunder, dass sich in Salzburg Proteste gegen den Bau der atomaren Wiederaufbereitungsanlage Wackersdorf im benachbarten Bayern formierten und 1988 einen Höhepunkt erreichten. Sie führten auch zu einer ernsten Entfremdung zwischen Haslauer und dem befreundeten bayerischen Ministerpräsidenten Franz Josef Strauß. Haslauer zog sich nach dem Verlust der absoluten Mehrheit im Landtag 1989 aus der Politik zurück und starb am 23. Oktober 1992.

Ihm folgte der Historiker Dr. Hans Katschthaler. Er war ein politischer Ziehsohn Hans Lechners und fand so wie dieser durch seine pragmatische, sachbezogene Politik und seine unbestrittene Seriosität die

Der Nationalpark Hohe Tauern ist mit 1800 km² der größte Nationalpark Mitteleuropas.

Anerkennung seiner politischen Gegner. Obwohl er seinen persönlichen Witz nur im kleinen Kreis zur Geltung brachte und als Politiker eher distanziert wirkte, erlangte auch er eine gewisse Popularität in der Salzburger Bevölkerung. Schon kurz nach Regierungsantritt sah sich Katschthaler mit einer Reihe schwieriger Probleme konfrontiert. Die österreichische Salinen-AG stellte mit 31. Juli 1989 die Salzproduktion in Hallein endgültig ein, alle Proteste des Landes blieben vergeblich: Salzburg, das seinen deutschen Namen bereits in der Mitte des 8. Jahrhunderts erhalten hatte, besaß nach mehr als 1200 Jahren keine Salzproduktion mehr. Am 5. Juli 1989 beschloss der Salzburger Landtag die Einsetzung eines Untersuchungsausschusses in der Affäre um die Wohnungseigentumsbaugesellschaft (WEB). Damit kam das bis dahin größte Strafverfahren in der Geschichte der Zweiten Republik ins Rollen, das Jahrzehnte lang das Salzburger Landesgericht beschäftigte und im Grunde nie zu einer endgültigen Lösung führte. Während der eigentliche Drahtzieher Dr. Hans Zyla, Stadtparteiobmann der ÖVP, kurzzeitig Landtagspräsident und Chef zahlreicher Wohnbaugesellschaften, fast ungeschoren davonkam, mussten zwei erfolgreiche SPÖ-Politiker, Landeshauptmannstellvertreter Dr. Wolfgang Radlegger und Bürgermeister Dipl.-Ing. Josef Reschen, wegen ihrer eher geringfügigen Verwicklung in den Skandal den Hut nehmen. Vier Jahre später brachte die Hallein Papier AG beim Bezirksgericht Hallein den Ausgleichsantrag ein. Mit Verbindlichkeiten von 2,9 Milliarden Schilling war es eine der größten Insolvenzen in der gesamten österreichischen Wirtschaftsgeschichte. In dieser Situation sah sich Katschthaler gezwungen, Landeshilfe zuzusagen, um den Betriebsstandort Hallein abzusichern. Zu einer langfristigen Verstimmung zwischen dem Land und der Stadt Salzburg führte schließlich der Bau des Airport-Centers in Wals-Siezenheim, eines riesigen Einkaufszentrums, das viele Käufer vom Salzburger Stadtgebiet auf den Boden der Nachbargemeinde abzog. Mit dem Bau des Europarks in Taxham (1997), der auch viele Kaufinteressenten aus dem benachbarten Bayern anlockte, kam es zu einer Umkehr. Das Airport-Center, das sich gegen die übermächtige Konkurrenz nicht behaupten konnte, wurde inzwischen zu einem Outlet-Center umgestaltet, das im September 2009 eröffnet wurde. Es gab auch durchaus erfreuliche Ereignisse zu feiern, darunter die Beteiligung des Bundes an dem von Salzburg und Kärnten errichteten Nationalpark Hohe Tauern und die Einleitung des Verfahrens, mit dem die Salzburger Altstadt 1997 von der UNESCO in die Liste des „Welt(kultur)erbes" aufgenommen wurde. Katschthaler selbst konnte 1992 den fertiggestellten Toskanatrakt, der eine wichtige Etappe im Konzept der Altstadt-Universität bildet, an die Juridische Fakultät übergeben. Er trat auf eigenen Wunsch 1996 vom Amt des Landeshauptmanns zurück und starb am 5. Juli 2012.

Univ. Doz. Dr. Franz Schausberger, der Katschthaler als Landeshauptmann nachfolgte, hatte sich kurz zuvor an der Salzburger Universität für Zeitgeschichte habilitiert. Mit ihm, der viele Jahre lang Parteisekretär der Salzburger ÖVP gewesen war, trat erstmals nicht ein Quereinsteiger, sondern ein Politprofi an die Spitze der Regierung. Obwohl ihn die Palastrevolution, mit der er den von Katschthaler favorisierten Dr. Arno Gasteiger im Kampf um die Nachfolge ausschaltete, einige Sympathien kostete, gestaltete sich seine Regierung anfangs durchaus erfolgreich. Dann aber machte er sich durch eigenwillige und unpopuläre Entschlüsse, die er gegen breiten Widerstand durchsetzte, viele zu Feinden. Der Bau eines riesigen Fußballstadions unmittelbar vor dem Barockschloss Kleßheim und das groß dimensionierte „Museum der Moderne" auf der exponierten Höhe des Mönchsbergs, ungeachtet aller Proteste, verursachten gerade bei den traditionsbewussten Salzburgern Ärger und Empörung. Dazu kam im Wahlkampf 2004 eine teilweise gehässig geführte Kampagne gegen den Landeshauptmann. Aufseiten der SPÖ hatte sich inzwischen die stellvertretende Landeshauptfrau Mag. Gabriele („Gabi") Burgstaller durch ihre sachbezogene, kooperative Politik profiliert und mit ihrem freundlichen Auftreten viele Sympathien erworben.

249

Diese Umstände führten nach fast sechs Jahrzehnten Dominanz der ÖVP zu einem überraschend klaren Wahlsieg der SPÖ im Jahr 2004. Mit 17 Mandaten gegenüber 14 der ÖVP konnte Burgstaller ihre Regierung auf eine solide Mehrheit stützen, stellte aber die weitere Zusammenarbeit mit der ÖVP nie infrage. Dass die Wahlergebnisse 2004 keine „historische Trendwende" bedeuteten, zeigte sich 2009. Die SPÖ verlor 7 % an Stimmen und der Abstand zur ÖVP verringerte sich auf weniger als 3 %. Wahlsieger waren die Freiheitlichen, die von ihrem historischen Tief im Jahr 2004 mit nur 8,7 % der Stimmen wieder auf 13 % zulegten. Damit zeichnete sich insgesamt eine allmähliche Rückkehr vom „Ausnahmefall" 2004 zu den historisch

Landeshauptfrau Gabi Burgstaller und ihr Stellvertreter Wilfried Haslauer nach den Koalitionsverhandlungen im April 2009.

gewachsenen Verhältnissen ab. Dass die SPÖ ihre Spitzenposition behaupten konnte, verdankte sie vor allem der Popularität ihrer Spitzenkandidatin. Die ÖVP hätte die Option gehabt, gemeinsam mit den Freiheitlichen eine Regierung zu bilden. LHStv. Dr. Wilfried Haslauer, der Sohn des 1992 verstorbenen gleichnamigen Landeshauptmanns, unter dessen Führung die Partei wieder zu einem geschlossenen und erfolgreichen Auftreten gefunden hatte, entschied sich aber für die Fortsetzung der Zusammenarbeit mit der SPÖ, die ihm bedeutende Zugeständnisse machte. Die Landespolitik gestaltete sich unter Gabi Burgstaller als Landeshauptfrau durchaus erfolgreich. Große Bauvorhaben wurden in Angriff genommen und teilweise vollendet. Verwiesen sei auf den Neubau der Salzburger Fachhochschule in Puch-Urstein, den Unipark Nonntal auf den von der Abtei St. Peter eingetauschten Gründen an der Nonntaler Hauptstraße, die Errichtung des Kavernenkraftwerks Limberg II, das die Leistung der Kraftwerksgruppe Kaprun mehr als verdoppelt, und den Bau der zweiten Tunnelröhre durch das Tauernmassiv und den Katschberg im Zuge des Ausbaus der Tauernautobahn. Jahrzehntelange Megastaus hatten dort gezeigt, dass die 1988 erzwungene Ablehnung des Ausbaus nicht zu halten war. Nachdem 2009 die zweite Tunnelröhre durch den Katschberg ihrer Bestimmung übergeben wurde, konnte 2011 der Vollausbau der gesamten Scheitelstrecke abgeschlossen werden. Es gab aber auch Rückschläge, wie die von Land und Stadt gemeinsam betriebene Bewerbung um die Ausrichtung von olympischen Winterspielen, die von der Bevölkerung eher reserviert aufgenommen, beim zweiten Mal sogar deutlich abgelehnt wurde. Trotz eines erheblichen finanziellen Aufwands endete dieses Unternehmen in zwei mehr als enttäuschenden Niederlagen.

Eine schwere und in diesen Dimensionen nicht vorhersehbare Belastung brachte auch für das Land Salzburg die 2008 einsetzende Weltwirtschaftskrise. Trauriger Höhepunkt war am 1. Mai 2009 die

Die Salzburger Landesregierung 2013, v. l. n. r.: Heinrich Schellhorn, Martina Berthold, LHStv.in Astrid Rössler, LH Wilfried Haslauer, LHStv. Christian Stöckl, Josef Schwaiger, Hans Mayr.

Schließung der Papierfabrik in Hallein, die vom finnischen Konzern M-real nicht aus wirtschaftlichen Zwängen, sondern aus marktstrategischen Überlegungen vorgenommen wurde. Obwohl es Interessenten für eine Fortführung der Produktion gegeben hätte, wurde diese Möglichkeit verhindert, um einer Konkurrenz auf dem Weltmarkt vorzubeugen. Fast 400 Arbeitnehmer wurden Opfer einer rücksichtslosen, auf Globalisierung ausgerichteten Wirtschaftspolitik. Nach einer kurzen Erholung setzte 2012 erneut eine Phase wirtschaftlicher Depression ein. Salzburg wurde davon vor allem durch die Insolvenz großer Firmen wie des Baukonzerns Alpine, der Drogeriemarktkette Daily (beide 2013) und der Elektronikfirma Niedermeyer, die im Land stark vertreten waren, betroffen. Insgesamt aber hat die Salzburger Wirtschaft die große Krise bisher besser verkraftet als die meisten Nachbarländer. Im Fremdenverkehr ist der befürchtete Einbruch bisher ausgeblieben. Sollten die Prognosen einer langsamen Erholung ab 2014 zutreffen, dann wird Salzburg auch diese schwierige Zeit dank der Stärke seiner mittelständischen Wirtschaftsbetriebe und einer verantwortungsvollen Wirtschaftspolitik ohne nachhaltige Schäden überstehen.

Die Landespolitik war bis zum Spätherbst 2012 von einer pragmatischen und durchaus erfolgreichen Zusammenarbeit der beiden Regierungsparteien SPÖ und ÖVP bestimmt. Der Ausgang der Wahlen, die für das Frühjahr 2014 angesetzt waren, schien völlig offen. Die Aufdeckung des „Salzburger Finanzskandals", bei dem etwa 350 Millionen Euro durch riskante Spekulationsgeschäfte verloren gegangen waren, führte zu einem Umsturz der politischen Verhältnisse: LHStv. Mag. David Brenner (SPÖ), der das Finanzressort leitete und als möglicher Nachfolger von Landeshauptfrau Gabi Burgstaller gehandelt wurde, trat am 23. Januar 2013 von seinem Amt zurück. LHStv. Wilfried Haslauer distanzierte sich in scharfer Form von der SPÖ und der Landeshauptfrau und kündigte die politische Zusammenarbeit auf. Die im Landtag vertretenen Parteien einigten sich auf vorgezogene Wahlen am 5. Mai 2013. Dabei ging die ÖVP mit 29,01% trotz eines Verlustes von 7,5% gegenüber den Wahlen 2009 als stimmenstärkste Partei hervor. Die SPÖ erreichte 23,81% der Stimmen und büßte gegenüber den letzten Wahlen 15,6% ein. Die Mehrheit der Salzburger Bevölkerung gab offenbar ihr die Hauptschuld am Finanzskandal, obwohl dessen Anfänge noch in die Zeit einer ÖVP-

Ressortzuständigkeit zurückreichten und Landesbeamte aus dem ÖVP-Lager die Hauptverantwortung dafür trugen. Landeshauptfrau Gabi Burgstaller nahm das zum Anlass, sich aus der Landespolitik zurückzuziehen. Es war ein Zeichen ihrer persönlichen Integrität, dass sie sich keinen Spitzenjob in Wirtschaft oder Verwaltung sicherte, sondern auf ihren früheren Arbeitsplatz in der Arbeiterkammer zurückkehrte.

Die eigentlichen Gewinner der Wahl waren die Grünen, deren Parteiobfrau Dr. Astrid Rössler sich als Leiterin des Untersuchungsausschusses im Finanzskandal profiliert hatte. Mit 20,18 % der Stimmen verbuchten die Grünen einen Zuwachs von 12,8 % und verwiesen damit die FPÖ, die 17,03 % und eine Steigerung um 4 % erreichten, auf den vierten Platz. Von den neu angetretenen Parteien konnte nur das Team Stronach mit 8,34 % den Einzug in den Landtag schaffen. Astrid Rössler und die Grünen sprachen sich zunächst für eine Konzentrationsregierung der drei stärksten Parteien aus. Der designierte Landeshauptmann Wilfried Haslauer lehnte jedoch eine Zusammenarbeit mit der SPÖ ab und setzte eine Koalition von ÖVP, Grünen und Team Stronach durch. Als Gegenleistung erhielten die Grünen ebenso drei Regierungssitze wie die ÖVP, das Team Stronach einen. Die formelle Wahl der neuen Landesregierung mit LH Wilfried Haslauer und den LHStvn. Astrid Rössler und Christian Stöckl erfolgte am 19. Juni 2013 durch den Salzburger Landtag. Eine der Hauptaufgaben der neuen Landesregierung wird der soziale Wohnbau sein, nachdem in den letzten Jahren sowohl die Nachfrage als auch die Höhe der Mieten auf dem freien Wohnungsmarkt überdurchschnittlich stark gestiegen sind. Zur Nagelprobe wird jedoch die schwierige Balance zwischen dem von der ÖVP vertretenen Primat der Wirtschaft einerseits und dem Umweltschutz andererseits, dem sich die Grünen verschrieben haben, werden.

In der Stadt Salzburg fungierten von 1946 bis 1992 mit Anton Neumayr, Stanislaus Pacher, Alfred Bäck, Heinrich Salfenauer, Dipl.-Ing. Josef Reschen und Dr. Harald Lettner SPÖ-Politiker als Bürgermeister. Unter ihnen vollzogen sich Wiederaufbau und wirtschaftlicher Aufstieg der Landeshauptstadt, die trotz einer boomenden Bauwirtschaft von schweren Bausünden weitgehend verschont blieb. Der prominente Kunsthistoriker Hans Sedlmayr hatte in einer Reihe eindringlicher Bücher und Zeitungsartikel vor einer Verschandelung der

Salzburger Altstadt gewarnt, und der Salzburger Landtag beschloss bereits 1967 das erste Altstadterhaltungsgesetz in Österreich. So gesehen hat die Landespolitik die Stadt gerettet.

Das Stadtentwicklungsmodell von 1970, das die Umwidmung umfangreicher Grünflächen in Bauland vorsah, rief dann als Reaktion die Bildung von Bürgerinitiativen hervor. Unter der Führung des Bäckermeisters Richard Hörl und des Schauspielers Herbert Fux gelang es ihnen 1976, den Plan einer überdimensionierten Gesamtuniversität in Freisaal zu Fall zu bringen. Stattdessen entstand an dieser Stelle ein modernes Gebäude für die Naturwissenschaften, für die anderen Fakultäten wurde das Konzept der „Altstadt-Universität" entwickelt und in den folgenden Jahrzehnten schrittweise verwirklicht. Mit dem Erhalt des Grüngürtels im Süden der Stadt hatten die Bürgerinitiativen ebenso wie mit der anfangs heftig umstrittenen Fußgängerzone in der Altstadt einen bedeutenden Erfolg erzielt, den sie auch politisch umsetzen konnten. Als Bürgerliste kandidierten sie 1977 erstmals bei den Gemeinderatswahlen und gewannen zwei Mandate. In den folgenden Jahren vermochte die Bürgerliste durch publikumswirksame Aktionen wie die Verleihung des „Saurüssels" für die Verschandelung des Stadtbildes, durch das Aufdecken von Skandalen und durch die scharfe Rhetorik ihrer Vertreter im Gemeinderat weiter an Boden zu gewinnen, sodass sie bei der Gemeinderatswahl 1982 mit 17,7 % der Stimmen die FPÖ übertrumpfte und mit sieben Mandataren in den Gemeinderat einzog. Mit Johannes Voggenhuber, der sich in harten Auseinandersetzungen mit Hans Zyla und bei der Aufdeckung des Skandals um die Wohnungseigentumsbaugesellschaft aber auch durch ein weitgespanntes Planungs- und Architekturprogramm für Salzburg profilieren konnte, stellte die Bürgerliste erstmals einen Stadtrat. Als die SPÖ dank der erfolgreichen Finanzpolitik von Bürgermeister Josef Reschen 1987 einen überwältigenden Erfolg errang, büßte die Bürgerliste vier Mandate ein, konnte fünf Jahre später jedoch, als sich die SPÖ nach dem Rücktritt von Reschen und parteiinternen Zwistigkeiten in einer schweren Krise befand, erneut sieben Mandate erringen und den Posten des zweiten Bürgermeister-Stellvertreters besetzen.

Zugleich übernahm mit Dr. Josef Dechant erstmals seit 1946 ein ÖVP-Politiker das Amt des Bürgermeisters, in dem er sich bis 1999 behauptete. Als er auf Drängen der Landespartei nicht mehr kandidierte, konnte sich Dr. Heinz Schaden (SPÖ) in einer Stichwahl gegen den ÖVP-Kandidaten Mag. DDr. Karl Gollegger durchsetzen. Bei der Gemeinderatswahl 2004 erzielte die SPÖ mit 43,8 % der Stimmen ein Spitzenergebnis, Schaden wurde schon im ersten Durchgang mit 51,9 % wieder gewählt. Einen deutlichen Rückschlag brachte die Wahl 2009, bei der die SPÖ auf 35,8 % der Stimmen zurückfiel und Schaden sich in einer Stichwahl gegen den ÖVP-Vizebürgermeister Dipl.-Ing. Harald Preuner nur relativ knapp behaupten konnte. Das Prinzip der direkten Demokratie, das 1994 im Land Salzburg mit der Direktwahl von Bürgermeistern, die nicht der stimmenstärksten Partei angehören müssen, Eingang fand, wurde 1999 auch in der Stadt Salzburg übernommen. Heinz Schaden wurde in diesem Jahr zum ersten direkt gewählten Bürgermeister der Landeshauptstadt.

Eröffnung des neuen Universitätsgebäudes für die Naturwissenschaftliche Fakultät in Freisaal 1986.

Neben den drei politischen Lagern, die seit mehr als einem Jahrhundert die Politik von Stadt und Land bestimmen, ist die Bürgerliste, die 2009 wieder ein siebentes Mandat hinzugewann, zur vierten Kraft geworden. Darin kommt das stark gestiegene Interesse der Salzburger Bevölkerung am Schutz und der Erhaltung ihrer Umwelt zum Ausdruck.

Überschattet war die Gemeindepolitik durch die lang andauernde Finanzmisere der Stadt Salzburg. Während die Einnahmen durch die Abwanderung von Industrie- und Gewerbebetrieben in die Umlandgemeinden sowie den Rückgang der Bundesertragsanteile und Gemeindeabgaben sanken, kam es zu einer überproportionalen Steigerung der Ausgaben im Sozialhilfebereich. Aufwändige und zugleich wenig attraktive Bauten wie die 1992 begonnene und erst nach vielen Jahren abgeschlossene Neugestaltung des Bahnhofsvorplatzes und der Neubau des Kongresshauses, die den vorgesehenen Kostenrahmen weit überschritten, ließen fast keinen finanziellen Spielraum mehr übrig. Auch der Verkauf von 70 % der Salzburger Sparkasse (1995) brachte nur eine kurzfristige Sanierung des Budgets, aber keine langfristige Sicherung der Stadtfinanzen. Nach den Wahlen 2009 kam es zur Absetzung wichtiger und seit Langem heftig diskutierter Bauprojekte wie der Neugestaltung des Residenzplatzes und der Errichtung eines „Spaßbades" in Liefering. Inzwischen gelang eine nachhaltige Sanierung der Stadtfinanzen. Großbauten wie die Neugestaltung des Salzburger Hauptbahnhofs, die Erweiterung des Shoppingcenters Süd an der Alpenstraße, der Unipark Nonntal und das Salzachkraftwerk Lehen wurden zwar von anderen Bauträgern durchgeführt, es gab aber auch namhafte städtische Bauprojekte wie die Neue Mitte Lehen mit der markanten Stadtbibliothek. Angesichts eines zunehmenden Drucks aus der Bevölkerung scheint die Stadtpolitik heute wieder mehr als zuvor darauf bedacht, den Status der Stadt Salzburg als Weltkulturerbe zu bewahren und nicht durch unangemessene Neubauten zu gefährden, wie die noch andauernde Diskussion um eine dichte Verbauung des Rehrlplatzes am rechten Salzachufer zeigt.

Im Land Salzburg verlief die wirtschaftliche Entwicklung seit 1955 trotz einiger Phasen der Rezession durchaus positiv. Gemessen am Pro-Kopf-Einkommen stand Salzburg, bedingt durch die ökonomische Schwerpunktverlagerung von Ost nach West, meist an der

Spitze der österreichischen Bundesländer. Dabei profitierte Salzburg sowohl von seiner zentralen Lage innerhalb Österreichs als auch von der Nachbarschaft zu Deutschland. Die große Zahl von Betriebsansiedlungen aus Deutschland und anderen Ländern der Europäischen Union bescherte dem Land ein hohes Steueraufkommen ohne nachhaltige Industrialisierung. Etwa die Hälfte des Bruttoregionalproduktes des Landes Salzburg wird in der Landeshauptstadt und ihrer unmittelbaren Umgebung erwirtschaftet, weitere 25 % im Flachgau und Tennengau, während der Anteil des Lungaus nur 3 % ausmacht. Die Wirtschaftsstruktur ist von einer konstanten Zunahme des tertiären Sektors gekennzeichnet: Fast zwei Drittel aller Berufstätigen sind im Konsum- und Dienstleistungsbereich beschäftigt – das typische Bild für das Stadium einer reifen Marktwirtschaft. In der Landwirtschaft war die Entwicklung durch den Rückgang des Ackerbaus und die weitere Zunahme der Viehzucht und Milchwirtschaft gekennzeichnet. Der enorme Konkurrenzdruck nach dem Beitritt zur Europäischen Union konnte einerseits durch hohe Subventionen, ande-

257

Mit dem 2011 fertiggestellten „Unipark Nonntal" erhielt auch die Kultur- und Geisteswissenschaftliche Fakultät eine moderne Heimstätte.

rerseits aber auch durch die erfolgreiche Konzentration auf biologisch hochwertige Produkte gut bewältigt werden. Die Zahl der Vollerwerbsbauern ist allerdings weiterhin rückläufig, von 10.028 Bauernhöfen waren 2007 nur noch 4.196 und damit weniger als die Hälfte Haupterwerbsbetriebe. Das schwierigste Problem der Salzburger Wirtschaft besteht darin, dass zwei ihrer wichtigsten Sparten, nämlich der Fremdenverkehr und die Bauwirtschaft, nicht nur saisonalen Schwankungen unterworfen, sondern auch von der internationalen Entwicklung abhängig sind. Der Fremdenverkehr musste durch den steigenden Wohlstand und den Trend zu Fernreisen zeitweise Einbußen hinnehmen, hat sich aber in den letzten Jahren gut erholt. Die Bauwirtschaft fürchtete nach der Fertigstellung der „Jahrhundertbauten" in der Stadt und dem vorläufigen Ende der Kraftwerksbauten an der Salzach um weitere Großaufträge, zumal der kommunale Wohnbau in den letzten Jahren rückläufig war. Tatsächlich haben der lange und harte Winter 2012/13 und die Pleite der Firma Alpine, von der in Salzburg auch viele Zulieferbetriebe betroffen waren, zu ernsten Problemen für die Bauwirtschaft geführt.

Ihren Ruf als internationales Zentrum für Kunst und Kultur haben Stadt und Land zielstrebig und auch mit großem finanziellem Aufwand gestärkt. Die Salzburger Festspiele erfuhren mit den 1967 durch Herbert von Karajan ins Leben gerufenen Osterfestspielen eine erhebliche Ausweitung des Spielbetriebs. Die von Reinhardt und Hofmannsthal angestrebte Verbindung von Hochkultur und Volkskultur war zeitweise nur noch in Randbereichen wie den Vorstellungen des Straßentheaters oder dem Fackeltanz zur Eröffnung spürbar; selbst die Aufführungen des „Jedermann" sind auf ein internationales Publikum ausgerichtet. Inzwischen bietet das alljährliche Fest zur Festspieleröffnung ein reichhaltiges Programm für die Öffentlichkeit und die Siemens Festspielnächte auf dem Kapitelplatz mit Direktübertragungen von Festspielaufführungen finden auch bei der Salzburger Bevölkerung großen Anklang.

Die Befürchtungen um die Zukunft der Festspiele nach dem Tod Karajans erwiesen sich als unbegründet. Unter der künstlerischen Leitung von Gerard Mortier (1990–2001) wurden wichtige neue Akzente gesetzt, speziell im Bereich der modernen Musik. Das Schauspiel erlebte unter der Regie von Peter Stein einen absoluten

Drei Jahrzehnte lang dominierte Herbert von Karajan die Salzburger Festspiele.

Höhepunkt, die Alte Saline auf der Pernerinsel in Hallein wurde als neue Spielstätte erschlossen. Mit Stücken von Peter Handke und besonders von Thomas Bernhard haben sich die Festspiele auch der modernen österreichischen Literatur angenommen. Auf Peter Ruzicka (2002–2006), der in Salzburg kaum prägende Spuren hinterließ, folgte 2007 der Regisseur Jürgen Flimm als Intendant. Nach drei erfolgreichen Jahren in Salzburg übernahm er 2010 die Leitung der Berliner Staatsoper und kehrte damit in seine Heimat zurück. Unter seinem Nachfolger Alexander Pereira erfuhr das Programm der Festspiele eine deutliche Ausweitung, die – auch dank populärer Stücke – zu einem neuen Besucherrekord führte. Da Pereiras Vorstellungen von einer weiteren Erhöhung des Budgets und Bereicherung des Programms bei einigen Mitgliedern des Kuratoriums auf heftigen Widerstand stießen, entschloss er sich, mit der Saison 2015 die Intendanz der Mailänder Scala zu übernehmen und seinen Vertrag mit den Festspielen Ende 2014 vorzeitig zu lösen.

Neben der „Hochkultur" der Festspiele verfügt Salzburg mit dem Mozarteum Orchester und dem Salzburger Sinfonieorchester über zwei anerkannte Klanggruppen. Zu den Aufführungen des Landestheaters kommen eine Reihe kleinerer Schauspiel- und Kabarettgruppen sowie eine bunte Palette weiterer kultureller Initiativen. Einige von ihnen haben längst internationale Anerkennung gefunden, wie die 1970 von Erwin Gimmelsberger gegründeten Rauriser Literaturtage, bei denen Autoren wie H. C. Artmann, Ingeborg Bachmann, Thomas Bernhard und Peter Handke aus ihren Werken lasen und zu deren Preisträgern Gerhard Amanshauser, Franz Innerhofer und Michael Köhlmeier zählen. Unter der Leitung von Brita Steinwendtner (1990–2012) sind die Literaturtage zu einem kulturellen Ereignis geworden, das alljährlich Hunderte von Besuchern nach Rauris führt und weit über Österreich hinaus Beachtung findet. 2013 übernahmen Ines Schütz und Manfred Mittermayer die Intendanz der Literaturtage.

Eine beachtliche Aufwertung und Bereicherung erfuhr in den letzten Jahrzehnten die Salzburger Museumslandschaft. Das Salzburger Museum Carolino Augusteum entstand noch während der Zugehörigkeit Salzburgs zum Land Österreich ob der Enns 1834 als städtische Einrichtung. Seit 1966 wird es von Stadt und Land gemeinsam finanziert, fristete aber lange Zeit ein Schattendasein am Museumsplatz. Nach langen Diskussionen wurde 1997 unter maßgeblicher Anteilnahme von Landeshauptmann Dr. Hans Katschthaler der Grundsatzbeschluss zur Übersiedlung in das Residenz-Neugebäude gefasst und im Mozartjahr 2006 konnte das Salzburg Museum diese repräsentativen Räume beziehen. Wesentlichen Anteil an den stark gestiegenen Besucherzahlen hat das neugestaltete Festungsmuseum auf Hohensalzburg. Zu seinen sechs Abteilungen an verschiedenen Orten übernahm das Salzburg Museum 2013 auch das ehemals beim Mirabellgarten situierte Barockmuseum und die Leitung des Keltenmuseums in Hallein, das über den reichsten Fundbestand aus dieser Epoche verfügt. Derzeit wird nach der Überwindung zahlreicher Hindernisse das großangelegte Konzept eines Museumsrundgangs rund um den Domplatz verwirklicht, der die Residenz, die Residenzgalerie, das Dommuseum und das neue Museum in der Erzabtei St. Peter miteinander verbindet und großartige Ausblicke auf den Kern der Altstadt eröffnet. Das Haus der Natur, das seit Langem als besondere Attraktion galt, ist vor wenigen Jahren modernisiert und erweitert worden.

261

Im Bereich der Wissenschaft haben die Paris-Lodron-Universität und die Universität für Musik und Darstellende Kunst „Mozarteum" in den letzten Jahren ihr Angebot durch Hochschullehrgänge, Sommerschulen und Workshops vergrößert. Sie sehen sich auch der zunehmenden Konkurrenz durch neue Hochschulen und Bildungseinrichtungen ausgesetzt, unter denen sich das Techno-Z (Technologiezentrum) in Salzburg-Itzling mit Standorten in Bischofshofen, Pfarrwerfen, Saalfelden, Zell am See, Uttendorf und Mariapfarr einen besonderen Stellenwert sichern konnte. Für die Fachhochschule Salzburg, die mehr als 20 Studiengänge anbietet, wurde vor den Toren der Stadt in Puch-Urstein ein großzügiger Neubau mit angeschlossenen Studentenheimen errichtet. Der lang gehegte Wunsch nach der Etablierung eines Medizinstudiums in Salzburg ging mit der Gründung der Paracelsus Medizinischen Privatuniversität (PMU) 2003 zumindest in bescheidenem Rahmen in Erfüllung. Den knapp 100 Studenten, die jährlich zugelassen werden, bietet man drei Studiengänge und – begünstigt durch eine Partnerschaft mit der renommierten Mayo-Klinik in Rochester (USA) – einen hohen Ausbildungsstandard. Da derzeit entgegen der ursprünglichen Konzeption die Errichtung einer medizinischen Fakultät in Linz zur Diskussion steht, verlangen die Salzburger Landespolitiker eine staatliche Mitfinanzierung der PMU in Salzburg zur Abgeltung öffentlicher Leistungen wie der Klinikbenützung.

Konfession und Kirche sind in den letzten Jahrzehnten immer stärker zur „Privatangelegenheit" geworden. Die katholische Kirche erlebte in den beiden ersten Jahrzehnten nach dem Ende des Zweiten Weltkriegs einen deutlichen Aufschwung, der in den Beschlüssen des Zweiten Vatikanischen Konzils und der engagierten Mitarbeit von Laien auf allen Ebenen einen Höhepunkt fand. Die Erzbischöfe DDDr. Andreas Rohracher und DDr. Karl Berg, die sich für Fehler ihrer Vorgänger wie die Protestantenausweisung öffentlich entschuldigten und eine ökumenische Zusammenarbeit anstrebten, erfreuten sich großer Popularität. Die von der römischen Kurie ausgehende autoritär-konservative Kirchenpolitik mit einer deutlichen Absage an alle demokratischen Tendenzen, die auch in Salzburg durchgesetzt wurde, bedeutete jedoch für viele engagierte Katholiken eine herbe Enttäuschung. Der anhaltende Protest gegen diesen Kurs kam in der starken Zunahme der Kirchenaustritte ebenso zum Ausdruck wie in der sinkenden Zahl der Theologiestudenten. Die Wahl des Innsbrucker Bischofs Univ.-Prof. Dr. Alois Kothgasser zum Salzburger Erzbischof 2002 war wohl eine der kürzesten, die es in Salzburg je gegeben hat. Obwohl auch die Erzdiözese mit ihren Klöstern und Kirchen von den sich mehrenden Verfahren wegen Kindesmissbrauchs und sexueller Übergriffe nicht verschont blieb, hat unter Kothgasser die Zustimmung zu seiner Kirchenpolitik und damit auch zur katholischen Kirche wieder deutlich zugenommen. Zu Kothgassers Nachfolger wählte das Salzburger Domkapitel am 10. 11. 2013 aus dem von der römischen Kurie übermittelten Dreiervorschlag den Grazer Weihbischof Mag. Dr. Franz Lackner, der dem Franziskanerorden angehört.

Nach den ca. 366.000 Katholiken nimmt derzeit noch die Evangelische Kirche mit etwas mehr als 22.000 Gläubigen die zweite Stelle ein. Bedingt durch die starke Migration haben jedoch die Muslime mit über 20.000 bekennenden Mitgliedern und die orthodoxen Kirchen mit mehr als 18.000 Gläubigen stark zugenommen und werden die Protestanten in den nächsten Jahren zahlenmäßig überholen. Während für die Muslime allein in der Stadt Salzburg sieben Moscheen und Bethäuser und in Hallein vier eingerichtet wurden, hat die katholische Kirche einige ihrer Gotteshäuser, die nicht mehr benötigt wurden, der orthodoxen Kirche überlassen. Andere religiöse Gemeinschaften wie Buddhisten und Hinduisten mit jeweils ca. 700 Gläubigen spielen nur eine geringe Rolle. Von den jüngeren Religionsgemeinschaften machen vor allem die Mormonen mit etwa 2.500 Mitgliedern und die Zeugen Jehovas durch intensive Missionstätigkeit auf sich aufmerksam. Sehr bescheiden nimmt sich dagegen die Israelitische Kultusgemeinde aus. Obwohl sie in Marko Feingold einen prominenten, allseits geachteten Leiter besitzt, zählt sie nur ungefähr 70 Gläubige. Daher kommen in der Salzburger Synagoge oft kaum genügend Mitglieder zusammen, um einen Gottesdienst zu feiern.

Im gesellschaftlichen Bereich war die Entwicklung der letzten Jahrzehnte von einer starken Urbanisierung geprägt. Das gilt nicht allein für städtische Ballungszentren, sondern auch für die ländlichen Gebiete. Urbane Lebensformen haben sich immer stärker auch auf dem Land durchgesetzt und prägen den Alltag der Salzburger Bevölkerung. Ausdruck fand diese Entwicklung nicht zuletzt in den zahlreichen Stadterhebungen seit der Jahrtausendwende. Gab es bis dahin mit der Landeshauptstadt Salzburg, Hallein, Radstadt und Zell am See nur vier Städte im Land, so erhielten seither Saalfelden, St. Johann im Pongau, Bischofshofen, Seekirchen und Neumarkt am Wallersee (alle im Jahr 2000), Oberndorf (2001) und Mittersill (2008) das Stadtrecht. Besondere Rechte kommen aber nur der Stadt Salzburg zu, da sie als einzige Stadt mit eigenem Statut Kompetenzen der mittelbaren Bundesverwaltung wahrnehmen kann.

Das zweite dominante Merkmal unserer Zeit ist die Globalisierung. Das Reaktorunglück von Tschernobyl hatte 1986 den Salzburgern erstmals deutlich gemacht, in welchem Ausmaß auch ihr Land den Auswirkungen weit entfernter Ereignisse unterworfen ist. Die Zugehörigkeit zur Europäischen Union brachte nicht nur eine Sicherung des wirtschaftlichen Wohlstands, sondern auch eine verstärkte Abhängigkeit von Staaten, die vorher als „Ausland" galten. Einerseits eröffneten sich Möglichkeiten zur grenzüberschreitenden Zusammenarbeit, wie sie im kulturellen Bereich durch die „Euregio" Salzburg-Berchtesgadener Land-Traunstein besonders gefördert werden; auch die Einstellung der Grenzkontrollen durch das Schengener Abkommen und der Wegfall des Geldwechsels mit der Einführung des „Euro" wird vom Großteil der Bevölkerung als Erleichterung empfunden. In der 2008 einsetzenden weltweiten Wirtschaftskrise erwies sich der Euro als wichtige Stütze für die österreichische Wirtschaft, während andere Staaten einen deutlichen Einbruch ihrer nationalen Währung hinnehmen mussten. Andererseits konfrontierte z.B. der Weltwirtschaftsgipfel 2001 die Stadt Salzburg mit dem Auftreten gewaltbereiter Extremistengruppen, die friedliche Kundgebungen für terroristische Ziele missbrauchen. Der Anschlag auf das New Yorker World Trade Center am 11. September 2001 hat schließlich gezeigt, dass kein Ort der Erde vor internationalem Terror und politischen Extremisten sicher ist. Auch in Salzburg muss man sich darauf einstellen, nicht mehr auf einer „Insel der Seligen" zu leben, sondern in immer stärkerem Ausmaß von Beschlüssen der Europäischen Union und von der globalen politischen und wirtschaftlichen Entwicklung bestimmt zu werden. Deshalb ist es die vordringlichste Aufgabe der Gegenwart, Stadt und Land Salzburg mit ihrer auf der ganzen Welt gerühmten Schönheit und Kultur vor den negativen Auswirkungen der Globalisierung zu bewahren und auch für künftige Generationen als lebenswerte Heimat zu erhalten.

Sir Harrison Birtwistles Oper „Gawain" stand 2013 auf dem Programm der Salzburger Festspiele.

D E U T S C H L A N D
(Bayern)

St. Georgen b. Sbg.
Bürmoos
Lamp...
haus...
Nußd...
b. ...
OBERNDORF
bei Salzburg
Göming
Anther...

Berg

SALZBU
Wals-Siezenheim
Walserberg
Großgmain
G

T i r o l

LEGENDE

◉ **STADT**
◉ Markt
○ Ortsgemeinde
━━━ Staatsgrenze
━ ─ ━ Landesgrenze
· · · · polit. Bezirksgrenze
· · · · Gemeindegrenze

Steinpaß
Unken
Lofer
Paß Strub
St. Martin bei Lofer
Weißbach bei Lofer

Steinernes

Paß Grießen
Leogang
SAALFELDEN
am Steinernen Meer
Maria Alm
am Steinernen...

Saalbach
Saalach
Viehhofen

Maishofen
Thumersbach
ZELL am See
Zeller See

Paß Thurn
Stuhlfelden
Uttendorf
Piesendorf
Bruck
a. d. Großglocknerstr.
Taxenb

Salzach

A

U

Salzachgeier
1283 m
Bramberg
am Wildkogel
Neukirchen
am Großvenediger
Wald
i. Pzg.
Hollersbach
i. Pzg.
MITTERSILL
Niedernsill
Kaprun

Gerlospaß
Salzach

G

Krimml
Krimmler Ache

P
I
N
Z

Felber Tauern
Fusch
a. d. Großglocknerstr.

Kalser Tauern
Stausee
Wasserfallboden
Stausee
Mooserboden

Thurnmoosee
Weißsee

Hohe Tauern

3674 m
Großvenediger

3499 m
Dreiecker
3479 m
Dreiherrnspitz

I T A L I E N
Südtirol

O s t t i r o l

3798 m
Großglockner

2735 m
Hochtor

3105 m
Sonnblick

N
W ✦ O
S

0 1 2 3 4 5   10 km

Anhang

DIE ÄBTE, BISCHÖFE UND ERZBISCHÖFE SALZBURGS

1. **Hl. Rupert (Hrodbertus)**
   Bischof und Abt, 696–716/18
2. **Vitalis,** Bischof und Abt
3. **Anzogolus,** Abt
4. **Savolus,** Abt
5. **Izzio (Ezius),** Abt
6. **Flobrigis,** Bischof und Abt
7. **Johannes** 1. Diözesanbischof,
   739–746/47
8. **Hl. Virgil,** Abt 746/47,
   Bischof 749–784
9. **Arn(o),** Bischof 785–798,
   Erzbischof 798–821
10. **Adalram** 821–836
11. **Liupramm** 836–859
12. **Adalwin** 859–873
13. **Theotmar (Dietmar I.),**
    873–907
14. **Pilgrim I,** 907–923
15. **Odalbert (Adalbert I.),**
    923–935
16. **Egilolf** 935–939
17. **Herold** 939/40–958, † 967/68
18. **Friedrich I.** 958–962
19. **Hartwig** 991–1023
20. **Gunther Markgraf
    von Meißen** 1023–1025
21. **Thietmar (Dietmar II.)**
    1020–1041
22. **Balduin** 1041–1060
23. **Gebhard** 1060–1088
23a. **Berthold von Moosburg**
    (Gegenerzbischof), 1085–1106
24. **Thiemo** 1090–1098, † 1101
25. **Konrad I. Graf
    von Abenberg,** 1106–1147
26. **Eberhard I. von Biburg**
    1147–1164
27. **Konrad II. von Babenberg**
    1164–1168
28. **Adalbert II. von Böhmen**
    1168–1177 und 1183–1200
28a. **Heinrich** (Gegenerzbischof)
    1174–1177, † 1196
29. **Konrad III. von Wittelsbach**
    (Kardinal) 1177–1183

30. **Eberhard II. von Regensburg**
    1200–1246
31. **Burkhard I. von Ziegenhain**
    1247
32. **Philipp von Kärnten,**
    Elekt (Erwählter) 1247–1252,
    † 1279
33. **Ulrich** 1257–1265, † 1268
34. **Wlodizlaus (Ladislaus)
    von Schlesien,** 1265–1270
35. **Friedrich II. von Walchen**
    1270–1284
36. **Rudolf I. von Hohenegg**
    1284–1290
37. **Konrad IV. von Fohnsdorf**
    1291–1312
38. **Weichart von Polheim**
    1312–1315
39. **Friedrich III. von Leibnitz**
    1315–1338
40. **Heinrich von Pirnbrunn**
    1378–1343
41. **Ortolf von Weißeneck**
    1343–1365
42. **Pilgrim II. von Puchheim**
    1365–1396
43. **Gregor Schenk von Osterwitz**
    1396–1403
44. **Berthold von Wehingen**
    1404–1406
45. **Eberhard III. von Neuhaus**
    1406–1427
46. **Eberhard IV.
    von Starhemberg**
    1427–1429
47. **Johann II. von Reisberg**
    1429–1441
48. **Friedrich IV. Truchseß
    von Emmerberg** 1441–1452
49. **Sigmund I. von Volkersdorf**
    1452–1461
50. **Burkhard II. von Weißpriach**
    (Kardinal) 1461–1466
51. **Bernhard von Rohr**
    1466–1481, † 1487

52. **Johann III. Beckenschlager**
1481–1489
53. **Friedrich V. von Schaunburg**
1489–1494
54. **Sigmund II. von Hollenegg**
1494–1495
55. **Leonhard von Keutschach**
1495–1519
56. **Matthäus Lang**
von Wellenburg (Kardinal)
1519–1540
57. **Ernst Herzog von Bayern**,
Administrator 1540–1554,
† 1560
58. **Michael von Kuenburg**
1554–1560
59. **Johann Jacob**
von Kuen–Belasy
1560–1586
60. **Georg von Kuenburg**
1586–1587
61. **Wolf Dietrich von Raitenau**
1587–1612, † 1617
62. **Markus Sittikus**
von Hohenems
1612–1619
63. **Paris Graf von Lodron**
1619–1653
64. **Guidobald Graf von Thun**
(Kardinal) 1654–1668
65. **Max Gandolf Graf**
von Kuenburg
(Kardinal) 1668–1687
66. **Johann Ernst Graf von Thun**
1687–1709
67. **Franz Anton Graf**
von Harrach
1709–1727
68. **Leopold Anton Eleutherius**
Freiherr von Firmian
1727–1744
69. **Jakob Ernest Graf**
von Liechtenstein
1745–1753
70. **Andreas Jakob Graf**
von Dietrichstein
1747–1753

71. **Sigmund III. (Sigismund)**
Christoph Graf
von Schrattenbach
1753–1771
72. **Hieronymus Franz Josef**
Graf Colloredo
1772–1812,
Verzicht auf die weltliche
Herrschaft 1803
73. **Sigmund Christoph Graf**
von Zeil und Trauchburg,
Administrator 1812–1814
74. **Leopold Maximilian Graf**
von Firmian,
Administrator 1818–1822,
† 1831
75. **Augustin Johann Joseph**
Gruber
1823–1835
76. **Friedrich Fürst**
zu Schwarzenberg (Kardinal)
1835–1850, † 1885
77. **Maximilian Joseph**
von Tarnóczy (Kardinal)
1850–1876
78. **Franz Albert Eder**
1876–1890
79. **Johannes Haller** (Kardinal)
1890–1900
80. **Johannes Katschthaler**
(Kardinal) 1900–1914
81. **Balthasar Kaltner**
1914–1918
82. **Ignaz Rieder**
1918–1934
83. **Sigismund Waitz**
1934–1941
84. **Andreas Rohracher**
1943–1969, † 1976
85. **Eduard Macheiner**
1969–1972
86. **Karl Berg**
1972–1988, † 1997
87. **Georg Eder**
1988–2002
88. **Alois Kothgasser**
2002–2013

DIE KAISERLICH-KÖNIGLICHEN KREISHAUPTLEUTE 1816–1849

Karl Graf Welsperg-Raitenau
1816–1825

Johann Nepomuk Freiherr
von Stiebar
1825–1831

Albert Graf Montecuccoli
1831–1838

Franz Graf Mercandiu
1838

Leopold Graf Stolberg
1838–1840

Gustav Graf Chorinsky
1840–1849

DIE KAISERLICH-KÖNIGLICHEN LANDESPRÄSIDENTEN 1850–1918

Friedrich Graf Herberstein
1850–1852

Karl Prinz Lobkowitz
1852–1855

Otto Graf Fünfkirchen
1855–1859

Ernst Graf Gourcy-Droitaumont
(Landeshauptmann) 1860

Franz Freiherr von Spiegelfeld
1861–1863

Eduard Graf Taaffe
1863–1867

Karl Graf Coronini-Cronberg
1867–1869

Ernst Graf Gourcy-Droitaumont
1869–1870

Adolf Fürst Auersperg
1870–1871

Siegmund Graf Thun-Hohenstein
(Statthalter) 1872–1897

Klemens Graf St. Julien-Wallsee
1897–1908

Levin Graf Schaffgotsch
1908–1913

Felix von Schmitt-Gasteiger
1913–1918

DIE LANDESHAUPTLEUTE VON SALZBURG 1861–1938

Österreichisch–ungarische Monarchie:

Josef Freiherr von Weiß
1861–1872

Hugo Raimund Reichsgraf
von Lamberg
1872–1880

Carl Graf Chorinsky
1880–1890

Dr. Albert Schumacher
Ritter von Tännengau
1890–1897

Prälat Alois Winkler
1897–1902

Dr. Albert Schumacher
Ritter von Tännengau
1902–1909

Prälat Alois Winkler
1909–1919

Republik Österreich:

Dipl. Ing. Oskar Meyer
1919–1922

Dr. Franz Rehrl
1922–1938

DIE GAULEITER UND REICHSSTATTHALTER 1938–1945

Dipl. Ing. Anton Wintersteiger
1938

Dr. Friedrich Rainer
1938–1941

Dr. Gustav Adolf Scheel
1941–1945

DIE LANDESHAUPTLEUTE seit 1945

Dr. Adolf Schemel
1945

Dipl. Ing. Albert Hochleitner
1945–1947

Josef Rehrl
1947–1949

Dr. Josef Klaus
1949–1961

Dipl. Ing. DDr. Hans Lechner
1961–1977

Dr. Wilfried Haslauer
1977–1989

Dr. Hans Katschthaler
1989–1996

Univ. Doz. Dr. Franz Schausberger
1996–2004

Mag. Gabriele Burgstaller
seit 2004–2013

Dr. Wilfried Haslauer (Jun.)
seit 2013

**DIE BÜRGERMEISTER
DER LANDESHAUPTSTADT
SALZBURG
seit 1818**

Anton von Heffter
1818–1831

Alois Lergetporer
1831–1847

Matthias Gschnitzer
1847–1850

Franz Späth
1050 1053

Alois Spängler
1854–1861

Heinrich Ritter von Mertens
1861–1872

Dr. Ignaz Harrer
1872–1875

Rudolf Biebl
1875–1885

Leopold Scheipl
1885–1888

Dr. Albert Schumacher
1888–1890

Dr. Franz von Hueber
1890–1894

Gustav Zeller
1894–1898

Eligius Scheibl
1898–1900

Franz Berger
1900–1912

Max Ott
1912–1919

Josef Preis
1919–1927

Max Ott
1927–1935

Dipl. Ing. Richard Hildmann
1935–1938

Dipl. Ing. Anton Giger
(Oberbürgermeister
der Gauhauptstadt Salzburg)
1938–1945

Dipl. Ing. Richard Hildmann
1945–1946

Anton Neumayr
1946–1951

Stanislaus Pacher
1952–1957

Alfred Bäck
1957–1970

Heinrich Salfenauer
1970–1980

Dipl. Ing. Josef Reschen
1980–1990

Dr. Harald Lettner
1990–1992

Dr. Josef Dechant
1992–1999

Dr. Heinz Schaden
seit 1999

LITERATURHINWEISE

Das vorliegende Werk stützt sich vor allem auf Dopsch, Heinz / Spatzenegger, Hans (Hg.): Geschichte Salzburgs – Stadt und Land. 2 Bde. in 8 Tlen., Salzburg 1981–1991 (mit Neuauflagen einzelner Bände). Dort findet sich in den Registerbänden (I/3 und II/4) ein umfassendes Verzeichnis der wichtigsten Quellen und der einschlägigen Literatur. Die Einzelbeiträge werden im Folgenden nicht mehr zitiert, dienten aber jeweils als wichtigste Grundlage. Für das Literaturverzeichnis wurden vor allem moderne Monografien berücksichtigt, nur in Ausnahmefällen auch Aufsätze von grundlegender Bedeutung.

Abkürzungen:
MGSL = Mitteilungen der Gesellschaft für Salzburger Landeskunde, Salzburg 1860 ff.
MIÖG = Mitteilungen des Instituts für Österreichische Geschichtsforschung, Wien 1880 ff.
JSMCA = Jahresschrift des Salzburger Museums Carolino Augusteum, Salzburg 1955 ff.

Allgemeine Literatur
Altmann, Adolf: Geschichte der Juden in Stadt und Land Salzburg. 2 Bde., Berlin 1913 / Frankfurt 1930 (Ergänzter Nachdruck in einem Band, Salzburg 1990).
Ammerer, Gerhard / Dopsch, Heinz / Hannesschläger, Ingonda (Red.): Salzburg-Edition. Salzburg 1993–1999.
Baumgartner, Jutta / Rakus, Knut / Strasser, Siegfried C.: Jedermann fährt. Über die Motorisierung in Salzburg von den Anfängen bis heute, Salzburg 2013.
Becker, Rainald: Wege auf den Bischofsthron. Geistliche Karrieren in der Kirchenprovinz Salzburg in Spätmittelalter, Humanismus und Konfessionellem Zeitalter (1448–1648) (Römische Quartalschrift 59. Supplbd.). Freiburg i. Br. 2006. Beiträge zur Siedlungs-, Verfassungs- und Wirtschaftsgeschichte von Salzburg. Festschrift zum 65. Geburtstag von Herbert Klein (MGSL Erg. Bd. 5). Salzburg 1965.
Brugger, Walter / Dopsch, Heinz / Kramml, Peter F. (Hg.): Geschichte von Berchtesgaden. Stift-Markt-Land, 3 Bde. in 5 Tlen. Berchtesgaden 1991–2002.
Chronik der Salzburger Wirtschaft, hg. von Karona-Graphik. Salzburg ²1990.
Dohle, Oskar / Dopsch, Heinz / Lang, Johannes (Hg.): Städte und Märkte in der EuRegio Salzburg-Berchtesgadener Land-Traunstein. Geschichte, Wirtschaft, Kultur, Salzburg–Traunstein 2010.
Dopsch, Heinz / Juffinger, Roswitha (Red.): St. Peter in Salzburg – Das älteste Kloster im deutschen Sprachraum (Katalog der 3. Salzburger Landesausstellung). Salzburg 1982.
Dopsch, Heinz / Kramml, Peter F. / Weiß, Alfred Stefan (Hg.): 1200 Jahre Erzbistum Salzburg. Die älteste Metropole im deutschen Sprachraum (MGSL Erg. Bd. 18), Salzburg 1999.
Dopsch, Heinz / Spatzenegger, Hans (Hg.): Geschichte Salzburgs – Stadt und Land. 2 Bde. in 8 Tlen. Salzburg 1981–1991 (diverse Neuauflagen einzelner Bände).
Embacher, Helga (Hg.): Juden in Salzburg. Salzburg 2002.
Floimair, Roland (Hg.): Daten und Fakten – Bundesland Salzburg (Salzburg Informationen 134). Salzburg 2004.
Fuhrmann, Franz: Salzburg in alten Ansichten. Bd. 1: Die Stadt. Salzburg ²1982, Bd. 2: Das Land. Salzburg 1981.
Gürtler, Christa / Veits-Falk, Sabine (Hg.): Frauen in Salzburg. Zwischen Ausgrenzung und Teilhabe (Schriftenreihe des Archivs der Stadt Salzburg 34), Salzburg 2012.

Gruber, Fritz/Ludwig, Karl Heinz: Salzburger Bergbaugeschichte. Salzburg 1982.

Hörburger, Franz: Salzburger Ortsnamenbuch, bearb. von Ingo Reiffenstein und Leopold Ziller (MGSL Erg. Bd. 9), Salzburg 1992.

Kolb, Aegidius (Hg.): Festschrift Erzabtei St. Peter zu Salzburg 582–1982 (Studien und Mitteilungen zur Geschichte des Benediktinerordens und seiner Zweige 93). Salzburg 1982.

Koller, Fritz/Rumschöttel, Hermann (Hg.): Vom Salzachkreis zur EuRegio. Bayern und Salzburg im 19. und 20. Jahrhundert (Schriftenreihe des Salzburger Landesarchivs 14). München/Salzburg 2006.

Kramml, Peter F./Weiß, Alfred Stefan (Hg.): Lebensbilder Salzburger Erzbischöfe aus 12 Jahrhunderten – 1200 Jahre Erzbistum Salzburg (Salzburg Archiv 24). Salzburg 1998.

Lang, Johannes: Geschichte von Bad Reichenhall. Bad Reichenhall 2009.

Lendl, Egon (Hg.): Salzburg-Atlas. Salzburg 1955.

Martin, Franz: Kleine Landesgeschichte von Salzburg, rev. und erw. von Reinhard Rudolf Heinisch. Salzburg ⁵1979.

Mayrhofer, Christoph/Rohrer, Günther (Hg.): 1000 Jahre Salzburger Münzrecht (Salzburg Archiv 21). Salzburg 1996.

Mitterecker, Thomas: Die Soldatesca des Erzstiftes Salzburg (Schriften des Heeresgeschichtlichen Museums Bd. 14). Wien 2010.

Ortner, Franz: Salzburgs Bischöfe in der Geschichte des Landes (696–2005) (Wissenschaft und Religion 12). Frankfurt a. M. u. a. 2005.

Peternell, Pert: Salzburg Chronik, neu bearb. von Heinz Dopsch und Robert Hoffmann. Salzburg 1984.

Pichler, Georg Abdon: Salzburgs Landesgeschichte. 2 Bde., Salzburg 1861–1865.

Probszt, Günther: Die Münzen Salzburgs. Graz ²1975.

Reindel-Schedl, Helga: Laufen an der Salzach. Die altsalzburgischen Pfleggerichte Laufen, Staufeneck, Teisendorf, Tittmoning und Waging (Historischer Atlas von Bayern, Teil Altbayern, Heft 55). München 1989.

Seefeldner, Erich: Salzburg und seine Landschaften. Eine geographische Landeskunde (MGSL Erg. Bd. 2). Salzburg/Stuttgart 1961.

Stenzl, Jürg/Hintermeier, Ernst/Walterskirchen, Gerhard (Hg.): Salzburger Musikgeschichte. Vom Mittelalter bis ins 21. Jahrhundert. Salzburg 2005.

Voithofer, Richard: Politische Eliten in Salzburg. Ein biografisches Handbuch 1918 bis zur Gegenwart (Schriftenreihe des Forschungsinstitutes für Politisch-Historische Studien der Dr.-Wilfried-Haslauer-Bibliothek Salzburg 32). Wien u. a. 2007.

Widmann, Hans: Geschichte Salzburgs. 3 Bde., Gotha 1907–1914.

Wiesbauer, Heinz/Dopsch, Heinz: salzach.macht.geschichte (Salzburg Studien. Forschungen zu Geschichte, Kunst und Kultur 7). Salzburg 2007.

Zaisberger, Friederike: Geschichte Salzburgs (Geschichte der österreichischen Bundesländer, hg. von Johann Rainer). Wien 1998.

Zaisberger, Friederike/Pfeiffer, Nikolaus: Salzburger Gemeindewappen (Schriftenreihe des Salzburger Landesarchivs 3). Salzburg 1985.

Zur Geschichte der Stadt Salzburg:

Ammerer, Gerhard: Reise-Stadt Salzburg. Salzburg in der Reiseliteratur vom Humanismus bis zum beginnenden Eisenbahnzeitalter (Schriftenreihe des Archivs der Stadt Salzburg 17). Salzburg 2003.

Ammerer, Gerhard: Das Tomaselli und die Salzburger Kaffeehaustradition seit 1700. Wien 2006.

Ammerer, Gerhard/Baumgartner, Jutta: Die Getreidegasse. Salzburgs berühmteste Straße, ihre Häuser, Geschäfte und Menschen (Schriftenreihe des Archivs der Stadt

Salzburg 30). Salzburg 2011.

Ammerer, Gerhard/Hannesschläger, Ingonda/Niederkorn, Jan Paul/Wüst, Wolfgang (Hg.): Höfe und Residenzen geistlicher Fürsten. Strukturen, Regionen und Salzburgs Beispiel in Mittelalter und Neuzeit (Residenzenforschung 24). Ostfildern 2010.

Ammerer, Gerhard/Weidenholzer, Thomas (Hg.): Rathaus – Kirche – Wirt. Öffentliche Räume in der Stadt Salzburg (Schriftenreihe des Archivs der Stadt Salzburg 26). Salzburg 2009.

Angermüller, Rudolph: Das Salzburger Mozart-Denkmal: Eine Dokumentation (bis 1845) zur 150-Jahre-Enthüllungsfeier. Salzburg 1992.

Burgstaller, Petra/Nagenkögel, Petra/Fuschelberger, Peter/Schuster, Thomas (Hg.): Von Lehen. Mitten aus dem Stadtteil (Edition Eizenbergerhof). Salzburg, 2009.

Dopsch, Heinz (Hg.): Vom Stadtrecht zur Bürgerbeteiligung – Festschrift 700 Jahre Stadtrecht von Salzburg. Salzburg 1987.

Dopsch, Heinz/Hoffmann, Robert: Salzburg. Die Geschichte einer Stadt. Salzburg 2008.

Dorfer, Walter/Kramml, Peter F.: Liefering – Das Dorf in der Stadt, hg. von der Peter-Pfenniger-Stiftung. Salzburg 1997.

Haas, Hanns (Hg.): Salzburg. Städtische Lebenswelt(en) seit 1945 (Schriftenreihe des Forschungsinstitutes für Politisch-Historische Studien der Dr. Wilfried-Haslauer-Bibliothek 11). Wien 2000.

Häufler, Walter/Müller, Guido/Wiedemair, Martin (Red.): Maxglan. Ein Salzburger Stadtteil, Salzburg 1990.

Kramml, Peter F. (Hg.): Historischer Atlas der Stadt Salzburg (Schriftenreihe des Archivs der Stadt Salzburg 11). Salzburg 1999.

Kramml, Peter F./Veits-Falk, Sabine/Weidenholzer, Thomas: Stadt Salzburg. Geschichte in Bildern und Dokumenten (Schriftenreihe des Archivs der Stadt Salzburg 16). Salzburg 2002.

Kramml, Peter F./ Veits-Falk, Sabine/Weidenholzer, Thomas/Hanisch, Ernst (Hg.): Die Stadt Salzburg im Nationalsozialismus (Schriftenreihe des Archivs der Stadt Salzburg), Salzburg 2010 ff. (bisher 4 Bände erschienen).

Krejs, Christiane: Salzburgs Stadterweiterung im 19. Jahrhundert 1860-1874. Gw. Diss. (masch.) Salzburg 1990.

Leitich, Friedrich: Salzburger Stadtwerke. Geschichte der städtischen Versorgungs- und Verkehrsbetriebe. Salzburg 1990.

Lohmann, Harald (Red.): Parsch erzählt. Geschichte und Geschichten eines Salzburger Stadtteils. Salzburg 2008.

Marx, Erich (Hg.): Befreit und besetzt. Die Stadt Salzburg im ersten Nachkriegsjahrzehnt (Schriftenreihe des Archivs der Stadt Salzburg 7). Salzburg 1996.

Marx, Erich (Hg.): Bomben auf Salzburg. Die „Gauhauptstadt" im „Totalen Krieg" (Schriftenreihe des Archivs der Stadt Salzburg 6). Salzburg 1995.

Marx, Erich (Hg.): Stadt im Umbruch. Salzburg 1980 bis 1990 (Schriftenreihe des Archivs der Stadt Salzburg 3). Salzburg 1991.

Marx, Erich/Weidenholzer, Thomas: Chronik der Stadt Salzburg 1980-1989 (Schriftenreihe des Archivs der Stadt Salzburg 2). Salzburg 1990; Chronik der Stadt Salzburg 1970-1979 (Schriftenreihe des Archivs der Stadt Salzburg 5). Salzburg 1993.

Marx, Erich: Die Neue Residenz in Salzburg. Vom „Palazzo Nuovo" zum Salzburg Museum (JSMCA 47/48), Salzburg 2003.

Schausberger, Franz: Eine Stadt lernt Demokratie. Bürgermeister Josef Preis und die Salzburger Kommunalpolitik 1919-1927. Salzburg 1988.

Schlegel, Richard: Veste Hohensalzburg. Salzburg 1952.

Spatzenegger, Leopold: Privilegienbuch der Stadt Salzburg. In: MGSL 5 (1865), S. 146–240.

275

Stadler, Georg: Das Salzburger Bürgerspital. Salzburg 1982.

Stadler, Josef Clemens: Beiträge zur Rechtsgeschichte der Stadt Salzburg im Mittelalter (Südostbayerische Heimatstudien 9). Hirschenhausen 1934.

Uhlir, Christian F. (Hg.): Salzburger Stadtberge: Mönchsberg, Kapuzinerberg, Festungsberg, Nonnberg und Rainberg. Borsdorf 2011.

Veits-Falk, Sabine/Weidenholzer, Thomas (Hg.): Gnigl – Mittelalterliches Mühlendorf, Gemeinde an der Eisenbahn, Salzburger Stadtteil (Schriftenreihe des Archivs der Stadt Salzburg 29), Salzburg 2010.

Weidenholzer, Thomas/Marx, Erich (Hg.): Hundert Jahre „Versorgungshaus" Nonntal. Zur Geschichte der Alters- und Armenversorgung der Stadt Salzburg (Schriftenreihe des Archivs der Stadt Salzburg Nr. 9). Salzburg 1998.

Zillner, Franz Valentin: Geschichte der Stadt Salzburg. 2 Bde. in drei Tlen., Salzburg 1885-1890 (Neuausgabe mit Register von Heinz Dopsch, Salzburg 1985).

Zwink, Eberhard (Hg.): 900 Jahre Festung Hohensalzburg. Salzburg 1977.

1. Jäger-Bauern-Bergleute

Beiträge zur Ur- und Frühgeschichte von Stadt und Land Salzburg. Gedenkschrift für Martin Hell (MGSL Erg. Bd. 6). Salzburg 1977.

Höglinger, Peter: Das urnenfelderzeitliche Gräberfeld von Obereching (Archäologie in Salzburg 2), Land Salzburg. Salzburg 1991.

Kyrle, Georg: Urgeschichte des Kronlandes Salzburg (Österreichische Kunsttopographie Bd. 17). Wien 1918.

Moosleitner, Fritz: Bronzezeit im Saalfeldner Becken (Archäologie in Salzburg1). Salzburg 1991.

Moosleitner, Fritz: Das hallstattzeitliche Gräberfeld von Uttendorf im Pinzgau. Salzburg 1992.

Stöllner, Thomas: Die Hallstattzeit und der Beginn der Latènezeit im Inn-Salzach-Raum (Archäologie in Salzburg 3). Salzburg 1996.

Urban, Otto H.: Der lange Weg zur Geschichte. Die Urgeschichte Österreichs bis 15 v. Chr. (Österreichische Geschichte, hg. von Herwig Wolfram). Wien 2000.

2. Die Kelten, die Römer und das Salz

Die Kelten in Mitteleuropa. Ausstellungskatalog. Salzburg 1982.

Fleischer, Robert: Die römische Straßenstation Immurium-Moosham im Salzburger Lungau (Archäologie in Salzburg 4), Salzburg 1998.

Heger, Norbert: Salzburg in römischer Zeit (Jahresschrift des SMCA 19, 1973). Salzburg 1974.

Irlinger, Walter: Die Siedlung auf dem Ramsaukopf. Der Dürrnberg bei Hallein Tl. 4 (Münchner Beiträge zur Vor- und Frühgeschichte 48). München 1995.

Jobst, Werner: Römische Mosaiken in Salzburg. Wien 1982.

Karnitsch, Paul: Sigillata von Juvavum (Salzburg). Die reliefverzierte Sigillata im Salzburger Museum Carolino Augusteum (JSMCA 16). Salzburg 1971.

Lange, Heinrich: Römische Terrakotten aus Salzburg (Schriftenreihe des SMCA 9). Salzburg 1990.

Die römische Villa Loig bei Salzburg. In: JSMCA 27/28 (1981/82), S. 1-108.

Lotter, Friedrich: Severinus von Noricum. Legende und historische Wirklichkeit (Monographien zur Geschichte des Mittelalters 12). Stuttgart 1976.

Moosleitner, Fritz: Die Schnabelkanne vom Dürrnberg. Ein Meisterwerk keltischer Handwerkskunst (Schriftenreihe des SMCA 7). Salzburg 1985.

Moosleitner, Fritz (Red.): Archäologie beiderseits der Salzach. Bodenfunde aus dem Flachgau und Rupertiwinkel. Salzburg 1996.

Moser, Stefan: Die Kelten am Dürrnberg (Schriften aus dem Keltenmuseum 1). Hallein 2010.

Pauli, Ludwig (Red.): Die Kelten in Mitteleuropa. Katalog der Salzburger Landesausstellung 1980 in Hallein. Salzburg 1980.

Penninger, Ernst/Moosleitner, Fritz/Pauli, Ludwig: Der Dürrnberg bei Hallein, Tl.1 3/1 (Münchner Beiträge zur Vor- und Frühgeschichte 16-18). München 1972, 1974, 1978.

Stöllner, Thomas (Hg.): Der prähistorische Salzbergbau am Dürrnberg bei Hallein (Dürrnberg-Forschungen). Rahden 1999.

Die römische Straßenstation Immurium-Moosham im Salzburger Lungau (Archäologie in Salzburg 4). Salzburg 1998.

Zeller, Kurt W.: Der Dürrnberg bei Hallein - ein Zentrum keltischer Kultur am Nordrand der Alpen. Hallein 1996.

3. Die Bayern und das Christentum

Dannheimer, Hermann/Dopsch, Heinz (Hg.): Die Bajuwaren – Von Severin bis Tassilo 488-788. Katalog der Landesausstellung 1988 in Rosenheim und Mattsee. München/Salzburg 1988.

Dopsch, Heinz: Kontinuität oder Neubeginn? Iuvavum-Salzburg zwischen Antike und Mittelalter, in: Herz, Peter/Schmid, Peter/Stoll, Oliver (Hg.), Kontinuitäten und Diskontinuitäten. Von der Keltenzeit bis zu den Bajuwaren (Region im Umbruch, Bd. 2). Berlin 2010, S. 9–56.

Dopsch, Heinz/Juffinger, Roswitha (Hg.): Virgil von Salzburg – Missionar und Gelehrter. Salzburg 1984.

Eder, Petrus/Kronbichler, Johann (Hg.): Hl. Rupert von Salzburg 696-1996. Katalog der Ausstellung im Dommuseum zu Salzburg und in der Erzabtei St. Peter. 2. Bde., Salzburg 1996.

Hermann, Karl Friedrich: Geschichte der Erzabtei St. Peter zu Salzburg, 1. Band: Frühgeschichte 696-1193. Salzburg 1996.

Jahn, Joachim: Ducatus Baiuvariorum. Das bairische Herzogtum der Agilolfinger (Monographien zur Geschichte des Mittelalters 35). Stuttgart 1991.

Koller, Heinrich (Red.): Frühes Mönchtum in Salzburg (Salzburg Diskussionen 4). Salzburg 1983.

Koller, Heinrich/Dopsch, Heinz (Red.): Salzburg im 8. Jahrhundert. In: MGSL 115 (1975), S. 3–174.

Lošek, Fritz: Notitia Arnonis und Breves Notitiae. Die Salzburger Güterverzeichnisse um 800. In: MGSL 130 (1990), S. 5–192.

Wolfram, Herwig: Grenzen und Räume. Geschichte Österreichs vor seiner Entstehung (Österreichische Geschichte, hg. von Herwig Wolfram). Wien 1995.

Wolfram, Herwig (Hg.): Quellen zur Salzburger Frühgeschichte (Veröffentl. des IÖG 44 = MGSL Erg.Bd. 22). Wien 2006.

4. Im Wettstreit um Würde und Macht

1200 Jahre Erzbistum Salzburg – Dom und Geschichte, hg. vom Domkapitel zu Salzburg. Salzburg 1998.

1000 Jahre Ostarrichi – seine christliche Vorgeschichte. Mission und Glaube im Austausch zwischen Orient und Okzident (Pro Oriente Bd. XIX). Innsbruck 1997.

Dopsch, Heinz (Hg.): Salzburg und die Slawenmission. Zum 1100. Todestag des hl. Methodius. Salzburg 1986 (auch in: MGSL 126, 1986, S. 5-340).

Hödl, Günter/Grabmayer, Johannes (Hg.): Karantanien und der Alpen-Adria-Raum im Frühmittelalter (2. St. Veiter Historikergespräche). Klagenfurt 1993.

Lošek, Fritz: Die Conversio Bagoariorum et Carantanorum und der Brief des Erzbischofs Theotmar von Salzburg (MGH Studien und Texte Bd. 15). Hannover 1997.

Kahl, Hans-Dietrich: Der Staat der Karantanen. Fakten, Thesen und Fragen zu einer frühen slawischen Machtbildung im Ostalpenraum (7.–9. Jh.), (Situla Suppl. 39). Ljubljana 2002.

Niederkorn-Bruck, Meta/Scharer, Anton (Hg.): Erzbischof Arn von Salzburg (Veröffentl. des IÖG 40). Wien 2004.

Sos, Agnes: Die slawische Bevölkerung Westungarns im 9. Jahrhundert (Münchner Beiträge zur Vor- und Frühgeschichte 22). München 1973.

Wavra, Brigitte: Salzburg und Hamburg. Erzbistum und Missionspolitik in karolingischer Zeit. Berlin 1991.

Wolfram, Herwig: Salzburg-Bayern-Österreich. Die Conversio Bagoariorum et Carantanorum und die Quellen ihrer Zeit (MIÖG Erg. Bd. 31). Wien 1995.

Wolfram, Herwig: Conversio Bagoariorum et Carantanorum. Das Weißbuch der Salzburger Kirche über die erfolgreiche Mission in Karantanien und Pannonien. Ljubljana/Laibach ²2012.

5. Zwischen Kaisern und Päpsten

Brunner, Karl: Herzogtümer und Marken. Vom Ungarnsturm bis ins 12. Jahrhundert (Österreichische Geschichte, hg. von Herwig Wolfram). Wien 1994.

Dopsch, Heinz/Brunner, Karl/Weltin, Maximilian: Die Länder und das Reich. Der Ostalpenraum im Hochmittelalter 1122-1246 (Österreichische Geschichte, hg. von Herwig Wolfram). Wien 1999.

Dopsch, Heinz/Machilek, Franz: Erzbischof Konrad I. von Salzburg und seine Familie – Die Grafen von Abenberg-Frensdorf in Franken, in: MGSL 146 (2006), S. 9-50.

Feuchtner, Manfred: Erzbischof Eberhard I. von Salzburg. In: Beiträge zur Geschichte des Bistums Regensburg 19 (1985), S. 139-284.

Martin, Franz: Das Urkundenwesen der Erzbischöfe von Salzburg 1106-1246. In: MIÖG Erg. Bd. 9 (1915), S. 599-766.

Mierau, Heike Johanna: Vita communis und Pfarrseelsorge. Studien zu den Diözesen Salzburg und Passau im Hoch- und Spätmittelalter (Forschungen zur kirchlichen Rechtsgeschichte und zum Kirchenrecht 21). Köln 1997.

Seidenschnur, Wilhelmine: Die Salzburger Eigenbistümer in ihrer reichs-, kirchen- und landesrechtlichen Stellung. In: Zeitschrift der Savigny-Stiftung für Rechtsgeschichte 40, kanonist. Abteilung 9 (1919), S. 177-287.

Steinböck, Walter: Erzbischof Gebhard von Salzburg (Veröffentlichungen des Historischen Instituts der Universität Salzburg). Wien/Salzburg 1972.

Stöllinger, Christine: Erzbischof Eberhard II. von Salzburg. Phil. Diss. (masch.), Wien 1972.

Wallner, Engelbert: Das Bistum Chiemsee im Mittelalter (Quellen und Darstellungen zur Geschichte der Stadt und des Landkreises Rosenheim V). Rosenheim 1967.

Weinfurter, Stefan: Salzburger Bistumsreform und Bischofspolitik im 12. Jahrhundert. Der Erzbischof Konrad I. von Salzburg und die Regularkanoniker (Kölner Historische Abhandlungen 24). Köln 1975.

Zeillinger, Kurt: Erzbischof Konrad I. von Salzburg 1106-1147 (Wiener Dissertationen aus dem Gebiete der Geschichte 10). Wien 1968.

6. Das Land und seine Menschen

650 Jahre „Land" Salzburg 1342-1992, hg. vom Institut für Österreichkunde. In: Österreich in Geschichte und Literatur 36 (1992), S. 253-356.

Dopsch, Heinz/Lang, Johannes: Salzburg und Berchtesgaden. Zur Entstehung geistlicher Länder im Ostalpenraum. In: Österreich in Geschichte und Literatur 56 (2012), Heft 4, S. 323-343.

Freed, John B.: Noble Bondsmen. Ministerial Marriages in the Archdiocese of Salzburg, 1100-1343. Ithaca/London 1995.

Haider, Siegfried: Das bischöfliche Kapellanat Bd. 1: Von den Anfängen bis in das 13. Jahrhundert (MIÖG Erg. Bd. 25). Wien 1977.

Klein, Herbert: Die bäuerlichen Eigenleute des Erzstiftes Salzburg im späteren Mittelalter. In: Klein-Festschrift (MGSL Erg. Bd. 5). Salzburg 1965, S. 137-251.

Martin, Franz: Die kirchliche Vogtei im Erzstifte Salzburg. In: MGSL 46 (1906), S. 339-436.

Marx, Erich: Das Salzburger Vizedomamt Leibnitz. In: MGSL 119 (1979), S. 1-142.

Mell, Richard: Abhandlungen zur Geschichte der Landstände im Erzstift Salzburg. In: MGSL 43 (1903)-45 (1905).

Richter, Eduard/Mell, Anton: Erläuterungen zum Historischen Atlas der österreichischen Alpenländer, I. Abteilung: Die Landgerichtskarte, Tl.1, Salzburg. Wien ²1917.

Stolz, Otto: Geschichtskunde des Zillertales (Schlern-Schriften 63). Innsbruck 1949.

Zaisberger, Friederike: Die Salzburger Landtafeln. Eine Bilddokumentation zum Landtag des Erzstiftes (Schriftenreihe des Salzburger Landesarchivs 9). Salzburg 1990.

Zaisberger, Friederike/Schlegel, Walter: Burgen und Schlösser in Salzburg, Bd. 1: Pongau-Pinzgau-Lungau. Wien 1978; Bd. 2: Flachgau und Tennengau. Wien 1992.

Zwink, Eberhard (Hg.): Der Salzburger Landtag (Schriftenreihe des Landespressebüros, Serie Sonderpublikationen 27). Salzburg 1980.

7. Städte, Märkte und Bürgertum

Dopsch, Elisabeth und Heinz (Hg.): 1300 Jahre Seekirchen. Geschichte und Kultur einer Salzburger Marktgemeinde. Seekirchen 1996.

Dopsch, Heinz/Roth, Hans (Hg.): Laufen und Oberndorf. 1250 Jahre Geschichte, Wirtschaft und Kultur an beiden Ufern der Salzach. Laufen/Oberndorf 1998.

Eder, Alois (Red.): Chronik Saalfelden, 2 Bde., Saalfelden 1992.

Gruber, Fritz: Mosaiksteine zur Geschichte Gasteins und seiner Salzburger Umgebung (MGSL Erg. Bd. 30). Bad Gastein 2012.

Hamberger, Edwin/Kromas, Angelika (Red.): Mühldorf am Inn – Salzburg in Bayern. Mühldorf am Inn 2002.

Härtel, Reinhard (Hg.): Die Friesacher Münze im Alpen-Adria-Raum (Grazer grundwissenschaftliche Forschungen 2). Graz 1996.

Heitzmann, Klaus/Heitzmann, Anton und Josefine (Hg.): Tamsweg. Die Geschichte eines Marktes und seiner Landgemeinden. Tamsweg 2008.

Hinterseer, Sebastian: Bad Hofgastein und die Geschichte Gasteins, Salzburg 1977.

Hinterseer, Sebastian: Heimat-Chronik Lofer – St. Martin. Salzburg 1982.

Hörmann, Fritz (Hg.): Chronik Bischofshofen, 2 Bde. Bischofshofen 2001.

Koller, Fritz: Hallein im frühen und hohen Mittelalter. In: MGSL 116 (1976), S. 3-116.

Koller, Fritz: Hallein. Österreichischer Städteatlas, hg. vom Wiener Stadt- und Landesarchiv, 2. Lief. Tl. 2. Wien 1985.

Kramml, Peter F./Lauterbacher, P. Franz/Müller, Guido (Hg.): Maxglan. Hundert Jahre Pfarre 1907-2007, Salzburgs zweitgrößter Stadtfriedhof, Salzburg 2007.

Moosleitner, Fritz: Hallein. Portrait einer Kleinstadt, Hallein ²1989.

Ogris, Alfred: Das Bürgertum in den mittelalterlichen Städten Kärntens bis 1335 (Das Kärntner Landesarchiv 4). Klagenfurt 1974.

Pertassek, Rudolf: Pettau – Die älteste steirische Stadt. Graz/Wien 1992.

Stahleder, Helmuth: Mühldorf am Inn (Historischer Atlas von Bayern, Tl. Altbayern,

Heft 36). München 1976.

Wadl, Wilhelm: Friesachs historische Entwicklung. Ein Überblick. In: Österreichische Kunsttopographie 51: Die profanen Bau- und Kunstdenkmäler der Stadt Friesach. Wien 1991, S. 3–71.

Wartbichler, Hannes (Red.): Mittersill – Vom Markt zur Stadt. Mittersill 2008.

Zaisberger, Friederike: Radstadt. Österreichischer Städteatlas, hg. vom Wiener Stadt- und Landesarchiv, 4. Lief. Tl. 2. Wien 1993.

Zaisberger, Friederike / Koller, Fritz (Red.): Die alte Stadt im Gebirge. 700 Jahre Stadt Radstadt. Salzburg 1989.

Zimburg, Heinrich von: Die Geschichte Gasteins und des Gasteiner Tales, Wien 1948.

8. Die Zeit der Kriege und der Krisen

Dopsch, Heinz: Burgenbau und Burgenpolitik des Erzstiftes Salzburg im Mittelalter, in: Patze, Hans (Hg.), Die Burgen im deutschen Sprachraum (Vorträge und Forschungen 19/2), Sigmaringen 1976, S. 387–417.

Erben, Wilhelm: Die Schlacht bei Mühldorf 1322 (Veröffentl. des Historischen Seminars der Universität Graz 1). Graz 1923.

Erben, Wilhelm: Mühldorfer Ritterweihen in den Jahren 1319 und 1322 (Veröffentl. des Historischen Seminars der Universität Graz 12), Graz 1932.

Hübner, Karl: Die Provinzialsynoden im Erzbistum Salzburg bis zum Ende des 15. Jahrhunderts. In: Deutsche Geschichtsblätter 10 (1909), S. 187–236.

Klein, Herbert: Das Große Sterben von 1348/49 und seine Auswirkungen auf die Besiedlung der Ostalpenländer. In: MGSL 100 (1960), S. 91–170.

Klein, Herbert: Das salzburgische Söldnerheer im 14. Jahrhundert. In: MGSL 66 (1926), S. 99–158.

Klein, Herbert: Erzbischof Pilgrim II. von Puchheim (1365–1496). In: MGSL 112/13 (1972/73), S. 13–71.

Lackenbauer, Karl: Der Kampf der Stadt Salzburg gegen die Erzbischöfe 1481–1524 (Freunde der Salzburger Geschichte, Heft 2). Salzburg 1982.

Mayer, Franz Martin: Über die Abdankung des Erzbischofs Bernhard von Salzburg und den Ausbruch des dritten Krieges zwischen Kaiser Friedrich und König Matthias von Ungarn. In: Archiv für österreichische Geschichte 55 (1877), S. 169–246.

Nehring, Karl: Matthias Corvinus, Kaiser Friedrich III. und das Reich (Südosteuropäische Arbeiten 72). München 1975.

Steinbichler, Josef (Red.): Die Schlacht bei Mühldorf. Mühldorf am Inn 1993.

Wagner, Hans / Klein, Herbert: Salzburgs Domherren von 1300 bis 1514. In: MGSL 92 (1952), S. 1–81.

9. Wovon die Menschen lebten

Adrian, Karl: Das Sattlerhandwerk in Salzburg. In: MGSL 80 (1940), S. 33–84.

Allesch, Richard: Arsenik. Seine Geschichte in Österreich (Archiv für vaterländische Geschichte und Topgraphie 54). Klagenfurt 1959.

Ammerer, Gerhard: Die Salzburger Hafner. Salzburg 1987.

Ammerer, Gerhard / Lemberger, Josef / Oberrauch, Peter: Vom Feudalverband zur Landwirtschaftskammer. Agrarische Korporations- und Organisationsformen vom Beginn der Neuzeit bis heute (Salzburg Dokumentationen 106). Salzburg 1992.

Ammerer, Gerhard / Weiß, Alfred Stefan: Das Tauerngold im europäischen Vergleich. Salzburg 2001. (Auch in MGSL 141, 2001).

Besl, Friedrich R.: Die Entwicklung des handwerklichen Medizinalwesens im Land Salzburg vom 15. bis zum 19. Jahrhundert. Salzburg 1998 (auch in MGSL 137, 1997 und 138, 1998).

Cech, Brigitte: Spätmittelalterliche bis frühneuzeitliche Edelmetallgewinnung in den Hohen Tauern. Montanarchäologische Forschungen im Bockhartrevier, Gasteiner Tal, 2 Bde. (Monographien des Römisch-Germanischen Zentralmuseums Bd. 70/1 und 2). Mainz 2007.

Dopsch, Heinz (Hg.): Christoph Weitmoser und seine Zeit. Salzburg 2009 (auch in: MGSL 149).

Dopsch, Heinz/Heuberger, Barbara/Zeller, Kurt W. (Red.): Salz. Katalog der Salzburger Landesausstellung in Hallein. Salzburg 1994.

Günther, Wilhelm/Paar, Werner H. (Hg.): Schatzkammer Hohe Tauern. 2000 Jahre Goldbergbau. Salzburg 2000.

Gruber, Fritz/Ludwig, Karl-Heinz. Salzburgs „Silberhandel" im 16. Jahrhundert (Böcksteiner Montana 3). Leoben 1980.

Hassinger, Herbert: Geschichte des Zollwesens, Handels und Verkehrs in den östlichen Alpenländern vom Spätmittelalter bis in die zweite Hälfte des 18. Jahrhunderts, Tl. 1: Westkärnten-Salzburg (Deutsche Handelsakten des Mittelalters und der Neuzeit Bd. XVI/1). Stuttgart 1987.

Klein, Herbert: Der Saumhandel über die Tauern. In: Klein-Festschrift (MGSL Erg. Bd. 5). Salzburg 1965, S. 427–503.

Koller, Engelbert: Forstgeschichte des Landes Salzburg. Salzburg 1975.

Koller, Fritz: Die Salzachschifffahrt bis zum 16. Jahrhundert. In: MGSL 123 (1983), S. 1–126.

Lospichl, Franz von: Das ehrsame Handwerk der Schneider in Salzburg. Salzburg 1975.

Ludwig, Karl-Heinz (Hg.): Das große Rauriser Berggerichtsbuch 1509 bis 1537 (Stuttgarter Arbeiten zur Germanistik 167). Stuttgart 1986.

Ludwig, Karl-Heinz (Hg.): Das kleine Rauriser Berggerichtsbuch 1509 bis 1524 (Stuttgarter Arbeiten zur Germanistik 169). Stuttgart 1989.

Ludwig, Karl-Heinz/Gruber, Fritz: Gold- und Silberbergbau im Übergang vom Mittelalter zur Neuzeit. Das Salzburger Revier von Gastein und Rauris. Köln 1987.

Neweklowsky, Ernst: Die Schifffahrt und Flößerei im Raume der oberen Donau, 3 Bde. Linz 1952-1961.

Oberhofer, Richard/Hahnl, Adolf: Ein ehrsames Handwerk der Tischler zu Salzburg. Salzburg 1978.

Wiedl, Birgit: Das Goldschmiedehandwerk in der Stadt Salzburg im Spätmittelalter und der Frühen Neuzeit. In: MGSL 135 (1995), S. 497–604.

Wiedl, Birgit: Alltag und Recht im Handwerk der Frühen Neuzeit. Schmiede, Wagner, Schlosser und andere Eisen verarbeitende Handwerke in Stadt und Land Salzburg (Schriftenreihe des Archivs der Stadt Salzburg 21). Salzburg 2006.

10. Um Freiheit und Glauben

Bischoff-Urack, Angelika: Michael Gaismair. Ein Beitrag zur Sozialgeschichte des Bauernkriegs. Innsbruck 1983.

Dörrer, Fridolin (Hg.): Die Bauernkriege und Michael Gaismair (Veröffentlichungen des Tiroler Landesarchivs 2). Innsbruck 1982.

Dopsch Heinz/Goldammer, Kurt/Kramml, Peter F. (Hg.): Paracelsus – Keines andern Knecht … 1493-1541, Salzburg 1993.

Dopsch, Heinz/Kramml, Peter F. (Hg.): Paracelsus und Salzburg. Vorträge bei den internationalen Kongressen in Salzburg und Badgastein anlässlich des Paracelsus-Jahres 1993 (MGSL Erg. Bd. 14). Salzburg 1994.

Kammermayr, Hans: Herzog Ernst von Bayern (1500-1560), Fürst und Administrator des Hochstiftes Passau, Konfirmierter zum Erzbischof und Administrator des Erzstiftes Salzburg, Landesherr der Grafschaft Glatz. Geistesw. Diss. (masch.). Salzburg 2008.

Köchl, Karl: Die Bauernkriege im Erzstifte Salzburg in den Jahren 1525/26. In: MGSL 47 (1907), S. 1-117.

Krissl, Michaela: Die Salzburger Neubürger im 15. und 16. Jahrhundert. In: MGSL 128 (1988), S. 251-341 und MGSL 129 (1989), S. 61-178.

Ortner, Franz: Reformation, katholische Reform und Gegenreformation im Erzstift Salzburg. Salzburg 1981.

Sallaberger, Johann: Kardinal Matthäus Lang von Wellenburg (1519-1540). Salzburg 1997.

Spechtler, Franz V./Uminsky, Rudolf: Die Salzburger Landesordnung 1526 (Göppinger Arbeiten zur Germanistik 305). Göppingen 1981.

Spechtler, Franz V./Uminsky, Rudolf: Die Salzburger Stadt- und Polizeiordnung 1524 (Göppinger Arbeiten zur Germanistik 222 – Frühneuhochdeutsche Rechtstexte I). Göppingen 1978.

Willich, Thomas: Der Rangstreit zwischen den Erzbischöfen von Magdeburg und Salzburg sowie den Erzherzogen von Österreich (ca. 1460-1535). In: MGSL 134 (1994), S. 7-166.

11. Glanz und Elend im Barock

Die Salzburger Residenz 1587-1727. Vision und Realität (Österr. Zeitschr. für Kunst- und Denkmalpflege LXIII/1-2), Wien 2009.

Erzbischof Marcus Sitticus von Hohenems (Katalog der Sonderausstellung des Dommuseums zu Salzburg 38), Salzburg 2012.

Fürsterzbischof Wolf Dietrich von Raitenau – Gründer des barocken Salzburg (Katalog der 4. Salzburger Landesausstellung). Salzburg 1987.

Ammerer, Gerhard/Hannesschläger, Ingonda (Hg.): Strategien der Macht. Hof und Residenz in Salzburg um 1600 (MGSL Erg. Bd. 28), Salzburg 2011.

Hartmann, Peter Claus: Der Bayerische Reichskreis 1500-1803 (Schriften zur Verfassungsgeschichte 52). Berlin 1997.

Heinisch, Reinhard Rudolf: Die bischöflichen Wahlkapitulationen im Erzstift Salzburg 1514-1688 (Fontes rerum Austriacarum II/82). Wien 1977.

Heinisch, Reinhard Rudolf: Paris Lodron - Reichsfürst und Erzbischof von Salzburg. Wien 1991.

Heinisch, Reinhard Rudolf: Salzburg im Dreißigjährigen Krieg (Dissertationen der Universität Wien 18). Wien 1966.

Juffinger, Roswitha (Hg.): Die Salzburger Residenz 1688-1803. Zentrum der Macht, Salzburg 2011.

Juffinger, Roswitha/Brandhuber, Christoph/Schlegel, Walter/Walderdorff, Irma: Erzbischof Guidobald Graf von Thun 1654–1668. Ein Bauherr für die Zukunft, Salzburg 2008.

Keller, Peter/Neuhardt, Johannes (Hg.): Erzbischof Paris Lodron (1619–1653). Staatsmann zwischen Krieg und Frieden (MGSL, Erg.-Bd. 20), Salzburg 2003.

Martin, Franz: Salzburgs Fürsten in der Barockzeit 1587–1812. Salzburg ⁴1982.

Rainer, Werner (Hg.): Stainhauser, Johannes: Marcus Sitticus (MGSL Erg. Bd. 29). Salzburg 2012.

Stahl, Eva: Markus Sittikus. Leben und Spiele eines geistlichen Fürsten. Wien/München 1988.

Stahl, Eva: Wolf Dietrich von Salzburg. Weltmann auf dem Bischofsthron. Wien/München ²1987.

Wallentin, Ingeborg: Der Salzburger Hofbaumeister Santino Solari 1576-1646. Leben und Werk auf Grund der historischen Quellen. In: MGSL 134(1994), S. 191-310.

12. Von der Nächstenliebe zur Unduldsamkeit

Dirninger, Christian: Staatliche Finanzpolitik im Erzstift Salzburg im 18. Jahrhundert. Geisteswiss. Habil.-Schrift, 3 Tle. (masch.). Salzburg 1997.

Dissertori, Alois: Die Auswanderung der Deferegger Protestanten 1666-1725 (Schlern-Schriften 235), Innsbruck 1964.

Florey, Gerhard: Geschichte der Salzburger Protestanten und ihrer Emigration 1731/32 (Studien und Texte zur Kirchengeschichte und Geschichte, 1. Reihe, Bd. II). Wien 1977.

Gollub, Hermann (Bearb.): Stammbuch der ostpreußischen Salzburger. Gumbinnen 1934.

Klammer, Peter: In Unehren beschlaffen. Unzucht vor kirchlicher und weltlicher Gerichtsbarkeit im frühneuzeitlichen Salzburger Lungau, Frankfurt, Wien u. a. 2004.

Klammer, Peter: Coitus cum diabolo. Der Mooshamer Hexenprozess von 1688/89. Mariapfarr 2006.

Klammer, Peter: Peinliche Ordnung. Von Giftmördern und anderen malefizigen Personen im Erzstift Salzburg (Historia Lungauensis 3). Mariapfar 2010.

Langer, Hermann: Joseph Schaitberger. Ein evangelischer Glaubenskämpfer des 17. Jahrhunderts (MGSL Erg. Bd. 10). Salzburg 1985.

Marsch, Angelika: Die Salzburger Emigration in Bildern (Schriften des Norddeutschen Kulturwerkes V). Lüneburg 1977.

Mayr, Josef Karl: Die Emigration der Salzburger Protestanten von 1731/32. In: MGSL 69 (1929)–71 (1931).

Mülleder, Gerald: Zwischen Justiz und Teufel. Die Salzburger Zauberer-Jackl-Prozesse (1675-1679) und ihre Opfer (Österreichische Hexenforschung 2), Wien u. a. 2009.

Nagl, Heinz: Der Zauberer-Jackl-Prozeß. Hexenprozesse im Erzstift Salzburg 1675-1690. In: MGSL 112/113 (1972/73), S. 385-540 und 114 (1974), S. 79-242.

Sauser, Ekkart: Die Zillertaler Inklinanten und ihre Ausweisung im Jahr 1837 (Schlern-Schriften 198). Innsbruck 1959.

Schindler, Norbert: Widerspenstige Leute. Studien zur Volkskultur in der frühen Neuzeit. Frankfurt a. M. 1992.

Zaisberger Friederike (Red.): Reformation, Emigration, Protestanten in Salzburg (Katalog der 2. Salzburger Landesausstellung im Schloss Goldegg/Pongau). Salzburg 1981.

13. Das Ende der geistlichen Herrschaft

Ammerer, Gerhard: Funktionen, Finanzen und Fortschritt. Die Regionalverwaltung im Spätabsolutismus am Beispiel des geistlichen Fürstentums. Salzburg 1987 (auch in MGSL 126,1986 und 127, 1987).

Ammerer, Gerhard/Weiß, Alfred (Hg.): Die Säkularisation Salzburgs 1803. Voraussetzungen – Ereignisse – Folgen (Wissenschaft und Religion 11). Frankfurt a. M. 2005.

Ammerer, Gerhard/Angermüller, Rudolph (Red.): Salzburger Mozart-Lexikon. Bad Honnef 2005.

Angermüller, Rudolf/Geffrey, Genevieve (Red.). Mozart. Bilder und Klänge (Katalog zur 6. Salzburger Landesausstellung). Salzburg 1991.

Angermüller, Rudolph: Das Salzburger Mozart-Denkmal. Salzburg 1992.

Barth-Scalmani, Gunda/Mazohl-Wallnig, Brigitte/Wangermann, Ernst (Hg.): Genie und Alltag. Bürgerliche Stadtkultur zur Mozartzeit. Salzburg 1994. Salzburg zur Zeit der Mozart. Ausstellungskatalog JSMCA 37/38 (1991/92).

Lospichl, Franz von: Die Familien Haffner und Triendl. Ein Beitrag zur Salzburger Familien- und Unternehmergeschichte (Schriftenreihe zur Salzburger Wirtschaft). Salzburg 1970.

Mack, Joseph: Die Reform- und Aufklärungsbestrebungen im Erzstift Salzburg unter Erzbischof Hieronymus von Colloredo. Phil. Diss. München 1912.

Martin, Franz: Vom Salzburger Fürstenhof um die Mitte des 18. Jahrhunderts. In: MGSL 77 (1937)-80 (1940). (Auch als Sonderband mit durchgehender Paginierung.)

Salzmann, Ulrich: Der Salzburger Erzbischof Siegmund Christoph Graf von Schrattenbach (1753-1771) und sein Domkapitel. In: MGSL 124 (1984), S. 9-240.

Schindler, Norbert: Wilderer im Zeitalter der französischen Revolution. Ein Kapitel alpiner Sozialgeschichte. München 2001.

Schöttl, Josef: Kirchliche Reformen des Salzburger Erzbischofs Hieronymus von Colloredo im Zeitalter der Aufklärung (Südostbayerische Heimatstudien 16). Hirschenhausen 1939.

Weiß, Alfred Stefan: „Providum imperium felix". Glücklich ist eine vorraussehende Regierung. Aspekte der Armen- und Gesundheitsfürsorge im Zeitalter der Aufklärung dargestellt anhand Salzburger Quellen (ca. 1770-1803). Wien 1997.

14. Zwischen Bayern und Österreich

Die Alpenländer zur Zeit Napoleons. Arbeitsgemeinschaft Alpenländer, Historikertagung in Hall in Tirol. 3.-5. 10. 1984. Innsbruck 1985.

Angermüller, Rudolph (Hg.): Bürgerliche Musikkultur im 19. Jahrhundert in Salzburg. Salzburg 1981.

Floimair, Roland (Hg.): 175 Jahre Salzburg bei Österreich (Salzburg-Dokumentationen 105). Salzburg 1991.

Helfert, Josef Alexander Frh. von: Aloys Fischer. Lebens- und Charakterbild. Innsbruck 1885.

Hoffmann, Robert: Salzburg im Biedermeier. Die Stadt und ihre Einwohner in der ersten Hälfte des 19. Jahrhunderts. In: MGSL 120/21 (1980/81), S. 219-274. 150 Jahre Salzburger Kunstverein. Kunst und Öffentlichkeit. Salzburg 1994.

Miedaner, Stefan: Salzburg unter bayerischer Herrschaft. Die Kreishauptstadt und der Salzachkreis von 1810 bis 1816. In: MGSL 125 (1985), S. 9-305.

Morath, Wolfram (Hg.): Sommerreisen nach Salzburg im 19. Jahrhundert. JSMCA 43/44 (1997/98). Salzburg 1998.

Ortner, Franz: Säkularisation und kirchliche Erneuerung im Erzbistum Salzburg 1803-1816. Wien / Salzburg 1979.

Schwarz, Heinrich: Salzburg und das Salzkammergut. Die künstlerische Entdeckung der Stadt und der Landschaft im 19. Jahrhundert. Salzburg ⁴1977.

Wenisch, Ernst: Der Kampf um den Bestand des Erzbistums Salzburg 1743-1825. In: MGSL 106 (1966), S. 303-346.

Zaisberger, Friederike/Hörmann, Fritz: Frieden – Schützen 1809–2009. Werfen 2009.

Zaisberger, Friederike (Hg.): Der Russlandfeldzug 1812 und der Salzachkreis (Schriftenreihe des Salzburger Landesarchivs 20), Salzburg 2013.

15. Unter dem Doppeladler

Hundert Jahre selbständiges Land Salzburg. Festschrift des Salzburger Landtags. Salzburg 1961.

Bauer, Ingrid: „Tschikweiber haum's uns g'nennt..." Frauenleben und Frauenarbeit an der Peripherie. Die Halleiner Zigarrenfabrikarbeiterinnen 1869-1940. Salzburg 1988.

Bauer, Ingrid (Hg.): Von der alten Solidarität zur neuen sozialen Frage: 100 Jahre Sozialdemokratie. Ein Salzburger Bilderlesebuch (Veröffentl. des Ludwig-Boltzmann-Instituts für Geschichte der Arbeiterbewegung). Wien 1988.

Gnilsen, Harald: Ecclesia Militans Salisburgensis. Kulturkampf in Salzburg 1848-1914 (Veröffentlichungen des Historischen Instituts in Salzburg 2). Wien / Salzburg 1972.

Haas, Hanns (Hg.): Salzburg zur Gründerzeit. Vereinswesen und politische Partizipation im liberalen Zeitalter (Salzburg Archiv 17). Salzburg 1994.

Haas, Hanns/Hoffmann, Robert/Luger, Kurt (Hg.): Weltbühne und Naturkulisse. Zwei Jahrhunderte Salzburg-Tourismus. Salzburg 1994.

Hanisch, Ernst/Fleischer, Ulrike: Im Schatten berühmter Zeiten. Salzburg in den Jahren Georg Trakls (1887-1914) (Trakl-Studien 13). Salzburg 1986.

Hoffmann, Robert (Hg.): Bürger zwischen Tradition und Modernität (Bürgertum in der Habsburgermonarchie VI). Wien/Köln/Weimar 1997.

Hoffmann, Robert: Erzherzog Franz Ferdinand und der Fortschritt. Altstadterhaltung und bürgerlicher Modernisierungswille um die Jahrhundertwende in Salzburg. Wien/Köln/Weimar 1994.

Klieber, Rupert Johannes: Politischer Katholizismus in der Provinz. Salzburgs Christlichsoziale in der Parteienlandschaft Alt-Österreichs (Veröffentlichungen des Internationalen Forschungszentrums für Grundfragen der Wissenschaften Salzburg NF 55). Wien/Salzburg 1994.

Mazohl-Wallnig, Brigitte (Hg.): Die andere Geschichte. Bd. 1: Eine Salzburger Frauengeschichte von der ersten Mädchenschule (1695) bis zum Frauenwahlrecht (1918). Salzburg/München 1995.

Mueller, Adalbert: Die Eisenbahnen in Salzburg. Die Geschichte der Schienen- und Seilbahnen. Salzburg 1976.

Schobersberger, Walburga: Baumeister einer Epoche. Das gründerzeitliche Wirken der Baumeister- und Architektenfamilie Ceconi in Stadt und Land Salzburg. In: MGSL 125 (1985), S. 703-745.

Stadler, Georg: Von der Kavalierstour zum Sozialtourismus. Kulturgeschichte des Salzburger Fremdenverkehrs. Salzburg 1975.

Steinkellner, Friedrich: Georg Lienbacher. Salzburger Abgeordneter zwischen Konservativismus, Liberalismus und Nationalismus 1870-1896 (Veröffentlichungen des Instituts für kirchliche Zeitgeschichte NF, Bd. 17). Wien/Salzburg 1984.

Veits-Falk, Sabine: Zeit der Noth. Armut in Salzburg 1803-1870 (Salzburger Studien. Forschungen zur Geschichte, Kunst und Kultur 2). Salzburg 2000.

Veits-Falk, Sabine: Rosa Kerschbaumer-Putjata 1851-1923. Erste Ärztin Österreichs und Pionierin der Augenheilkunde. Ein außergewöhnliches Frauenleben in Salzburg (Schriftenreihe des Archivs der Stadt Salzburg 23). Salzburg 2008.

Weichselbaum, Hans: Georg Trakl. Eine Biographie mit Bildern, Texten und Dokumenten. Salzburg 1994.

Wolfsgruber, Coelestin: Friedrich Kardinal Schwarzenberg: Fürsterzbischof von Salzburg. 2 Bde. Wien/Leipzig 1910.

16. Festspiele und Weltwirtschaftskrise

Alexander, Helmut (Hg.): Sigismund Waitz. Seelsorger, Theologe und Kirchenfürst, Innsbruck/Wien 2010.

Ardelt, Rudolf G. (u.a.): Von der Monarchie bis zum Anschluß. Ein Lesebuch zur Geschichte Salzburgs. Salzburg 1993.

Braumann, Christoph: Stadtplanung in Österreich von 1918 bis 1945 unter besonderer Berücksichtigung der Stadt Salzburg (Schriftenreihe des Instituts für Städtebau, Raumplanung und Raumordnung 21). Wien 1986.

Fellner, Günter: Antisemitismus in Salzburg 1918-1938 (Veröffentlichungen des Historischen Instituts der Universität Salzburg 15). Wien/Salzburg 1979.

Gallup, Stephen: Die Geschichte der Salzburger Festspiele. Wien 1989.

Huber, Wolfgang (Hg.): Franz Rehrl. Landeshauptmann von Salzburg 1922-1938. Salzburg 1975.

Kaut, Josef: Festspiele in Salzburg. Salzburg 1965.

Köfner, Gottfried: Hunger, Not und Korruption. Der Übergang Österreichs von der Monarchie zur Republik am Beispiel Salzburgs. Salzburg 1980.

Kriechbaumer, Robert: Zwischen Österreich und Großdeutschland. Eine politische Geschichte der Salzburger Festspiele 1933-1944 (Schriftenreihe des Forschungsinstitutes für Politisch-Historische Studien der Dr.-Wilfried-Haslauer-Bibliothek, Salzburg, Bd. 46), Wien/Köln/Weimar 2013.

Steinberg, Michael P.: Ursprung und Idee der Salzburger Festspiele 1890–1938. Salzburg 2000.

17. Vom Reichsgau zum Bundesland

Ardelt, Rudolf G. (u. a.): Nationalsozialismus und Krieg. Ein Lesebuch zur Geschichte Salzburgs. Salzburg 1993.

Bauer, Ingrid: Welcome Ami Go Home. Die amerikanische Besatzung in Salzburg 1945-1955. Salzburg 1998.

Bayr, Hans (Hg.): Salzburg 1945-1955. Zerstörung und Wiederaufbau. JSMCA 40/41 (1994/95). Salzburg 1995.

Dohle, Oskar/Eigelsberger, Peter: Camp Marcus W. Orr. „Glasenbach" als Internierungslager nach 1945 (Schriftenreihe des Salzburger Landesarchivs Nr. 15). Linz/Salzburg 2009.

Feingold, Marko M. (Hg.): Ein ewiges Dennoch. 125 Jahre Juden in Salzburg. Wien/Köln/Weimar 1993.

Gauß, Adalbert K./Oberläuter, Bruno: Das Zweite Dach. Eine Zwischenbilanz über Barackennot und Siedlerwillen 1945 bis 1979 (Donauschwäbische Beiträge 72). Salzburg 1979.

Hanisch, Ernst: Gau der guten Nerven. Die nationalsozialistische Herrschaft in Salzburg 1938-1945. Salzburg 1997.

Hintermaier, Ernst/Rinnerthaler, Alfred/Spatzenegger, Hans (Hg.): Erzbischof Andreas Rohracher. Krieg, Wiederaufbau, Konzil (Schriftenreihe des Erzbischof-Rohracher-Studienfonds 7) (Schriftenreihe des Archivs der Erzdiözese Salzburg 9), Salzburg 2010.

Huber, Wolfgang (Hg.): Landeshauptmann Klaus und der Wiederaufbau Salzburgs. Salzburg 1990.

Keller, Peter (Hg.): Ins Herz getroffen. Zerstörung und Wiederaufbau des Domes 1944–1959 (Katalog der 35. Sonderschau des Dommuseums), Salzburg 2009.

Kerschbaumer, Gert: Faszination Drittes Reich. Kunst und Alltag der Kulturmetropole Salzburg. Salzburg 1988.

Leo, Rudolf: Der Pinzgau unterm Hakenkreuz. Diktatur in der Provinz, Salzburg 2003.

Mooslechner, Michael/Stadler, Robert: St. Johann/Pg. 1938-1945. Das nationalsozialistische „Markt Pongau", St. Johann ²2001.

Wagnleitner, Reinhold: Coca-Colonisation und Kalter Krieg. Die Kulturmission der USA in Österreich nach dem Zweiten Weltkrieg. Wien 1991. Widerstand und Verfolgung in Salzburg 1934-1945. Eine Dokumentation. 2 Bde. Wien/Salzburg 1991.

Zwink, Eberhard (Hg.): Salzburg und das Werden der Zweiten Republik. VI. Landessymposium (Salzburg Diskussionen 7). Salzburg 1985.

18. Der Weg ins dritte Jahrtausend

Ardelt, Rudolf G. (u. a.): Vom Wiederaufbau zum Wirtschaftswunder. Ein Lesebuch zur Geschichte Salzburgs. Salzburg 1994.

Bauer, Ingrid: Eine Chronologie abnehmender weiblicher Bescheidenheit. Zum Wandel im Politikverständnis von Frauen: Die sozialdemokratische Frauenorganisation Salzburg

1945-1990. Salzburg 1992.

Dachs, Herbert (Hg.): Das politische, wirtschaftliche und soziale System im Bundesland Salzburg. Festschrift zum Jubiläum „40 Jahre Salzburger Landtag in der Zweiten Republik" (Salzburg Dokumentationen 87). Salzburg 1985.

Dachs, Herbert (Red.): Wohnen in Salzburg. Geschichte und Perspektiven (Schriftenreihe des Archivs der Stadt Salzburg 1). Salzburg 1989.

Dachs, Herbert / Hanisch, Ernst / Floimair, Roland / Schausberger, Franz (Hg.): Die Ära Haslauer. Salzburg in den 70er und 80er Jahren. Wien 2001.

Dachs, Herbert / Dirninger, Christian / Floimair, Roland (Hg.): Übergänge und Veränderungen. Salzburg vom Ende der 1980er Jahre bis ins neue Jahrtausend (Schriftenreihe des Forschungsinstitutes für Politisch-Historische Studien der Dr.-Wilfried-Haslauer-Bibliothek, Salzburg, 41), Wien / Köln / Weimar 2013.

Dirninger, Christian (Hg.): Die Arbeitgebervertretung im Bundesland Salzburg (Salzburg Dokumentationen 84). Salzburg 1984.

Dirninger, Christian: 100 Jahre Raiffeisenverband Salzburg 1905-2005. Salzburg 2005.

Dirninger, Christian: 150 Jahre Salzburger Sparkasse. Geschichte – Wirtschaft – Recht (Salzburg-Studien 6). Salzburg 2006.

Floimair, Roland (Hg.): Politik und Bürger in Salzburg (Schriftenreihe des Landespressebüros, Sonderpublikationen 109). Salzburg 1993.

Hanisch, Ernst: Der lange Schatten des Staates. Österreichische Gesellschaftsgeschichte im 20. Jahrhundert (Österreichische Geschichte, hg. von Herwig Wolfram). Wien 1994.

Hanisch, Ernst / Kriechbaumer, Robert (Hg.): Salzburg – Zwischen Globalisierung und Goldhaube (Geschichte der österreichischen Bundesländer seit 1945). Wien / Köln / Weimar 1997.

Kaut, Josef: Der steinige Weg. Geschichte der sozialistischen Arbeiterbewegung im Lande Salzburg. Salzburg ²1982.

Kriechbaumer, Robert: Zwischen Land und Bund. Die Salzburger ÖVP in der Ära Lechner. Salzburg 1988.

Kriechbaumer, Robert: Salzburger Festspiele 1960–1989. Die Ära Karajan. Ihre Geschichte von 1960 bis 1989, Salzburg 2009.

Kriechbaumer, Robert: Salzburger Festspiele 1990–2001. Die Ära Mortier / Landesmann. Bd. 1: Eine Chronik, Salzburg / Wien 2011; Bd. 2: Ihre Geschichte von 1990 bis 2001, Salzburg / Wien 2011.

Kriechbaumer, Robert: Umstritten und prägend. Kultur- und Wissenschaftsbauten in der Stadt Salzburg 1986-2011 (Schriftenreihe des Forschungsinstitutes für Politisch-Historische Studien der Dr.-Wilfried-Haslauer-Bibliothek, Salzburg, Bd. 45). Wien 2012.

Mittermayr, Wolfgang: Politik im Wandel. Der Landtag und die Arbeit seiner Ausschüsse vor und nach Abschaffung des Regierungsproporzes. Diplomarbeit, hg. v. Roland Floimair (Schriftenreihe des Landespressebüros. Serie „Salzburger Landtag" 12), Salzburg 2009.

Neureiter, Michael (Hg.): Hans Katschthaler – für Bildung, Kultur und Natur (Veröffentlichungen der Dr. Hans-Lechner-Forschungsgesellschaft Salzburg 16), Salzburg 2013.

Ortner, Franz: Die Universität in Salzburg. Die dramatischen Bemühungen um ihre Wiedererrichtung 1810-1962. Salzburg 1987.

Pagitz, Franz: 125 Jahre Handelskammer Salzburg 1850-1975. Salzburg 1975.

Reith, Reinhold (Hg.): Die Paris-Lodron-Universität in Salzburg. Geschichte – Gegenwart – Zukunft, Salzburg / Wien 2012.

Schausberger, Franz (Hg.): Im Dienste Salzburgs. Zur Geschichte der Salzburger ÖVP (Veröffentlichungen der Dr.-Hans-Lechner-Forschungsgesellschaft Salzburg 1). Salzburg 1985.

Schausberger, Franz: Ins Parlament, um es zu zerstören. Das parlamentarische Agi(ti)

287

eren der Nationalsozialisten in den Landtagen von Wien, Niederösterreich, Salzburg und Vorarlberg nach den Landtagswahlen 1932 (Schriftenreihe des Forschungsinstitutes für Politisch-Historische Studien der Dr.-Wilfried-Haslauer-Bibliothek), Wien / Köln / Weimar ²2012.

Sedlmayr, Hans: Die demolierte Schönheit. Ein Aufruf zur Rettung der Altstadt Salzburgs. Salzburg 1965.

Sedlmayr, Hans: Die Stadt ohne Landschaft. Salzburgs Schicksal morgen? Salzburg 1970.

Thurner, Erika / Stranzinger, Dagmar (u. a.): Die andere Geschichte 2. Eine Salzburger Frauengeschichte des 20. Jahrhunderts. Salzburg 1996.

Voggenhuber, Johannes: Berichte an den Souverän. Salzburg: Der Bürger und seine Stadt. Salzburg / Wien 1988.

Wagner, Hans (Red.): Universität Salzburg 1612 – 1962 – 1972. Festschrift, Salzburg 1972.

Wagner, Karl: Das Mozarteum. Geschichte und Entwicklung einer kulturellen Institution. Innsbruck 1993.

Wirtschaft in Salzburg. VIII. Landes-Symposium am 26. September 1987 (Salzburg Diskussionen 9). Salzburg 1987.

Wordian, Rudolf E. (Hg.): Die Arbeitnehmervertretung im Bundesland Salzburg (Salzburg Dokumentationen 55). Salzburg 1981.

Ziegeleder, Ernst (Red.): Das Bundesland Salzburg 1945-1970. 25 Jahre Aufbau und Fortschritt. Salzburg 1970.

Zwink, Eberhard (Hg): Die Ära Lechner. Das Land in den sechziger und siebziger Jahren (Schriftenreihe des Landespressebüros, Serie „Sonderpublikationen" 71). Salzburg 1988.

BILDNACHWEIS

Schwarzweiß-Abbildungen

Archiv der Salzburger Festspiele: 196, 198, 230, 259
Archiv der Stadt Salzburg: 215
Foto Krieger: 206, 211, 220
Graphische Sammlung Albertina, Wien: 112, 116
Großglockner Hochalpenstraßen AG: 201
Hans Lechner und Wilfried Haslauer (Salzburger Landesarchiv): 244
Karl-Steinocher-Fonds: 216
Kloster Kalenic, Serbien: 43
Landesarchäologie: 9
Landesbildstelle Salzburg: 208, 218, 228
Landeshauptmann Josef Klaus (Landespressebüro Salzburg): 241
Ludwig-Boltzmann-Institut für Geschichte der Arbeiterbewegung: 189
Oskar Anrather, Salzburg: 22, 99, 145
Privatbesitz: 127
Salzburger Museum Carolino Augusteum (SMCA): 13, 72, 88, 122, 134, 138,
147, 150, 170, 177, 179, 181, 183, 184
Stadtarchiv Passau: 103
Verlag Anton Pustet: 255

Farbabbildungen

Mosaik (SMCA): 33
Tassilokelch (Stift Kremsmünster): 34
Erzbischof Konrad II. (Stiftsmuseum Klosterneuburg): 51
Goldfenster (Oskar Anrather): 52
Versammlung der Weißgerber (SMCA): 77
Salzburg vom Kapuzinerberg (Erzabtei St. Peter): 78–79
Arbeiten im Sudhaus (Oskar Anrather): 80
Erzaufbereitung (SMCA): 129
Matthias Stöckl (SMCA): 130
Höfische Szene (SMCA): 131
Fassade des Domes (SMCA): 132
Erzbischof Colloredo (Erzabtei St. Peter): 157
Familie Mozart (Internationale Stiftung Mozarteum): 158
Französische Soldaten (SMCA): 175
Abendstimmung an der Salzach (SMCA): 176
Festspielauffahrt (SMCA): 233
Stadtansicht (Oskar Anrather): 234–235
Statistik Austria: 236
Skiliftstation (Gerhard Garstenauer): 237

Nationalpark (Verlag Anton Pustet): 247
Gabi Burgstaller und Wilfried Haslauer (Landespressebüro Salzburg,
Franz Neumayr): 250
Salzburger Landesregierung (Neumayr/MMV): 251
Unipark Nonntal (Luigi Caputo): 257
Oper „Gawain" (Ruth Walz): 265

Sämtliche Karten
Entwurf: Heinz Dopsch, Ausführung: Andreas Bachmayr

Coverfoto: Toni Anzenberger

REGISTER

Abkürzungen:
Bf. = Bischof, Ebf. = Erzbischof, Erzhg. = Erzherzog, Gf. = Graf, Hg. = Herzog,
Hl. = Heiliger, Kfst. = Kurfürst, Kg. = König, Ks. = Kaiser, Ktn. = Kärnten,
LH = Landeshauptmann, Sbg. = Salzburg, Stmk. = Steiermark;
Stadtteile, Orte und Institutionen im Stadtgebiet von Salzburg sind unter der Rubrik
„Salzburg-Stadt, Örtlichkeiten" ausgeworfen. Regierende Erzbischöfe und Bischöfe sind
unter ihrem Vornamen, Erzbischöfe nach der Säkularisation unter ihrem Familien-
namen zu finden. Bei häufig vorkommenden Namen (z. B. Heinrich, Johann etc.) wurde
eine Reihung nach dem ständischen Prinzip vorgenommen.

291

292

294

296

299

Bibliografische Information der Deutschen Nationalbibliothek
Die Deutsche Nationalbibliothek verzeichnet diese Publikation in der
Deutschen Nationalbibliografie; detaillierte bibliografische Daten sind
im Internet über http://dnb.d-nb.de abrufbar.

3. erweiterte und aktualisierte Auflage 2014
© 2001 Verlag Anton Pustet
A-5020 Salzburg. Bergstraße 12
Lektorat: Reinhard Schmid
Korrektorat: Uta Scholl
Layout: Roberta D'Errico Gronegger
Herstellung: Nadine Löbel
Druck: Ortmann Team GmbH, Ainring
Sämtliche Rechte vorbehalten.
ISBN: 978-3-7025-0738-1
www.pustet.at